제4차 산업혁명,
프로슈머를 위한 3D 프린팅

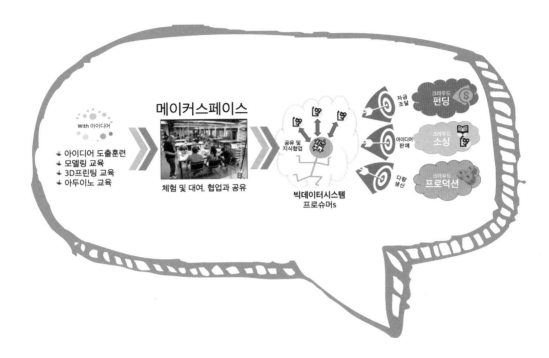

제4차 산업혁명
프로슈머를 위한
3D
프린팅

| 이지영 · 김용칠 지음 |

북랩 bookLab

기술, 제조업, 플랫폼 기반 서비스가 완전 다른 모습으로 탈바꿈되면서 4차 산업혁명이란 새로운 패러다임에 진입하였습니다.

3D 프린팅은 제조업 분야에서 몇 십에서 몇 백 만원의 CNC 절삭방식에서 몇 천에서 몇 만원의 3D 프린팅 적층방식으로 변화시켰으며 기업뿐만 아니라 1인도 수익을 올릴 수 있는 컨슈팩처러(Consufacturer=consumer+manufacture)의 환경을 만들었습니다.

정부에서는 창조경제혁신센터, 중소기업청에 시제품 제작터를 마련하여 기업인과 개인의 방문을 기다리고 있습니다. 이미 판을 깔아놓고 수요를 기다리는 정부, 무얼 먹고 살아야 하나 고민하는 이 시대의 모든 생산 활동 가능자. 이 두 개의 고리를 연결시키고자 하는 마음을 담아 이 책을 집필하였습니다.

공부의 머리와 창의의 머리는 동일하지 않음을 어린 청소년을 통해 증명하고 싶었고, 미래가 불확실하고 빈곤한 청년들에게 포기가 아닌 그들의 갈망을 풀어주고 싶었으며, 대한민국이 서비스 제공 강대국임을 제대로 보여주고 싶었습니다.

이 책으로 혼자서도 공부할 수 있도록 했으며, 다가오는 제4차 산업혁명의 기초적인 지식을 터득할 수 있도록 노력하였습니다. 3D 프린팅을 통해 아이디어만 있으면 무엇이든지 만들어 보고, 실패도 해 보면서 생각이 현실로 만들어지는 것(상상=현실)에 흥미를 가질 수 있는 계기가 되었으면 합니다.

자, 3D 프린팅 세계로 여행을 떠나볼까요?

CONTENTS

CONTENTS ··

3D 프린팅

3

후처리 가공

4

제4차 산업혁명, 프로슈머를 위한 **3D 프린팅**

제1장

3D 프린팅 동향

3D 프린터를 이용하여 어떤 물건을 만들고자 할 때는 크게 모델링, 프린팅 그리고 후처리 3단계를 거친다. STL 파일 생성까지가 모델링 단계, 3D 슬라이싱을 거쳐 G-Code로 변환하여 3D 프린터로 제품을 출력하기까지가 프린팅 단계이며, 서포트 제거에서 마감까지 마지막 작품 완성단계가 후처리 단계다.

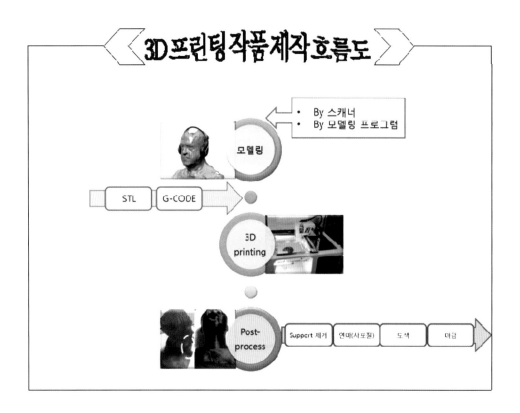

전 세계가 미래의 먹거리를 고민하는 이 시점에서 여러분이 알게 될 이 기술이 여러분들에게 어떤 수익을 가져다줄 것인가에 대해 대한민국이 가지고 있는 강점에 3D 프린팅 기술을 접목한 새로운 제도가 하루빨리 정착하길 꿈꿔본다.

이 제도는, 기발한 아이디어를 가진 잠재적 및 현재적 생산 활동가능자들이 여러 가지 관련 교육을 받고 저렴한 비용으로 그들의 아이디어를 가공 생산하여 상품가치가 있는 제품을 만들고, 그 제품에 십시일반 투자되어 그것을 직접 생산할 것인지, 그 제품을 쿼키 등과 같은 회사에 아이디어로 팔 것인지 아니면 3D 프린터를 가진 여러 곳의 도움을 받아 그 제품을 다량 생산하여 1인 창조기업인이 될 것인지를 폭넓게 선택할 수 있는 경제구조 체계를 갖춘 교육에서부터 수익 발생까지를 지원하는 제도다.

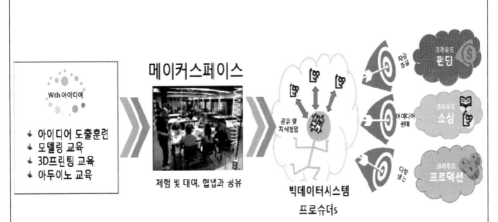

프로슈머 지원체계는 경제 저성장 시대에 ICT 인프라가 잘 갖추어져 있는 대한민국에서 타고난 개성과 근면성을 가진 개개인들에게 최적의 맞춤 일자리를 다양하게 제공해 줄 수 있는 지원체계로 현재 창조경제혁신센터 등이 설립되어 그 체계를 갖추어져 가고 있다. 독자 여러분들이 창조경제혁신센터 메이커스페이스, 중소기업청의 시제품 제작터 등의 수요자가 되어 하루빨리 이 제도가 정착되길 바란다.

이번 장에서는 세계적인 기술동향, 소재 및 프린터 종류, 제작 및 서비스 업체 등 3D 프린팅 동향을 다루고자 한다.

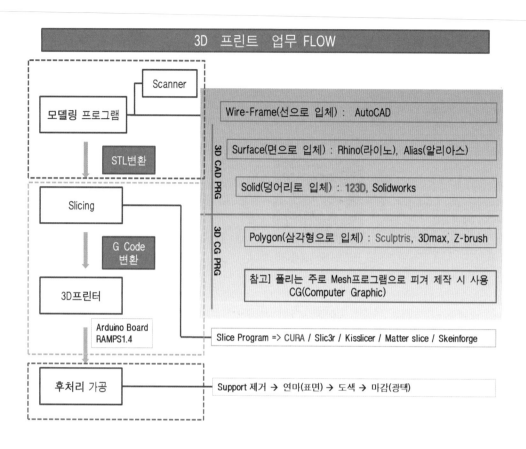

3D 프린트 업무 FLOW

Scanner

모델링 프로그램

STL변환

Slicing

G Code 변환

3D프린터

Arduino Board RAMPS1.4

후처리 가공

3D CAD PRG

Wire-Frame(선으로 입체) : AutoCAD

Surface(면으로 입체) : Rhino(라이노), Alias(알리아스)

Solid(덩어리로 입체) : 123D, Solidworks

3D CG PRG

Polygon(삼각형으로 입체) : Sculptris, 3Dmax, Z-brush

참고] 폴리는 주로 Mesh프로그램으로 피겨 제작 시 사용 CG(Computer Graphic)

Slice Program => CURA / Slic3r / Kisslicer / Matter slice / Skeinforge

Support 제거 → 연마(표면) → 도색 → 마감(광택)

1-1 　3D 프린터란?

3D 프린터는 설계 데이터에 따라 액체·파우더 형태의 폴리머(수지), 금속 등의 재료를 가공·적층 방식(Layer-by-layer)으로 쌓아 올려 입체물을 제조하는 장비로서 3차원 CAD에 따라 생산코자 하는 형상을 레이저와 파우더 재료를 활용하여 신속 조형하는 기술을 의미하는 RP(Rapid Prototyping)에서 유래하였다.

참조> http://www.thingiverse.com/thing:1411907

1. 신속 조형기술(Rapid Prototyping)

컴퓨터 내에서 작업된 3D 모델링 데이터를 손으로 직접 만질 수 있는 물리적인 현상으로 빠르게 제작하는 기술이다.

2. 첨가형 제조(Additive Manufacturing)

재료를 한층 한층 순차적으로 적층하여 형상을 만든다. → 장점: 공제식 가공에 비해 원재료가 절감된다.

※ 공제식 가공(Subtractive Process): 소재를 공구로 절삭하여 형상을 만든다.(예: CNC(Computer Numeric Control), 수치제어 공작기계)

3. 직접 디지털 제조(Direct Digital Manufacturing)

3D 프린터가 중간 시제품 제작만이 아닌 현장에서 바로 사용 가능한 최종 제품을 생산한다.

4. 파괴적 기술(Destructive Technology)

노동력 없는 고품질 제조 → (설명) 천 달러가 안 되는 책상 위 공장이 내 손 안에 있다면 더 이상 중국이나 인도의 저임금 매력을 느낄 이유가 없고 질적으로도 더욱 완성도 높은 제품을 손에 쥘 수 있다.

☑ NC 가공은 깎는 방식이므로 내부가 복잡한 형상의 구현은 어려우나 3D 프린터는 모든 형상 구현이 가능하다.
☑ NC 머신에 비해 교육 기간이 짧으며, 교육을 통해 누구나 쉽게 사용 가능하다.
☑ NC 가공에 비해 3D 프린터 치수정밀도는 상대적으로 취약하다.

☑ 모델링 방법 교육 몇 시간으로 숙련된 전문 직업기술을 충분히 대체 가능하다.
☑ 대규모 공장을 가지지 않더라도 개인이 집에서 직접 생산할 수 있다.
☑ 필요부품 구입 절차를 거칠 필요 없이 즉시 만들어 사용할 수 있다.
☑ 개인의 아이디어로 직접 시제품을 만들어 검토과정을 반복하여 빠른 문제점 해결이 가능

하다.

☑ 인터넷을 통하여 거리제약 없이 먼 곳에서도 실시간 모델링을 다운로드하여 사용 가능하다.

☑ 어려운 가공(빈속) 및 복잡한 부품생산을 빠른 시간 내에 작업 할 수 있다.

1-5 3D 프린팅 활용으로 얻게 되는 이점

☑ 설계단계뿐만 아니라 검증과 가능성 평가를 위한 프로토타입(목형) 제작(금형제작)

☑ 직접적인 디지털제조(DDM: Direct Digital Manufacturing)

☑ 다량생산맞춤(Mass Customization): 개인 취향의 다양한 맞춤 생산 가능

☑ 일회용 부품이나 이벤트 제품생산: 경제적 불가능의 가능화

☑ 디지털 전송 및 운송: 3D 프린팅이 가능한 디지털 모델을 인터넷을 통하여 수신자에게 전달

☑ 최신 개인용 제조시스템을 각자의 집에 두고 제작

☑ 의학용 3D 프린터 활성: 바이오 프린터(Bio Printer)로 환자 자신의 세포로 피부와 장기를 프린팅

☑ 지구의 자원 대체 및 병든 지구 구출: 제품운송(제품가의 1/7 정도)/내부가 빈 공간이나 열린 격자 공간(재료절약)/고장난 제품 수리

1-6 3D 프린팅 사회가 가져올 변화

☑ 제조업 가치사슬의 디지털화

☑ 값싼 노동력의 경제가치 상실에 따른 해외 이전한 자국기업의 국내 이전(리쇼어링, re-shoring)

☑ 기존 프로세스의 간소화로 제품 출시 시간과 비용 절감

☑ 전통 제조업의 사용자 중심 시장에서 맞춤형 생산시장 형태로의 확대

※ 전통 제조업에서는 설비시설과 공장이 있어야만 제품생산이 가능했던 반면 3D 프린팅 사회에서는 아이디어만 있으면 누구나 생산자가 될 수 있음.

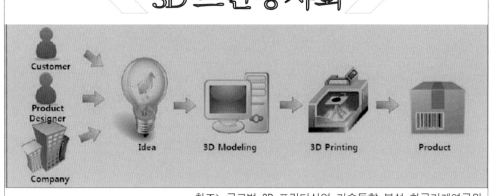

참조> 글로벌 3D 프린터산업 기술동향 분석 - 한국기계연구원

1-7 3D 프린터가 극복해야 할 사항

☑ 사용하는 재료가 제한적임.(재료의 다양성 결여)

☑ 제작 시간이 오래 걸림.(느린 조형속도)

☑ 원재료의 세척과 경화 작업이 필요함.

☑ 제작품의 내구성이 약함.

☑ 프린터 크기에 의해 제품의 크기가 결정됨.

※ 현재 3D 프린팅 기술이 해결해야 할 사회적·제도적 과제 → 새로운 법규와 제도/국제적 통용 가능한 표준화/지적 재산권 관련 법규 정비

1-8 3D 프린터 활성화 이유

1. 3D 프린팅 특허종료로 인한 후발주자의 경쟁유도 및 시장 활성화 → 특허만료일이 다가오면 가격 인하 현상이 발생(일명 원천특허: 특허는 만료일 연장제도 없음)

◆ 특허권: 20년간 보호/지작권: 70년간(한미FTA 이전: 50년)

◆ 주요 3D 프린팅 특허권 역사

➔ SLA(미): 1986.8/찰스 헐(3D 시스템 대표이사)/최초 3D 특허/확장자 .STL 지정

➔ FDM(미): 1989.10/Scott Scrump/Staratasys/RepRap 오픈소스 계기/저가 3D 프린터 보급 확대(개인용 확산)

➔ SLS(미): 1994.2/3D 시스템즈(3D Systems) 특허

➔ 3DP(미): 1996.9/컬러 구현 가능

※ 렙랩(RepRap)에서도 특허가 2009년도에 종료되기 때문에 2009년까지는 기술개발만 하고 상업 활동은 하지 않음. ← Open Source/FDM 방식 특허만료로 활성화/3D 프린터 대중화/부품설계도 공개

2. 초고속 인터넷발전으로 모델링을 쉽게 공유하여 사용 가능

◆ On-Line 기반으로 사업모델의 다양함 추구

◆ ICT(Information&Communication Technology) 융합으로 제조업과 서비스를 결합한 신 비즈니스 양성

◆ 대량생산이 소품종 및 다양화 생산으로 변화

※ 인터넷으로 3D 프린터 연결은 생산 장비의 연결을 의미한다. → 모든 장비가 같은 곳에 설치될 필요가 없다.(크라우드 생산(Cloud Manufacturing) 가능, 네트워크 기반의 소규모 생산, 원격제어 가능)

3. 모델링 프로그램 및 컴퓨터 H/W의 저가공급으로 인한 저변 확대

◆ 모델링 S/W 저가공급으로 인해 자신의 아이디어로 제품을 누구나 쉽게 직접생산 가능

◆ H/W 저가공급으로 인해 컴퓨터 연산능력, 저장 공간, 네트워크를 손쉽게 사용하여 직접 생산 가능

4. 산업 패러다임 변화

◆ 크라우딩(Clouding)을 통한 개인용 제조시스템 구축 가능

◆ 인터넷을 통한 디지털로의 전송 및 운송으로 1인 소규모 직접 회사 운영

◆ 프로슈머(소비자+생산자) 촉진 ← 아이디어 제품을 직접 상품화 가능

※ 자동차에서 3D 프린팅 기술도입 효과: 제조공정의 단순화/개별주문 생산 확대/소규모 제작사 등장

3D 프린팅 시장 활성화를 위한 방안 모색

1. 크라우드 기반 주문형(On Demand) 서비스

> 크라우드 기반 주문형 3D 프린팅 서비스, 비용, 기술 압박에 시달리는 중소기업 수요의 대안

▶**사유:**

3D 프린터 구매에 일정한 비용이 소요되며, 인쇄과정에서 있어서도 전문 기술이 필요한 만큼, 설비와 인력 등 자체적으로 관련 자원을 보유하기 어려운 중소사업자 입장에서 3D 프린팅을 도입하기에는 현실적으로 어려운 상황

▶**대책:**

크라우드 기반 주문형 3D 프린팅 서비스 사업자들은 인쇄부터 포장 및 배송에 이르기까지 도면 업로드 이후의 모든 작업을 처리해주기 때문에, 중소기업은 디자인 등 제품 제작에 관한 핵심 부문에만 역량을 집중함으로써 품질개선 등의 효과 확보

2. 숍인숍(Shop in Shop) 형태의 디자인 유통 플랫폼 제공

> 자사 고객이 의뢰한 제품 도면을 일반에게 판매할 수 있도록 지원하는 온라인 상점 형태

▶**방법:**

3D 디자인 판매를 원하는 사람으로부터 **데이터를 수령해 물리적 결함 여부를 검사한 후** 판매 시행

▶**효과:**

디자인 도면 판매에 따른 수익은 3D 프린팅 의뢰 고객에게 돌아가기 때문에, 고객이 신규 매출원으로 창출(참고, 셰이프웨이즈는 3D 디자인 판매 가격의 3.5% 수수료 부과)

참조> 한국인터넷진흥원

1-9 ┃ 3D 프린팅 적용 사례

분야	사례
항공	◆ 에어버스(Air Bus): 3D 프린팅 기술을 적용시켜 플라스틱을 기존의 비행기보다 65% 더 가벼운 혁명적인 항공기를 설계 ◆ GE Aviation: Leap 엔진 연료 노즐을 생산(SLS 방식) ← 이에 기술적 입증에 따라 적층식 제조방식의 근본적인 문제점 해결을 의미하며 플라스틱 계열의 금속재료 사용이 가능하다는 것과 재고수급과 재고관리에 효율적
의료/치과 금형	◆ 솔리드스케이프(Solidscape): 스트라타시스 제품/왁스 타입의 플라스틱 ◆ 사용처: 소형금형, 치과 실험용 패턴(재질: 티타늄), 보석류 ◆ 인공치아, 인공턱, 인공관절 등 제작: 제작공정 및 시간 단축 ◆ 맞춤형 의족 제작/이비인후과 보청기 제작
우주(NASA)	◆ 우주에서 필요한 장비, 생활용품 프린트 실험 ◆ 달, 화성기지 구축을 위한 현지 재료를 이용한 돔 건설 계획
의류 및 신발	◆ 나이키 신발 밑창 제작 ◆ 개인별 속옷 신체 맞춤형

1-10 ┃ 3D 프린팅 세계 추세

1. [미국] 오바마 대통령의 2013년 연두교서
   - ◆ 거의 모든 제품의 제작 방식을 혁신할 잠재력이 존재
   - ◆ 미국 전역에 3D 프린터 연구개발 허브 15곳 구축 → 2013년 8월 오하이오 주 영스타운 NAMII 건설(National Additive Manufacturing Innovation Institute)
   - ◆ 미국 제조업의 재부흥을 추진(혁명적인 잠재력을 가진 3D 프린팅 지속적인 개발지지)
     - ※ 미국 ASTM(미국재료시험협회, American Society for Testing and Materials)에서는 3D 프린팅 표준화를 진행 중이며, 시장분석기관 '가트너'에 따르면 산업용이 훨씬 앞서기 때문에 개인용 3D 프린터와 산업용 3D 프린터를 분리해서 생각해야 한다고 의견 제시(기술발달순서: 3D 스캐너 〉 산업용 3D 프린터 〉 개인용 3D 프린터 〉 바이오 3D 프린터)

2. [영국] 2010년 노팅엄 대학교와 셰필드 대학교 등에 3D 프린터 연구 조직 설립
   ◆ 2011년 7월 사우스햄튼 대학에서 3D 프린터로 제작한 날개 길이 1.5m의 무인비행기 'Sulsa'의 시험 비행
   ◆ 2013년 6월 기술전략위원회와 혁신대학기술부 산하 연구위원회가 공동으로 3D 프린터 기술 분야 18개 R&D 프로젝트에 대해 840만 파운드 지원계획을 발표
   ◆ 복스홀 암페라(Vauxhall Ampera)와 같은 주행거리 연장을 위한 전기 차(REEV, Range Extended Electric Vehicle)용 신규 마이크로터빈(microturbine) 개발 추진 중
3. [독일] 프라운호퍼 IGB에서 2011년 3D 프린터 기술로 인공혈관을 만드는 데 성공
   ※ 프라운호퍼 ILT에서는 SLM 방식의 적층 가공 기술에 상당한 역량을 축적
4. [일본] 2013년 5월에 경제 산업성에서 AIST와 시메트, 닛산자동차 등이 참여하는 모래 형 제작이 가능한 3D 프린터 개발 과제 출범
5. 중국과학기술부는 국가 기술발전 연구계획 및 2014년 국가과학기술 제조영역 '프로젝트지침'에 3D 프린터를 처음으로 포함하며 약 72억 원 규모의 4개 R&D 과제 출범

잡스법(JoBs Act)

1. JoBs Act: Jumpstart Our Business Startups

> 2012년 4월 5일, 오바마 미국 대통령에 의해 승인된
> '중소·스타트업 기업 지원을 위한 신생기업 육성법안'

▶ **추진배경:**
   미 오바마 행정부는 신성장 기업의 원활한 자금조달을 지원함으로서 고용 확대와 경제 성장을 유도하고자 함.

▶ **추진방법:**
   상장규제 완화 등을 통해 신성장 기업의 기업공개 활성화를 유도하는 한편, 크라우드펀딩, 사모 발행 투자권유 허용 등을 통해 중소기업의 자금조달 수단을 다양화하고자 함.

▶ **잡스법의 주요 내용:**

■ **크라우드펀딩 허용에 관련 주요 내용**

   펀딩 포털, 플랫폼을 통하여 다수의 사람들로부터 투자를 받을 수 있도록 크라우드 펀딩을 허용하는 법안으로 중개업자 또는 자율규제기구에 등록된 크라우드펀딩 웹 사이트에서 자금을 조달하는 경우 **증권거래법상 규제를 완화하여** 증권신고서 제출

의무를 면제(연간 1백만 달러 이하의 증권발행)

■ **투자자 보호를 위한 주요 내용**

- ☑ 크라우드펀딩 포털, 플랫폼에 대해 증권거래협회(National securities association membership) 가입 의무를 부과하고, 당해 사이트를 통해 경영진과 재무에 관한 정보를 게시
- ☑ 소득수준에 따른 개인의 연간투자한도(사업 건당 최대 1백만 달러 한도로 투자자의 연 수입 또는 순자산에 따라 투자금액 제한, 10만 달러 미만인 경우 최대 2,000달러 10만 달러 이상이면 연 소득의 10%까지 가능)를 설정
- ☑ 투자자 보호를 위하여 자금 수요자가 투자자에게 일정한 정보를 제공

참조〉 http://crowdri.org/

2-1 　3D 프린팅 분야에 따른 요소기술

분야		요소기술
모델링(Software)		3D 디자인변환, 3D 스캐닝, 3D 디자인 SW 등
프린팅	분사, 인쇄기술	미세노즐, 미세분사기술 등
	에너지원	에너지원(열, 레이저, 전자빔 등) 출력 및 조절기술
	위치, 제어기술	정밀 위치제어, 고속제어 기술 등
후처리		착색, 연마, 표면재료 증착 기술 등
소재		적정융점 및 경화 제어기술 등

참조> 미래창조과학부 및 산업통상자원부 '3D 프린팅 산업전략'

모델링	CAD의 컴퓨터 그래픽 설계 프로그램을 이용해 물체의 모양을 3차원으로 구성하는 단계로, 물체를 스캔하거나 디자인하여 데이터로 변환하는 공정

프린팅	디지털화된 파일(STL)을 불러들여 무수히 많은 얇은 층으로 데이터를 분석하고(Slicing) 3D 프린터로 출력하는 단계로, 제품의 품질 및 출력시간 등을 조정·출력하는 공정

후처리	표면의 불순물을 제거하거나 매끄럽게 하는 과정으로 코팅, 페인팅 과정을 거쳐 광택이나 무광택으로 제품을 만드는 공정

소재 분야	프린팅 공정에서 사용되는 기술의 방식과 수요산업에서 필요로 하는 제품에 맞추어 재질을 선택(고부가가치 창출: 합금, 바이오 소재)

2-2　3D 프린터 기술

☑ 재료를 압출하여 층을 하나하나 쌓은 방식
☑ '광폴리머'라는 액체를 빛에 노출시켜 응고하는 방식
☑ 고운 분말의 물체를 모양대로 굳히는 방식

형태	소재	특성	기술사례
액체	액체형태의 수지	뛰어난 표면과 미세형상 구현이 가능하나 내구성이 다소 떨어짐.	3D systems SLA
분말	수지, 모래, 금속성분의 가루	다양한 재료의 선택이 가능하며 높은 정밀도, 견고함 등의 장점을 보유함.	3D systems 및 EOS의 SLS
고체	와이어, 필라멘트 형태의 열가소성 수지	낮은 제조단가, 내습성 등의 장점을 보유하였으나 정밀성 면에서 다소 떨어짐.	Stratasys FDM
	왁스 성질을 가진 패럿	매끄러운 표면, 신속성, 정밀성, 다양한 복합재료 사용 등의 장점을 보유함.	Stratasys Polyjet
	얇은 플라스틱, 종이 필름 형태의 재료	재료비가 매우 저렴하고 대형 제품의 제작이 가능하나 내구성이 떨어짐.	Helisys LOM

참조> KB금융지주경영연구소(2013) 자료

소재와 출력방식에 따른 분류

액 체	필라멘트	분 말	시 트	기 타
SLA DLP **MJM** **Polyjet**	FDM	SLS **3DP**	LOM	AOM

참고]
빨강색: COLOR가능 / 특허순서 : SLA>FDM>SLS

참조 :글로벌 3D 프린터산업 기술 동향 분석-한국기계연구원

형태	소재	적용제품	비고
수지	폴리스티렌, 나일론, ABS 등	패션, 완구, 시제품	기술개발 초기 단계
금속	티타늄, 알루미늄, 코발트, 철 등	금형, 기계부품, 의료	기술개발 초기 단계
기타	종이, 목재, 식재료, 고무 등	건축, 음식	-

참조> 한국산업은행 기술평가부

3D프린터 미래형 소재

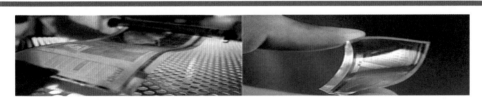

그래핀

물성부터 유연성이 있는 제품이나 투명 전도성 필름 등 지금까지 불가능한 상품이 가능할 수 있다는 기대를 모으고 있다. 특히 나노미터 수준의 미시적 구조물을 제작할 수 있고, 인쇄 전자 기술을 통해 다양한 전자 기기를 바로 제작할 수 있다.

4D 프린팅

이는 스트라타시스와 오토데스크, MIT의 자기조립 연구실에서 공동으로 연구하는 것으로, 다중 물질의 프린트를 통해 만들어진 물체가 스스로 변형하는 성질을 갖게 하는 것이다. 즉, 외부 자극에 따라 모양, 특성, 기능을 원하는 대로 재프로그램이 가능하며 적응력 있고 생체 모방성을 가진 화합물을 개발 중이다.

참조>
http://www.3ders.org/articles/20131019-3d-printing-with-graphene-is-coming-and-it-will-change-the-world.html

적층 방식	소재	기술명	설명
압출(Extrusion)	ABS, PLA	FDM(Fused Deposition Modeling)	가는 실(필라멘트) 형태의 열가소성 물질을 노즐 안에서 녹여 얇은 필름 형태로 출력하는 방식으로 적층
액체(Light Polymerized)	광경화성	SLA(Stereo Lithography Apparatus)	액체 광경화성 수지가 담긴 수조 안에 저전력, 고밀도의 UV 레이저를 투사하여 경화시키는 방식으로 적층
		DLP(Digital Light Processing)	액체 상태의 광경화성 수지에 조형하고자 하는 모양의 빛을 DLP(Digital Light Projector)에 투사하여 적층(예: 마스크 단위로 투사)
분사(Jetting)	광경화성	MJM(Multi Jetting Modeling)	프린터 헤드에서 광경화성 수지와 WAX를 동시에 분사 후 UV Light로 고형화하는 방식으로 적층
	광경화성+잉크	Polyjet	광경화와 잉크젯 방식의 혼합(이스라엘 objet 사 → 현재 stratasys 사가 인수)
	석고 가루+잉크	3DP(3 Dimension Printing) 또는 PBP(Powder Bed & Inkjet Head 3D Printing)	노즐에서 액체 상태의 컬러 잉크와 경화 물질을 분말원료에 분사하는 방식으로 적층
고체(Granular Sintering Melting)	가루(금속, 나일론, 세라믹, 유리)	SLS(Selective Laser Sintering)	베드에 도포된 파우더(분말)에 선택적으로 레이저를 조사, 소결, 파우더를 도포하는 공정을 반복하여 적층
		SLM(Selective Laser Melting)	도포된 금속 파우더에 선택적으로 고출력 레이저를 조사, 용융시키는 방식으로 적층
	가루(티타늄)	EBM(Electron Beam Melting)	고진공 상태에서 전자빔을 활용하여 금속 파우더를 용해하는 방식으로 적층
인발(Wire)	와이어 형태 금속	EBF(Electron Beam FreeForm Fabrication)	와이어 형태의 금속 원료에 전자빔을 조사시켜 경화시키는 방식으로 적층 ※ NASA의 우주정거장 수리용으로 사용
종이(Sheet)	종이	LOM(Laminated Object Manufacturing)	모델의 단면 형상대로 절단된 점착성 종이, 플라스틱, 금속 라미네이트 층 등을 접착제로 접합하여 조형

	컬러 출력		레이저 사용

참조> 글로벌 3D 프린터산업 기술동향 분석-한국기계연구원

잉크젯 방식의 원리

컬러 잉크로 인쇄된 종이를 보면 화려한 색상이 실제로는 RGB 또는 CMYK의 색상이 점으로 이루어져 있다.

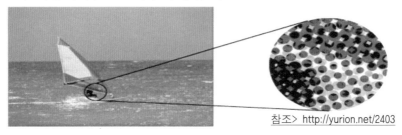

참조> http://yurion.net/2403

잉크젯 프린터?

디지털 데이터 형식의 문서·이미지를 전기신호로 전달, 잉크젯 헤드를 통해 각색의 미세한 잉크 방울들을 종이 위에 뿌려 문서·이미지를 출력해내는 제품

잉크젯 헤드 => 수백~수천 개의 미세한 잉크 분사구(노즐)들이 배열돼 각자 맡은 위치에서 1~10 피코리터(pl, 1조분의 1 l)의 미세한 잉크 방울을 뿌려줌.

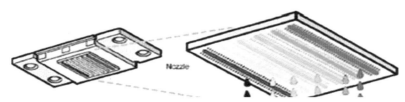

단일 실리콘칩 위에 3,900개 노즐 배치=6색

참조>
http://www.dt.co.kr/contents.html?article_
no=2005112802012432690002

피에조 방식

잉크 탱크에서 온 잉크가 노즐 앞에 머무르면 피에조 소자에서는 전기적 압력으로 플레이트가 휘게 되고, 이 압력으로 노즐에 잉크를 사출시키는 방식이다.
- 잉크의 방울 크기를 다양하게 조절할 수 있어 다용도의 프린터에 적합하다.
- 정밀하고 소량으로도 조절 가능하다.

버블젯 방식

물이 열을 받았을 때 일어나는 부피의 차를 이용한 방식. 즉, 열을 가해서 잉크가 버블화되고 순간적인 부피 차로 노즐 밖으로 잉크를 내보낸다.
- 공기 방울과 함께 배출되기 때문에 노즐 막힘이 상대적으로 적다.
- 구조가 단순해 노즐의 수를 늘리기도 편하다.

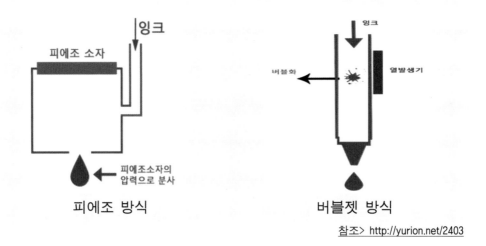

참조> http://yurion.net/2403

3D 프린터-FDM

고체상태 재료를 이용한 신속조형시스템

1989년 미국 3D Stratasys 사의 Scott Scomp에 의해 개발된 신속 조형기술로 용융 압출 적층 모델링 방식이며, 필라멘트나 와이어 상태의 고체 수지 재료를 용융압출헤드 에서 녹여 2개의 노즐을 통해 분사, 모델을 적층 조형하는 기술이다.

■ FDM (Fused Deposition Modeling) 용융적층 모델링
 ☑ 명칭: Material Extrusion(재료의 압출)
 ☑ Fused Filament Modeling(용융필라멘트 모델링)
 ☑ Fused Deposition Method(용융층착법)
 ☑ 스트라타시스 특허
 ☑ RepRap 오픈소스 계기로 저가형 3D 프린터 보급 확대(개인용 3D 프린터의 대부분)

■ 원리
 ☑ 필라멘트 재료가 고온으로 제어되는 프린터 헤드를 지나면서 점성이 있는 용융 상태 의 재료로 변환된다.
 ☑ 모델이 될 빌드(Model Build) 재료와 오버행(Overhang) 구조나 언더컷(Under Cut)과

같은 형상 등 모델이 안정적으로 작업 되도록 지지해주는 지지대(Support) 재료를 압출하게 된다.

☑ Heating Head에 부착된 분사 노즐에서 나온 재료는 열가소성 수지이다.

☑ 모델이 적층 순간 경화가 진행된다.(양쪽에 팬이 달려 있음.)

 ※ 스트라타시스 제품은 주 모델 재료와 지지대 재료를 각각으로 2개의 분사 노즐에 분사, 적층하여 3차원 모델을 조형한다.

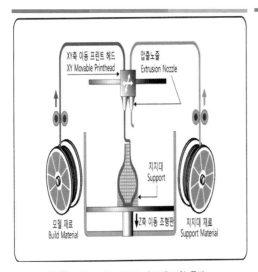

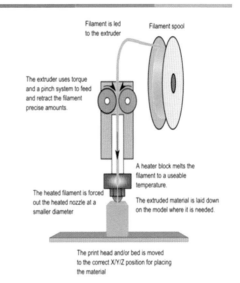

FDM(Fused Deposition Modeling) 모델 조형 공정

※ Head 부분 Belt 방식 → Ball Screw 적용하여 정확성과 허용 공차를 줄임.

참조> http://madeinneverland.tistory.com/entry

■ FDM 방식의 한계

☑ 시간이 오래 걸리고 수축과 변형을 일으킬 수 있음.

☑ 높은 정밀도를 갖는 제품에는 부적합함.

☑ 계단(층별) 모양의 층이 발생함.

☑ 제품의 냉각속도 차이(열응력) 때문에 열가소성수지 수축 또는 휨이 발생함. → 개선: Build Platform(핫베드) 온도 설치

 ※ 열응력: 제품 내부의 온도가 고르지 못하면 온도가 높은 부분의 열팽창이 온도가 낮은 부분보다 커서 마치 외부에서 힘을 가한 것 같은 변형이 생김.

■ FDM 재료

☑ ABS: 가열 시 냄새/열 수축 현상/녹는점: 240도/핫베드 필요(100도)

☑ PLA: 열 수축 현상 없음./녹는점: 210도/옥수수 전분을 사용하여 친환경적

전자감응장치에 재료를 통과시킴

900mc로 제작된 대형 조형물 모습

미세노즐 모습

2개의 모델재료 장착

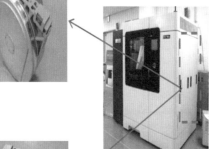

Fortus 900mc 3D프린터

헤드블록의 이송장치

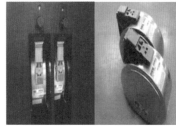

2개의 지지대재료 장착 캐스터네츠 형태의 재료 모습

LCD(재료온도,소모량,잔류량..)

2개의 노즐 모습

■ FDM 프린팅 기기

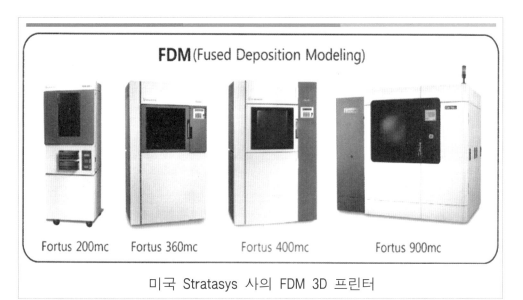

미국 Stratasys 사의 FDM 3D 프린터

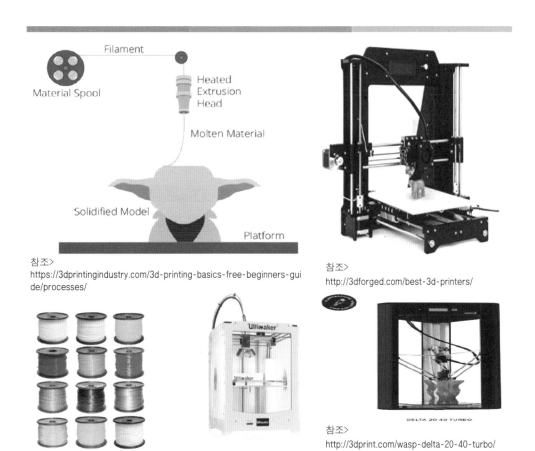

참조>
https://3dprintingindustry.com/3d-printing-basics-free-beginners-guide/processes/

참조>
http://3dforged.com/best-3d-printers/

참조>
http://3dprint.com/wasp-delta-20-40-turbo/

■ FDM 조형재료

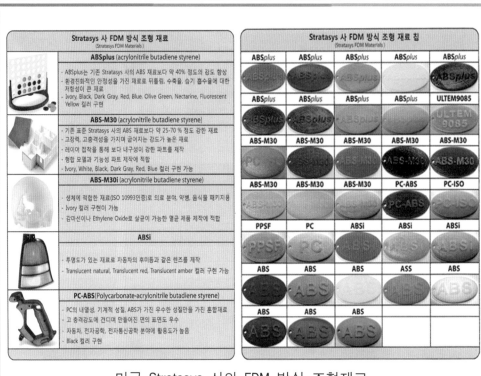

미국 Stratasys 사의 FDM 방식 조형재료

■ FDM 제품

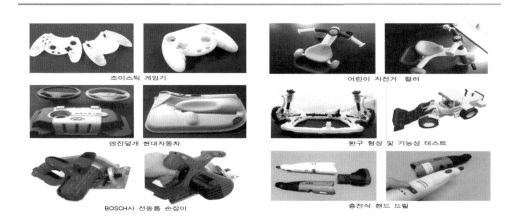

액체상태 재료를 이용한 신속조형시스템

1986년 발명가인 Charles W.Hull과 기업가인 Raymond S. Freed에 의해 설립한 3D System사에서 개발된 액형 기반 RP 시스템(Liguid-Based RP systems)의 대표적 방식으로 자외선, 레이저, 다른 광원(빛)에 노출되었을 때 굳는 광폴리머라는 물질을 부분적으로 굳혀 물체를 출력하는 기술이다.

■ SLA(Stereo Lithography Apparatus)
- ☑ 3D 프린팅 최초 특허(3D 시스템 사의 찰스 헐)
- ☑ 속도개선: SLA 개선 → DLP 개선 → 2PP

■ 원리
- ☑ SLA 방식은 광경화성수지 표면에 자외선 레이저(UV Laser)를 주사하여 한층 한층 레이어별 경화를 통해 3차원 모델을 만드는 방식
- ☑ 아크릴이나 에폭시 계열의 광경화성수지(Photocurable resin)가 들어있는 수조에 레이저(Laser)빔을 주사
- ☑ 한층 한층 두께가 만들어질 때마다 한층 두께(약 0.025~0.125)만큼 밑으로 내려가면서 다시 레이저를 주사
- ☑ 이때 수지의 표면 평탄화와 재료코팅은 리코터(Recoater)의 수평날에 의해 이루어짐.

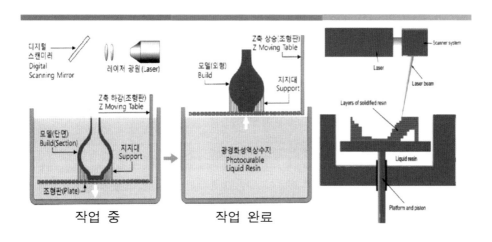

작업 중   작업 완료

※ 용제를 이용하여 세척한 다음 물을 이용하여 세척해 주어야 한다.

참조> http://forum.falinux.com/zbxe/index.php?document_srl=614104&mid=free

■ SLA 장점

☑ 표면이 매끄럽고 치수정밀도가 높다.

☑ 투명모델 제작이 가능하다.(유체 흐름 시험관, 배기관 등의 시제품 활용에 편리함.)

☑ 제작 속도가 빠른 편이다.

☑ 아주 복잡하거나 섬세한 형상을 만드는 데 적합하다.

☑ 정밀도, 표면품질, 복잡한 형상을 출력하는데 매우 높은 품질의 제품생산이 가능하다.

☑ 같은 제품(Build size)을 1개 만드나 여러 개 만드나 제작 시간은 동일하다.

■ SLA 단점

☑ 재료가격과 레이저 재충전 비용이 고가이다.

☑ 약간의 냄새가 난다.

☑ 심한 충격에 깨지기 쉽고, 과도한 수분과 과열노출에 주의를 요한다.

☑ 중합반응(Photopolymerization)에 의한 조형물의 경화 수축을 원칙적으로 피할 수 없다.

　　※ 중합반응 → 레이저가 액상 수지에 접촉 시 액체 상태에서 고체 상태로 변화하는 과정(경
　　　화 시 수축변형은 수평 및 수직 양방향으로 발생)

☑ 조형시간이 오래 지속되면 조형 도중에 조형물에 팽창과 열화가 일어날 수 있다.

☑ 수지가 경화될 때 목적한 최하 단면보다도 아래쪽으로 수지가 경화하는 현상(과잉성
　장)이 발생할 수 있다.

☑ 레이저로 이미 고화된 층에 접촉하도록 다음 층을 고화하면 수직 방향의 뒤틀림이
　발생하는 현상(컬, Curl)이 발생한다.

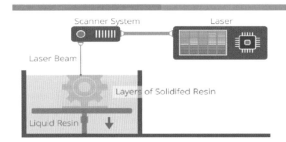

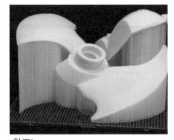

참조>
http://www.fraser-ais.com/node/101

3d-systems-projet-1200-micro-s
la-3d-printer

참조>
http://www.ebuzz.co.kr/ne
ws/article.html?id=200909
21800001

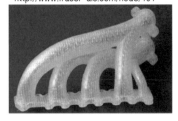

참조>
http://amcrp.co.kr/?attachment_id=917

■ SLA 조형재료

3D Systems 사 SLA 조형 재료 (Accura SLA(SL) Materials)	
Accura® 10 Plastic	- Accura 10은 표면조도와 치수 정밀도가 좋고 강도 또한 우수 - 기본적인 형상 확인, 파트의 제품, 기능성 파트 제작에 적합 - 마스터 패턴, RTV/Silicone 몰드 패턴, 인베스트먼트 주조를 위한 QuickCast 패턴까지 다목적 모델 제작이 가능 - 모바일, 자동차, 항공기, 컴퓨터, 레이컨 디스플레이, 작종 케이스 제작
Accura® 25 Plastic	- Accura 25는 폴리프로필렌(Polypropylene) 성형품과 같은 느낌 - 구부러기 쉽고, 튀어난 복원력을 가짐 - 매우 정확한 모델 파트의 제작, 기능성 파트와 조립을 위한 폭업 (Mock-up) 제작, 단성과 아세탈 모델 제작에 적합 - 자동차 스타일링 제작, 전자 제품, 장난감, 체결 구조(Snap-fit) 파트 제작에 적합 - RTV/Silicone 주형을 위한 마스터 패턴 제작, 인젝션 주형 파트의 시일
Accura® 40 Plastic	- Accura 40은 초기 모 40으로 명칭되며, 최초의 SL(stereolithography) 재료로 Nylon 6.6과 유사 - 단단하지만 깨질 현상이 거의 없고, 고온 파트 활용에 적합 - 제작된 파트의 정확도와 표면조도가 좋아 최소한의 마감 작업만 필요 - 고온에 강하다(Under hood bolt-on 테스트, Wind tunnel 테스트, HVAC 테스트)에 적합 - 시각적 확인을 위한 비품, RTV 몰드 패턴 제작, 드릴로 구멍을 뚫거나, 나사 가공이 가능 - 조명 구성용품과 액세서리, 흡입다기관(Intake Manifold), 체결 구조 (Snap-fit), RTV/Silicone 주형을 위한 마스터 패턴 제작
Accura® 45HC Plastic	- Accura 45HC는 고온 테스트용 파트 제작, 자동차 "under-the-hood" 기능성 파트용용과 액세서리, HVAC 구성용 제작 - 형상: 조립성, 기능성 테스트용 파트 제작 - QuickCast, 유체 흐름 시각적 체크 파트
Accura® 48HTR Plastic	- Accura 48HTR은 고온 테스트용 파트 제작, 자동차 "under-the-hood" 매우 단단한 파트 제작, 습기에 견디는 파트 제작, 내구성 파트 제작 - 유체 흐름과 시각적 체크 파트 제작 - 흡입다기관(Intake Manifold) 디자인과 분석, 전자 제어 파트 제작
Accura® 50 Plastic (Natural / Gray)	- Accura 50은 내구성, 정확도가 높은 재료로 ABS 물성과 유사 - 기능성 파트와 외관의 제작에 적합 - 매우 정확한 모델 파트의 제작, 기능성 파트와 조립을 위한 폭업 - 색상은 회색(Gray)과 Natural 칼러인 아이보리(Ivory-White) 컬러 - 엔클로저(Enclosures), 소비자 상품 케이스와 커버, 장난감, 휴대폰, 전자 구성용에 : 컨넥터), 자동차 디자인 구성 용용에 : 대시보드) 제작 - RTV/실리콘 주형을 위한 마스터 패턴 제작, 체결 구조(Snap-fit) 파트, 컨셉과 마케팅 모델 제작에 적합

3D Systems 사 SLA 조형 재료 (Accura SLA(SL) Materials)	
Accura® 55 Plastic	- Accura 55는 자동차 인테리어 구성 파트 제작에 적합 - 깊이로 보기에 ABS와 유사하며 매우 단단함 - 정밀도과 내구성이 좋아 우제한 캐스팅 마스터 패턴으로 활용 - 디자인 컨셉 및 마케팅 모델 제작 - 기능성 조립 모델 및 테스트 파트 - 전자 제품 구성 파트 제작
Accura® 60 Plastic	- Accura 60은 폴리카보네이트(Polycarbonate)와 같은 외관을 가짐 - 투명도가 있어 유체 흐름과 디스플레이 모델 등 시각적 확인용 파트 제작 - 단단한 기능성 파트 제작에 적합 - 의료장비나 장치 또는 연구용 장치 제작에 적합 - 조명 구성용이나 렌즈 제작에 적합 - 우레탄 캐스팅을 위한 마스터 패턴, 인베스트먼트 캐스팅을 위한 QuickCast 패턴 제작
Accura® Bluestone Nano-composite Plastic	- Accura Bluestone은 매우 단단하며, 내열성이 우수함 - 표면조도가 좋고 치수 변형 최소화로 엔지니어링 정밀파트 제작에 적합 - 무추형공산업 원드 터널 테스트, 모터스포츠, 조명 디자인, 전자 구성용 - 엔클로주어, 소비재 상품 케이스와 커버, 림프로 일체미, 자동차 under- the-hood, 전자 부품 커넥터, 소켓 파트 제작에 적합
Accura® Amethyst Plastic	- Accura Amethyst는 주얼리 제작용 위한 마스터 원본 제작용 - Accura Amethyst는 매우 단단하며 색상은 짙은 보라색에 가까움 - Accura Amethyst는 매우 단단하며 다이렉트 캐스팅을 하기보다 RP 원본을 가지고 고무 주형을 얻기 위한 용도로 적합
Accura® CeraMax Plastic	- Accura CeraMax는 플라스틱에 세라믹이 함유된 재료 - 열(약220℃)에 강하며 매우 단단함, 자동차와 항공기 분야에 활용 가능 - 세라믹 복합물과 강한 구성용 제작에 적합 - 수급기에 안정화된 구성용 제작
Accura® PEAK Plastic	- Accura PEAK은 높은 열에 견디며, 물과 유체 흐름 파트 제작에 - 항공기 원드 터널 모델 제작 - 마스터 패턴 제작, 매우 단단하며, 정밀도 우수 - Fixture, Gage, Jig 제작

미국 3D System 사의 SLA 방식 조형재료

■ SLA 제품

☑ 제품특징: 투명제품 생산 가능

포르쉐 트랜스 미션 하우징

경주용 자동차 외장< Formula 1 >

자동차 대시보드 < General Motors >

대형 엔진 블록

자동차 배기 Manifold Test모형

소비재 – 문구류 적용사례< 스테이플러 >

오토바이 운전자를 위한 고글

용기 디자인 적용

액체상태 재료를 이용한 신속조형시스템

1997년 미국 텍사스 인투르먼트 사의 Dr. Larry Hornbeck에 의해 개발된 첨단 디지털 광 처리기술로 DLP 프로젝트를 이용하여 면을 투영, 수지를 층층이 굳혀(경화)나 가며 물체를 출력하는 방식으로 대표적인 DLP 3D 프린터가 독일 EnvisionTEC 사의 Perfectory 제품이다.

■ DLP(Digital Light Processing)
- ☑ 속도개선: SLA 개선 → DLP 개선 → 2PP
- ☑ 우리가 흔히 영화 상영이나 사무실의 프레젠테이션 시 사용되는 DLP 프로젝터에 사용되는 기술과 동일
- ☑ 내부에 지지대 없이 출력 가능

■ 원리
- ☑ 3D 데이터를 슬라이싱시켜 각각 레이어별 그림데이터(Bitmap)로 전환한다.
- ☑ 비트맵을 디지털 마스크(Digital Mask) 해준다.
- ☑ DLP Projection 장치에서 고해상도의 프로젝션 광으로 광경화 수지(Photopolymer Resin)에 마스크를 투영(Digital Mask Projection)하여 모델을 조형한다.
- ☑ DLP 핵심기술은 130~150만 개의 초미세거울(0.01×0.01㎜)로 구성된 광학 반도체는 DMD(Digital Micro Mirror Device)이다.
- ☑ DMD은 전기적 신호에 따라 초당 5,000회까지 독립적으로 이동과 일정각도로 틀어짐으로써 원하는 마스크 영역의 광경화성 수지 재료에 고해상도의 레이저가 아닌 가시광선(백색광)을 투사하여 광중합반응을 유도하여 모델 조형한다.

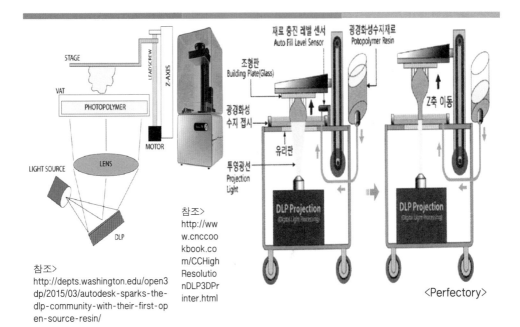

참조>
http://depts.washington.edu/open3dp/2015/03/autodesk-sparks-the-dlp-community-with-their-first-open-source-resin/

참조>
http://www.cnccookbook.com/CCHighResolutionDLP3DPrinter.html

\<Perfectory\>

■ DLP 특징

☑ 장치의 크기가 작고 소음이 거의 없다.

☑ 3D 프린팅 장비 중 가장 정밀한 형상 제작이 가능하다.

☑ 최고 정밀도는 XY 해상도는 0.0075㎜이며, Layer Thickness 0.015㎜이다.

☑ 성형속도는 시간당 2.5㎜이다.

☑ 쥬얼리 산업 분야, 정밀 캐릭터, 의료분야 등에 활용한다.

☑ 현재 미국 초등학교 학습용으로 사용한다.

■ DLP 장·단점

☑ 표면 조도가 우수하다.

☑ 출력속도가 빠르다.

☑ 낮은 소음과 작업속도가 균일하다.

☑ 전용 수지가 필요하고 제품 사이즈가 작다.

■ DLP 조형과정 단계

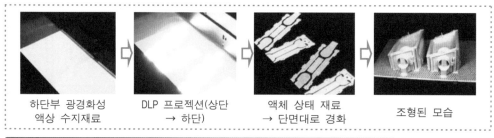

| 하단부 광경화성 액상 수지재료 | DLP 프로젝션(상단 → 하단) | 액체 상태 재료 → 단면대로 경화 | 조형된 모습 |

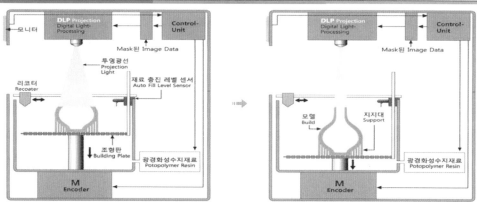

Ultr Perfectory DLP 조형 방식

■ DLP 프린팅 기기

DLP (Digital Light Processing)

Perfactory® Desktop Perfactory® Standard Ultra Perfactory® Xede

독일 EnvisionTEC 사의 DLP 3D 프린터

■ DLP 조형재료

PC100 재료 통 모습 → 재료 장착 모습

액상 수지 자동 교반기

조형판으로 향하는 재료 공급 튜브 모습

Envisiontec 사 DLP 조형 재료 (Envisiontec Materials)	
PhotoSilver	· Ceramic 성분이 함유된 광경화성수지 재료로 매우 섬세한 형상 표현 · 고온에서의 저항성이 크고, 제작 파트를 고무몰드(Rubber Mold) 원본 사용 · 표면조도가 뛰어나 별도의 기계 가공 마감없이 마스터로 바로 사용 가능
PIC 100/100G	· 가장 보편적인 주얼리, 정밀 제품 파트 제작용 광경화성수지 재료 · 강한 내구성과 고품질의 디테일 조형이 가능한 재료 · Wax에 비해 단단하여 다루기 쉽고, 완전연소가 가능해 Direct Casting이 가능
WIC 100 / WIC 100GD	· 깨끗한 면소와 표면 조도가 뛰어나 디테일 표현에 강함 · 주얼리 마켓을 위한 Direct Casting 파트 제작에 적합 · 발화온도(Ignition Temperature) 300℃
WIC 300	· Wax 성분이 함유된 광경화성수지 재료로 매우 섬세한 형상 표현 · Envisiontec DDP(Digital Dental Printer)를 위한 재료 · 치아의 본이나 Anatomy crown, Bridge 등을 제작하는데 적합
e-Shell 200/300/500	· 내구성이 우수하며, 피부톤의 불투명 광경화성수지 재료 · Perfactory Xede, Xtreme에서도 모두 사용 가능 · 이 재료는 보청기(Hearing Aids), 귀 성형술(Otoplasty) 관련 제품 제작에 적합 · CE, ISO 10993(Medical Product Law)인증 재료
RC25 NanoCure	· Ceramic이 혼합된 광경화성수지 재료/Perfactory Xede, Xtreme에서 사용 · 재료의 특성으로 독특한 복숭아 빛을 띄며, 매우 단단하고 열에 강하여 자동차 구성품, 램프 덮개(Pump Housing), 윈드 터널(Wind Tunnel), 램프 날개 바퀴 (Pump Impeller), 반사판(Light Reflector), 사출몰드(Injection Mold) 에 적합
SI 500	· 구부리기 쉬운 모델이나 고충격 강도를 갖는 고정밀 파트를 제작 · 화학적 저항성, 습도, 온도에 강해 치수 정밀도 우수 · 주로 자동차 판넬, 전기 기기함, 의료 제품 · Snap-fit파트, 패키징, 플라스틱 용기 파트 제작에 적합
R05 and R11	· 매우 단단한 재료로 견고한 정밀부품 파트의 제작에 적합 · 화학적 저항성, 습도, 온도에 강해 치수정밀도 우수 · 시각적 검증 모델, 진공성형(Vacumm Casting)을 위한 마스터 패턴으로 적합

e-Shell 재료의 컬러 다양성 (Envisiontec e-Shell 200/300 Materials Series)			
e-Shell 200 Pink	e-Shell 203 Beige	e-Shell 204 Cocoa	e-Shell 205 Brown
e-Shell 302 Red	e-Shell 303 Blue	e-Shell 306 Black	e-Shell 307 White

독일 EnvisionTEC 사의 DLP 방식 조형재료

■ **DLP 제품**

☑ 제품특징: 보석, 보청기, 틀니 분야

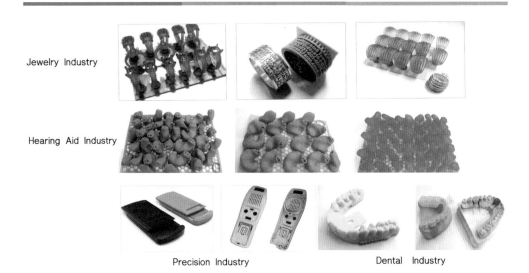

Jewelry Industry

Hearing Aid Industry

Precision Industry   Dental Industry

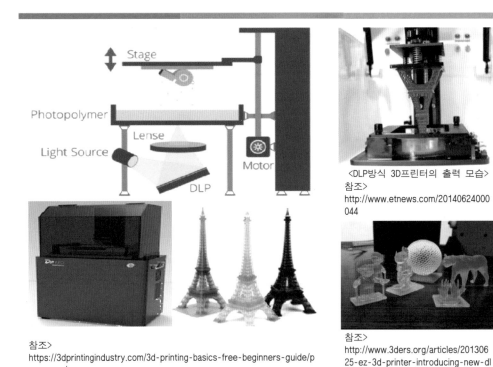

<DLP방식 3D프린터의 출력 모습>
참조>
http://www.etnews.com/20140624000
044

참조>
https://3dprintingindustry.com/3d-printing-basics-free-beginners-guide/p
rocesses/

참조>
http://www.3ders.org/articles/201306
25-ez-3d-printer-introducing-new-dl
p-based-diy-kit.html

분말상태 재료를 이용한 신속조형시스템

10~15초당 진동하는 레이저인 펨토초 펄스식 레이저(Fem to Second Pulsed Laser)를 사용하여 광폴리머를 층별로 굳히는 방식으로 DLP의 속도를 개선하였으나 현재 기술은 걸음마 단계이다.

■ 2PP(Two-Photo Polymerization)
- ☑ 나노 광전자빔(nano photonic)
- ☑ 정밀도가 0.0001mm로 박테리아보다 훨씬 작은 물체 출력
- ☑ 초당 몇 미터 크기의 층을 생성한다.
- ☑ 촉진물질은 두 개의 광전자와 충돌할 때 반응함으로 정확히 레이저 빔 중앙에 일치 시키기가 어렵다.
- ☑ 레이저 올바른 조사방향을 위하여 반사경을 정밀하게 제어해야 한다.(※ 반사경의 빠르고 정확한 움직임에 따라 시간 단축)

액체상태 재료를 이용한 신속조형시스템

1996년 미국 3D Systems사의 Acura 2100모델로, 프린터 헤드에서 모델 재료인 아크릴 광경합성과 지지대 재료인 왁스를 동시에 분사해 경화시켜가며 모델을 만드는 방식으로 주로 디자인 콘셉트(Concept) 모델제작에 사용되었다.

■ MJM(Multi Jet Modeling)
　☑ 광경화 방식과 잉크젯 방식의 혼합형
　　첫 번째 층을 만들기 위하여 우리가 흔히 사용하는 잉크젯 프린터 헤드와 비슷하게 생긴 여러 개의 노즐로 액체 광폴리머를 분사한다. 그리고 그다음 층을 쌓기 전에 분사된 액체 광폴리머를 자외선을 이용하여 굳힌다.
　☑ 일명 Polyjet Matrix(스트라타시스 상표) 또는 Inkjet Photopolymer

■ 원리
　☑ 프린터 헤드에서 모델 재료인 아크릴 경화성수지(Acrylic Photopolymer)와 지지대 재료인 왁스(WAX)를 동시에 분사하고 자외선으로 동시 경화시켜가며 조형을 만든다.
　☑ 앞뒤로 왔다 갔다 하면서 정해진 위치에 모델 재료와 지지대 재료가 적층될 수 있도록 X축 방향을 잡아준다.
　☑ 모델이 한층 한층 완성되면서 그 높이만큼 MJM 헤드가 Z축 방향으로 위로 올라간다.

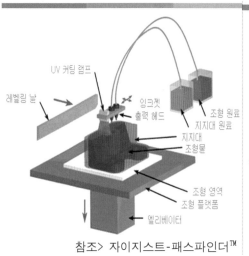

참조> 자이지스트-패스파인더™

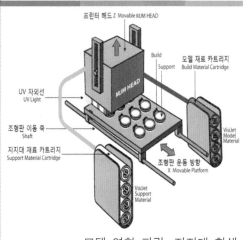

모델 연한 파랑, 지지대 흰색

■ MJM 특징

☑ 굉장히 얇은 층으로 조형되기 때문에 출력물의 퀄리티가 아주 높다.

☑ 2001년에 발표된 대표적 기술은 Objet 사(이스라엘, 현 Stratasys 사에 인수됨.)에서 주로 사용하고 있다.

☑ 서포트 재료를 워터젯이라는 기술로 녹여서 제거한다.

☑ Color 출력이 가능하다.

■ MJM 조형재료

흰색: 지지대 재료 연한 하늘색: 모델 재료(검정)

폐기함 내부 모습

지지대 재료가 장착된 모습

사용 전과 사용 후(작은 것) 카트리지

모델 재료가 장착된 모습

■ MJM 프린팅 기기

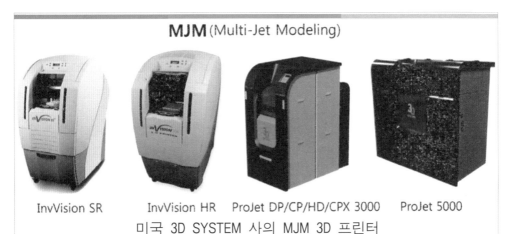

MJM (Multi-Jet Modeling)

InvVision SR InvVision HR ProJet DP/CP/HD/CPX 3000 ProJet 5000

미국 3D SYSTEM 사의 MJM 3D 프린터

InVision SR 3D 장비

InVision HR 3D 장비

반지 모델링

핸드폰 모델링

반지 모델링

핸드폰 도장 처리

 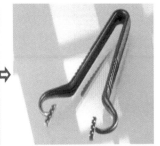

의료용 집게 모형

휴대전화기 모형

액체상태 재료를 이용한 신속조형시스템

1998년 이스라엘 Object Geometries사가 개발한, 잉크젯 기술과 광경화성수지 기술이 결합된 고해상도의 3차원 플랫폼으로 800개의 노즐을 통해 분사되는 액상의 광경화성수지를 자외선으로 동시 경화시켜가며 모델을 만드는 방식이다.

■ PolyJet(Photopolymer Jetting Technology)
　☑ 광경화 방식과 잉크젯 방식의 혼합형
　　첫 번째 층을 만들기 위하여 우리가 흔히 사용하는 잉크젯 프린터 헤드와 비슷하게 생긴 여러 개의 노즐로 액체 광폴리머를 분사한다. 그리고 그다음 층을 쌓기 전에 분사된 액체 광폴리머를 자외선을 이용하여 굳힌다.
　☑ 재료를 여러 가지 분사하여 재료 병합한다.
　☑ 현재는 미국 Staratasys 사로 인수되었다.

■ 원리
　☑ 프린팅 헤드는 X, Y축 고정레일을 따라 좌우로 왕복하면서 모델링 재료(광경화성수지)와 지지대 재료(GEL)를 동시에 조형판 위에 분사한다.
　☑ 분사와 동시에 프린팅 헤드 좌우에 부착된 UV Lamp을 조사해 레이어 층이 곧바로 경화되도록 한다.
　☑ 조형판은 Z축 방향으로 자동 이동한다.
　☑ 8개의 유닛 헤드가 모여 하나의 프린터 헤드를 구성하고 유닛 1개당 약 100개의 미세노즐이 뚫려 있다.
　☑ 지지대로 사용된 GEL 제거는 고압으로 분사하는 Water Jet으로 씻어주면 쉽게 제거된다.

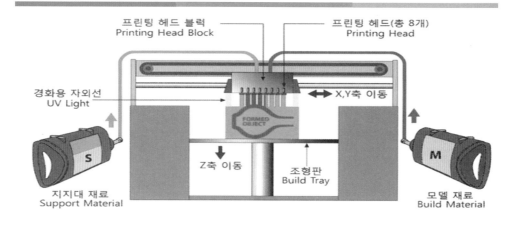

프린팅 헤드 블록
Printing Head Block

프린팅 헤드(총 8개)
Printing Head

경화용 자외선
UV Light

X,Y축 이동

FORMED OBJECT

Z축 이동

조형판
Build Tray

S

M

지지대 재료
Support Material

모델 재료
Build Material

■ PolyJet 장비 구성

프린터 헤드 모습(8개의 유닛 구성)

밝은 빛은 UV 자외선으로 동시 경화하는 모습

프린터 유닛 헤드 모습

램프 뒷면   앞면 모습

교체 가능한 UV 자외선 경화용 램프

프린터 유닛 헤드의 미세분사 구멍

■ PolyJet 조형재료

지지대 재료 [Fullcure 705 패키지]

지지대 제거 전 모습

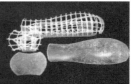
지지대 제거 후 모습

모델 재료 [Fullcure 830 패키지]

지지대 제거 전 모습

지지대 제거 후 모습

모델 재료가 장착된 모습

지지대 재료인 WAX는 물로 쉽게 제거 가능하다.

※ Eden 3D Printing 시스템 장비

※ 다양한 Eden 사용 재료들 모음(2Kg 패키지)

※ 모델 재료인 투명 FullCure 720

※ 지지대 재료인 FullCure705 장착 모습

※ 지지대 재료 > 대용량 FullCure705 카트리지(3.6Kg)

※ FullCure720, TangoBlack, VeroWhite, TangoGray, VeroBlue 재료 칩

Objet 사 PolyJet 조형 재료
(Objet Geometries > PolyJet Materials)

다목적 7XX 시리즈	Durus 4XX 시리즈	Vero	Tango	Hearing Aid
투명재료 FullCure 720	DurusWhite FullCure 430	VeroWhite FullCure 830	TangoPlus FullCure 930	DurusWhite FullCure 630
공통 사용 지지대 재료 FullCure 705		VeroWhite FullCure 830	TangoPlus FullCure 930	DurusWhite FullCure 630

※ Objet 사 PolyJet 조형 재료 / 사용장비 : Alars, Eden 장비군에서 사용하는 주요 재료

■ PolyJet 프린팅 기기

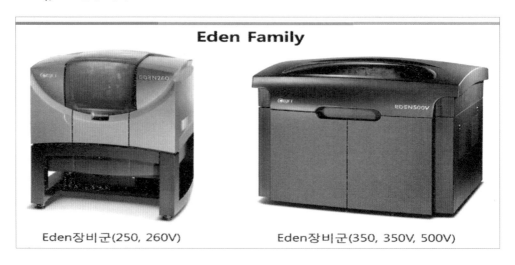

Eden장비군(250, 260V)   Eden장비군(350, 350V, 500V)

■ PolyJet 제품

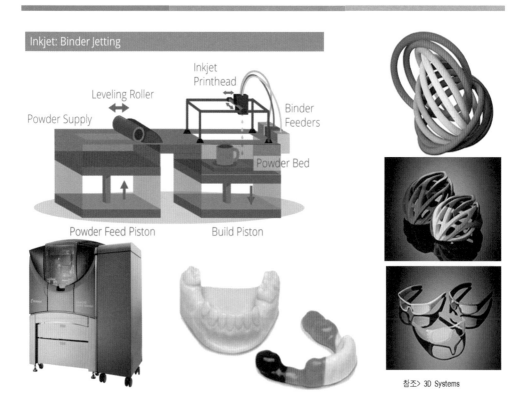

참조> 3D Systems

분말상태 재료를 이용한 신속조형시스템

1995년 독일 EOS 사가 세계최초로 Direct Metal Laser Sintering(DMLS)를 개발하였으며, 레이저 소결 방식으로 주 사용재료인 플라스틱(Plastic), 금속(Metal), 모래(Sand)에 따라 EOSINT P, M, S 등으로 제품이 구분된다.

■ SLS(Selective Laser Sintering)

☑ 분말을 녹이기 위해 열을 사용하는 선택적 레이저 소결 방식

분말 재료에 레이저를 선택적으로 주사하여 서로 용융점이 다른 분말을 바인더 없이 용·융착 시키는 소결원리를 이용한다.

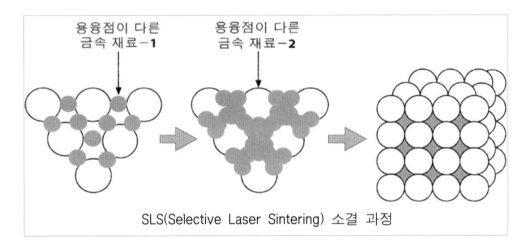

SLS(Selective Laser Sintering) 소결 과정

☑ 종류

LAM(Laser Additive Manufacturing)

DMT(Laser-Aided Direct Metal Tooling)

EBM(Electron Beam Melting)

■ 원리

☑ 자동 제어되는 리코터(Recoater)가 작업대에서 재료공급과 동시에 평탄 작업을 수행한다.

① 레이저를 조사한다.

② 다이내믹 미러가 X, Y축으로 움직이며 전달받은 레이저 빔을 조형 분말함(Build platform)에 정확히 전달한다.

③ 조형 분말함 안에 있던 원료 분말이 레이저 빔에 의해 소결된다.

④ 보충 분말함이 정해진 층의 두께만큼 상승한다.

⑤ 보충 분말함 밖에서 대기하고 있던 레벨링 롤러가 여분의 원료 분말을 조형 분말함으로 밀어 보충해준다.

☑ 레이저가 주사되어 한 층의 레이어가 완성되면 Z축으로 작업대가 0.1~0.5㎜까지 내려간다.

⑥ 조형 분말함은 정해진 층의 두께만큼 내려간다.

☑ 다음 리코터가 재료공급과 함께 평탄화 작업을 마무리하면 다시 레이저가 조사된다.

☑ 레이저 소결 시 내부 온도가 높아 화재 위험이 있어 방지를 위해 질소가스로 채워져 있다.

☑ 소결 시 발생한 연소 연기들은 필터를 거쳐 외부로 빠져나간다.

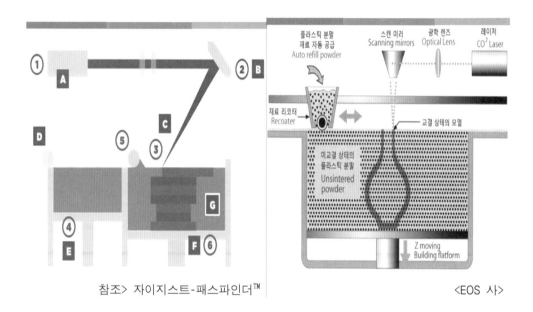

참조〉 자이지스트-패스파인더™   〈EOS 사〉

■ SLS 특징

☑ 전통적인 금속제품에 사용한다.

☑ 고운 가루의 기능성 고분자 및 금속분말을 레이저로 용융한다. → 나일론, 유리, 세라믹, 티타늄, 스테인레스강

☑ SLS 방식들의 미소결 분말 재료(Unsintered Powder)들은 모델 조형 시 지지대 역할을 해주기에 별도의 지지대가 필요 없는 공정이다.

☑ 재료의 재활용은 경제적 효과를 가져다준다.

☑ 속도가 가장 빠르고, 다양한 소재를 사용 가능하나 모두 레이저를 사용하는 제품으로 장비 가격이 비싸다.

■ SLS 조형과정

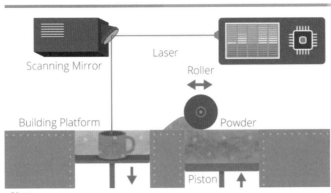

참조>
http://3dprintingindustry.com/3d-printing-basics-free-beginners-guide/processes/

참조>
http://www.dezeen.com/2013/04/18/
3d-printed-heads-print-shift-sample-and-hold-inition

Zprinter 650

참조>
http://www.marineinsight.com/shipping-news/
project-3d-printing-of-marine-spare-parts-launched/

참조>
http://www.3ders.org/articles/
20141117-ester-sls-3d-printer-to-launch-soon-on-indiegogo.html

■ SLS 프린팅 기기

SLS (Selective Laser Sintering)

FORMIGA P 100

EOSINT P 395

EOSINT P 760

EOSINT P 800

EOSINT M 270

EOSINT S 750

■ SLS 조형재료

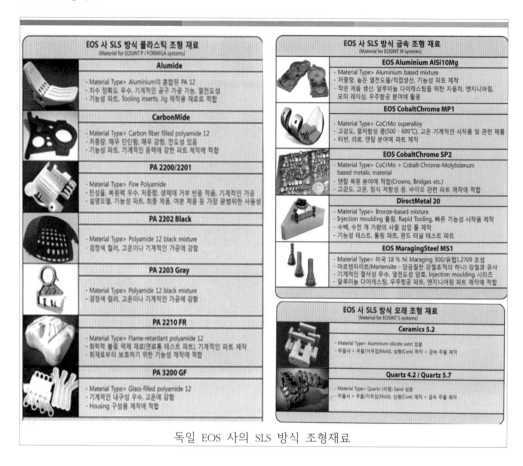

독일 EOS 사의 SLS 방식 조형재료

2-10 | 3D 프린터-DMT

분말상태 재료를 이용한 신속조형시스템

대덕연구개발특구 인스텍 사에서 개발한 기술로 미국 ASTM 인터내셔널이 분류한 금속 3D 프린팅 기술 중 가장 앞선 기술군으로 평가하였다.

■ DMT(Laser-Aided Direct Metal Tooling)

☑ 고출력 레이저 빔을 이용하여 금속분말을 녹여 붙이는 방식

☑ 모든 합금류 제작 가능

☑ 금속제품과 금형 등을 빠른 시간 내에 제조 가능

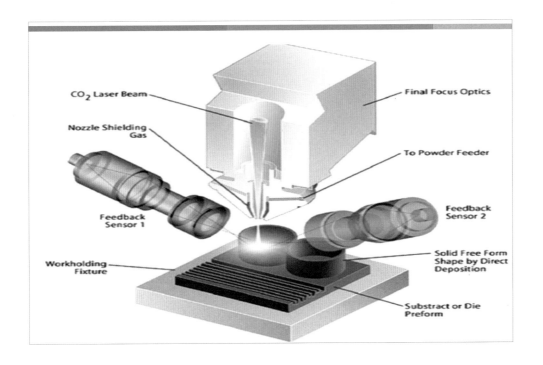

CO₂ Laser Beam
Nozzle Shielding Gas
Feedback Sensor 1
Workholding Fixture

Final Focus Optics
To Powder Feeder
Feedback Sensor 2
Solid Free Form Shape by Direct Deposition
Substract or Die Preform

2-11 ⎪ 3D 프린터-EBM

분말상태 재료를 이용한 신속조형시스템

스웨덴 3D 프린터 메이커인 ARCAM(아르캠)에서 발명하고 미국 임플란트 회사인 ExacTech 사에서 개발한 기술로 높은 진공상태에서 전자빔을 이용하여 재료를 융해해 레이어를 쌓아가는 방식의 기술이다.

■ EBM(Electron Beam Melting)
- ☑ 진공상태에서 분말을 녹인다.
- ☑ 티타늄합금 제작이 가능하다.
- ☑ 제작 시간이 빠르다.
- ☑ 주로 의료 임플란트 시장에서 사용되고 있다.

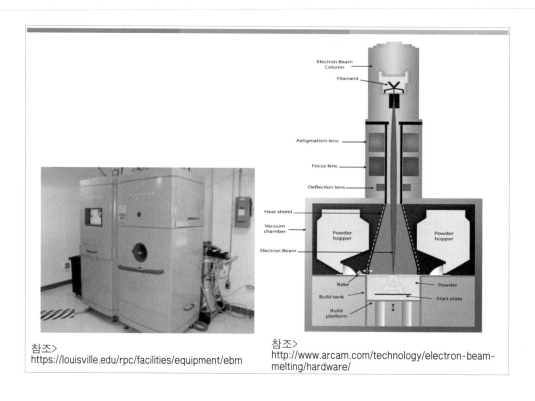

참조>
https://louisville.edu/rpc/facilities/equipment/ebm

참조>
http://www.arcam.com/technology/electron-beam-melting/hardware/

2-12 3D 프린터-3DP

분말상태 재료를 이용한 신속조형시스템

미국 메사추세츠 공대에서 처음 개발하고, 1994년 설립된 미국 Z Corporation 사가
1995년에 '3DP™'라는 명칭으로 특허 출원하고, 1997년에 출시한 상업용 기술기반으
로 가루 상태의 재료에 액체 결합제 또는 교결제(Binder)를 프린터 헤드의 노즐을
통해 분사하여, 단색이나 컬러로 모델을 조형하는 장비다.

■ 3DP(3D Printing)
  ☑ 명칭
    PBP(Powder Bed&Inkjet Head 3D Printing)
    Inkjet 방식
  ☑ 잉크젯 프린터 원리를 이용하여 분말 및 잉크젯 투사
    ※ 프린터 헤드의 노즐에서 컬러 잉크와 경화물질(바인더)을 분말원료에 분사하여 조형하는

방식

☑ 현재 Z Corps는 3D Systems 사에 인수합병

☑ 액상 바인더는 파우더(분말) 속으로 침투하여 분말들을 결합시켜 형태를 유지

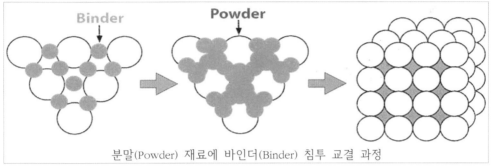

분말(Powder) 재료에 바인더(Binder) 침투 교결 과정

☑ 얇은 파우더 층에 액상 바인더(Liquid Binder)를 프린터 헤드를 통해 번갈아 분사하여 한층 한층(Layer by Layer) 적층해가며 모델을 조형하는 Inkjet printing 기술을 사용

| 컬러 3D 프린팅 모습 | 석고 분말 위에 분사된 컬러 바인더 층 |

■ 원리

☑ 양쪽 파우더 함이 Z축 피스톤에 의해 제어되며 재료를 공급한다.

☑ 롤러시스템으로 파우더 표면을 고르게 평탄 작업한다.

☑ X, Y축으로 프린터 헤드가 움직이며 원하는 레이어별 단면 이미지를 프린팅한다.

☑ Binder 재료는 컬러와 단색이 있다.

☑ 한 층의 바인더가 도포되면 파우더와 결합하여 굳어지게 된다.

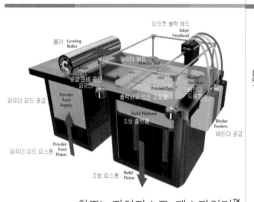

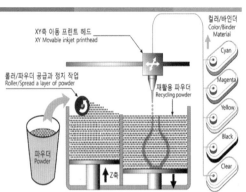

참조> 자이지스트-패스파인더™

■ 3DP 특징

☑ 프린터 헤드는 일반 HP 프린터 헤드를 사용하며 헤드 비용이 저렴하다.

☑ 잔유 분말은 오버플로 슈트(재활용 플랫폼)로 떨어져 다음 작업 시 재활용된다.

☑ 지지물을 출력하거나 제거할 필요가 없다. 즉, 지지대가 필요 없다.

☑ 제품을 빠른 속도로 제작 가능하고 유지비용이 경제적이다.

☑ 컬러 조형의 자유로운 제작이 가능하여 교육, 소비재, 건축, 자동차 분야에 많이 활용된다.

☑ 피겨(figure) 제작에 용이하다.

☑ 석고 기반 제품이므로 재료의 내구성이 약하고(충격에 민감) 깨지기 쉽다.

☑ 조형과정이 완료된 후 분말을 제거하고 표면 처리를 해야 하는 번거로움이 있다.

■ 3DP 조형재료

☑ 파우더(Powder): 고성능 강화 석고 분말[zp130(컬러), zp140(단색)]

☑ 바인더(Binder): 일종의 접착제인 교결제(5가지 색상)

☑ 침투제(penetrant): 특수재료로 재료의 물성을 변경(예: 고무 성질이 요구되면 z-snap 재료를 사용)

| ZP 130 Powder | 컬러 바인더 재료통 | 바인더 재료통 |

■ 3DP 프린팅 기기

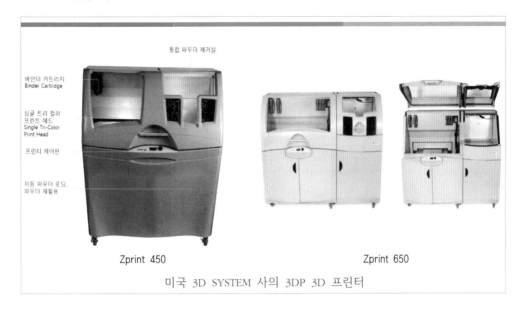

미국 3D SYSTEM 사의 3DP 3D 프린터

■ 3DP 제품

얇은 판 / 시트재료를 이용한 신속조형시스템

2012년 8월 Helisys 사에서 개발한 기술로 이동 레이저로 절단하고 플라스틱이나 금속 롤을 이용한 가열 롤러로 압착하여 레이어를 층층이 쌓아가는 방식이다.

■ LOM(Laminated Object Manufacturing)
  ☑ 종류
    LOM(Laminated Object Manufacturing) 방식: 종이를 레이저로 절단한 후 열이 나는 롤러
    (Heated Roller)로 압착
    PSL(Plastic Sheet Lamination) 방식: PVC(Polyvinyl chloride) 시트를 칼날로 자르면서 접착
    PLT(Paper Lamination Technology) 방식: 종이를 칼날로 자르면서 열로 압착
  ☑ 현재 Helisys 사는 Cubic Technology사에 인수합병

■ 원리
  ☑ PVC 재료공급 롤이 조형판으로 열원을 통과한다.
  ☑ 조형판에 시트가 공급되면 들어온 시트는 끝단이 자동으로 잘리고 조형판에 안착된다.
  ☑ 공급카트리지에서 접착제가 공급된다.
  ☑ 동시에 금속 커터에 의해 조형물의 단면이 잘린다.
  ☑ 불필요한 부분을 나중에 쉽게 떼어내기 위해 접착방지액이 접착 팬 스테이션에서 이동하여 잘린 테두리를 지나다니며 마스킹 액을 발라준다.(※ 이 부분은 접착이 되지 않은 영역)

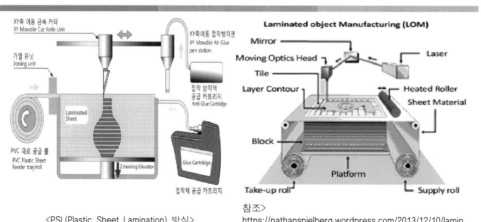

<PSL(Plastic Sheet Lamination) 방식>

참조>
https://nathanspielberg.wordpress.com/2013/12/10/laminator-wood-3d-printer/

■ LOM 특징

  ☑ 종이류, 플라스틱 금속 필름으로 제작 가능하다.

  ☑ 재료의 낭비가 심하다.

  ☑ 화학 반응이 일어나지 않는다.

  ☑ 정밀도가 우수하여 표면 밀링이 필요하지 않다.

  ☑ 내구성이 약하다.

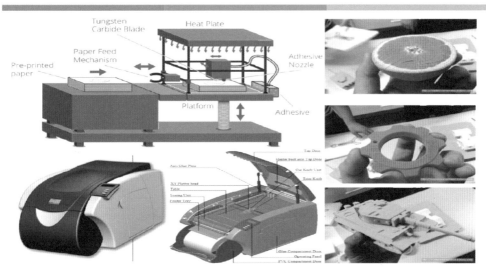

참조> http://madeinneverland.tistory.com/

■ LOM 장비 구성

조형판과 Cut Knife   시스템조작 판넬

접착방지액 및 도포 팬   PVC 재료공급 롤   접착제 카트리지

■ LOM 조형재료

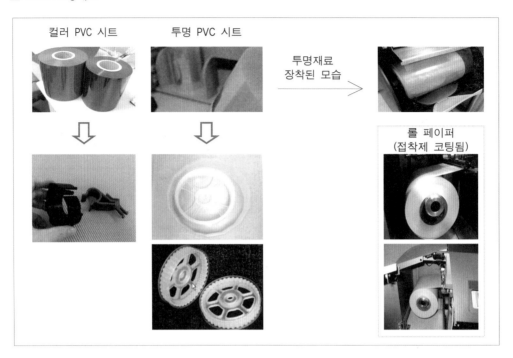

■ LOM 프린팅 기기

■ LOM 제품

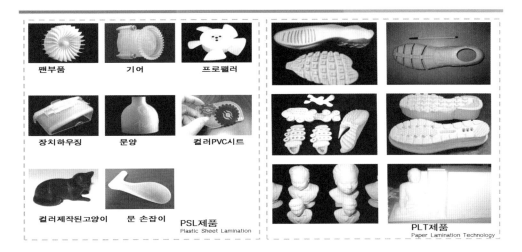

2-14 3D 프린터 – AOM

■ AOM(Anti-gravity Object Modeling)

☑ 반중력 객체 모델링 방식 종류

☑ 선형 분사 방식으로 유일하게 중력의 영향을 받지 않는다.

☑ 서포트가 필요 없을 뿐 아니라 모든 곡선, 직선을 만들 수 있다.

☑ 머터리얼(Material) 로봇 3D 프린터는 공간 제약을 받지 않고 공기 중에 원료를 굳혀 자유로운 3D 프린팅이 가능하다.

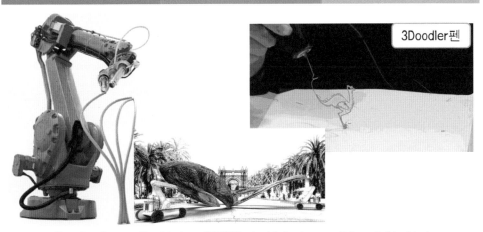

참조> http://www.rapidreadytech.com/2013/05/mataerial-develops-an-off-the-wall-3d-printer/

참조> 3dways.co.kr/xe/SUB7_6

플라스틱 재료 특징 및 동향

■ 종류

- ☑ ABS(Acrylonitrile Butadiene Styrene)
- ☑ PLA(Poly Lactic Acid)
- ☑ PVA(Polyvinyl alcohol)
- ☑ 아크릴
- ☑ PC(Polycarbonate)

■ ABS(Acrylonitrile Butadiene Styrene)

- ☑ 아크릴로니트릴(AN)과 부타디엔, 스티렌을 중합하여 얻어지는 공중합체
- ☑ 개인용 3D 프린터 분야에서 가장 많이 사용하는 재료다.
- ☑ 강도, 열에 대한 내구성, 가격 등 측면에서 다른 어떤 재료보다 유리하다.
- ☑ 열 수축 현상 때문에 PLA 재료보다는 정밀한 조형 모델 구현이 어렵다.
- ☑ 일반적으로 녹는 온도는 210~260℃, 적층 Layer 두께는 0.1㎜ 이상, 그리고 치수정밀도는 0.2~0.5㎜이다.
- ☑ 도색은 증착, 착색, 광택처리, UV 코팅 등이 가능하고 ABS 재질이기 때문에 도금도 가능하다.
- ☑ 건강을 위해서 환기에 주의해야 한다.(가열 시 냄새)

■ PLA(Poly Lactic Acid)

- ☑ 옥수수의 전분에서 추출한 원료로 만든 친환경 수지
- ☑ 인체에 해가 없는 친환경 소재로 교육용 3D 프린터 분야에서 많이 사용한다.
- ☑ 녹는점이 낮고 굳을 때 열 수축 현상이 없다.
- ☑ 내구성과 가격 측면에서 단점을 가지고 있다.**(ABS보다 고가)**
- ☑ 일반적으로 녹는 온도는 180~230℃, 적층 Layer 두께는 0.1㎜ 이상, 그리고 치수정밀도는 0.2~0.5㎜이다.

■ PVA(Polyvinyl alcohol)

- ☑ 물에 녹는다.
- ☑ 서포트 재료로 사용한다.

■ 아크릴

☑ **3D Systems 사**에서 **잉크젯 적층방식**(MJM)에서 사용되는 재료

☑ 뛰어난 정밀도를 가지고 있으며, 일반적으로 가전제품 등 전문가용 MockUp 제품개발에 적용하면 좋다.

☑ 강도와 온도 부분에서 단점을 가지고 있다.

☑ 일반적으로 적층 Layer 두께는 0.016㎜까지, 치수정밀도는 0.025~0.05㎜이며, **후처리가 필요 없을 정도로 우수한 표면조도**를 가지고 있다.

☑ 도색은 증착, 착색, 광택처리, UV 코팅 등이 가능하다.

■ PC(Polycarbonate)

☑ 엔지니어링 플라스틱(열가소성 플라스틱 소재)

☑ **인장강도와 열 내구성이 높아서** 공장에서 양산하는 제품에 적합한 재료다.

☑ 일반적으로 녹는 온도는 270~300℃로 고온에서의 변형이 적다.

☑ 고가로 개인용 3D 프린터에 적용하기에는 시간이 걸릴 것 같다.

파우더 재료 특징 및 동향

파우더(석회가루)를 사용하는 방식은 **접착제를 잉크젯 프린터처럼 분사하여 파우더를 붙이면서 조형물을 완성**한다.

☑ **강도는 약하지만** 컬러 잉크를 분사하여 작업할 수 있기 때문에 컬러를 구현할 수 있다.

☑ 파우더 재료를 사용하는 3D Systems 사의 Zprinter는 다른 3D 프린터 방식보다 5~10배 빠른 파트 생산 능력을 갖추고 있다.

※ 5Head(클리어 컬러, 청록색, 자홍색, 노란색, 검정색)를 채용하여 최고 수십만 가지 컬러 조합으로 색상을 표현한다.

☑ 일반적으로 적층 Layer 두께는 0.09~0.1㎜이고 해상도는 600×540dpi이다.

☑ 최근 600만 컬러를 지원하는 제품이 출시되었다.

왁스 재료 특징 및 동향

☑ Solidscape 사의 3D 패턴마스터

☑ 쥬얼리, 치과용 보철, 의료기기 등 분야에 응용 가능하다.

☑ 왁스 마스터 패턴 생산 방식으로 대응 가능하다.

- ☑ 일반적으로 적층 Layer 두께는 0.025~0.076㎜이다.
- ☑ 3D Systems 사에서는 MJM 기술을 사용하여 적층 Layer 두께가 0.016㎜까지, 그리고 100% RealWax 패턴을 적용하여 주조 제작이 가능한 제품이 있다.

고무 채료 특징 및 동향

- ☑ 열가소성수지 폴리우레탄(TPU 92A-1)/SLS 사용
- ☑ 국내 캐리마 업체는 DLP(Digital Light processing) 방식을 채용한 Rubber Like(고무 느낌의 연성 재질) 수지를 사용한다.
- ☑ 스트라타시스 사의 Polyjet/Polyjet Matrix 방식을 적용한 Rubber Like 수지를 사용하는 제품도 있다.

금속 채료 특징 및 동향

- ☑ ExOne 사의 ProMetal은 금속분말 재료를 사용하여 조형물을 만들 수 있다.
  - ※ ProMetal 장비는 **Stainless Steel, Bronze, Tool Steel, Gold 재료를 사용**하여 샘플을 찍어낸다.
- ☑ 일반적으로 적층 Layer 두께는 0.05~0.2㎜이고 재료 단가가 비싼 것이 흠이다.
- ☑ 독일 MCP 사의 SLM RP는 일루미늄, 코발트크롬 등의 금속재료를 이용하여 제품을 찍어낼 수 있다.
- ☑ 유럽의 선도업체인 BeAM 사는 magic LF 6000은 항공, 우주항공, 국방, 원자력 분야에서 손상되거나 변형된 부분의 형상 추가와 수리에 적합한 장점이 있다.
- ☑ 국내 업체인 인스텍은 DMT 방식을 채용하며 특히 재료를 일반 산업용 금속(합금) 분말을 사용해서 재료비 측면에서 큰 이점이 있다.
  - ※ 인스텍 제품도 기존 금속제품에 형상 추가나 수리에 적합하다.

나무 채료 특징 및 동향

☑ **Laywood는 Kai Parthy가 발명한 최초의 목재원료 필라멘트다.**

☑ 나무(톱밥)과 복합재료를 조합해서 **FDM(FFF) 방식**으로 제품을 출력한다.

　※ **인테리어 분야**에 이용한다.

☑ 저가형 가정용 3D 프린터 중 노즐이 0.5㎜ 이상이면 큰 무리 없이 사용 가능하며 압출 온도는 175~250℃ 정도가 적당하다.

☑ 노즐 직경이 너무 작으면 재료 특성상 출력 도중에 막힐 수 있으므로 주의해야 한다.

☑ 나무 재질이므로 나무 냄새와 나무 질감을 살릴 수 있는 것이 특징이다.

☑ **재료가격은 ABS, PLA보다 비싼 것이 흠이다.**

세포 채료 특징 및 동향

☑ 최근에 영국 헤리엇와트 대학 연구팀은 3D 프린터로 줄기세포와 배양액을 사용하여 세포를 찍어내는 데 성공하였다.

　※ 향후 간, 신장, 심장 등 인공장기를 찍어내는 데 도움을 줄 것으로 보인다.

종이 채료 특징 및 동향

☑ 엠코 테크놀로지(MCOR Technology)가 개발한 아이리스 3D 프린터는 종이를 사용하여 조형물을 제작한다.

　※ A4크기 1 milion 풀 컬러 지원

☑ 강도가 나무 재질 정도 되며 드릴로 구멍을 뚫는 작업도 가능하므로 제품 제작으로 부족함이 없다.

☑ A4 종이 재료를 사용하므로 친환경적이고 재료비가 타 3D 프린터 방식보다 훨씬 적게 든다.

☑ 풀 컬러를 지원하면서 강도도 우수하므로 의료, 교육, 피겨, 목업, 신발, 지형 복원, 고고학 복원, 건축모형, 3차원 사진 등 적용 가능한 응용분야가 많다.

모래 재료 특징 및 동향

☑ ExOne 사에서는 Sandcasting을 CAD 데이터로부터 작업 할 수 있다.

☑ 태양광을 이용하여 사막의 모래를 샘플로 만드는 것을 시도한다는 내용도 있다.

유리 재료 특징 및 동향

☑ ExOne 사의 ProMetal은 금속분말 재료를 사용하는 방식으로 100% 재사용 가능한 'soda-lime glass' 유리 재료로 조형물을 만들 수 있다.

☑ 온도 1,200℃까지 처리 가능하며 성분은 소다, 석회, 유리 분말을 사용한다.

☑ 투명한 유리 재료로 조형물을 완성하는 것은 현재는 불가능하다.

나일론 재료 특징 및 동향

☑ 3D Systems 사의 SLS 방식의 장비는 나일론 재료를 사용한다.

☑ 월등한 강도와 내열성이 130℃까지 견디는 샘플을 제작할 수 있다.

세라믹 재료 특징 및 동향

☑ 일반적으로 600℃의 알루미나 실리카 세라믹 파우더

☑ SLS 방식의 Z Corp 프린팅 테크놀로지이다.

☑ 꽃병, 접시, 컵, 그릇 등의 조형물 제작에 적용된다.

3-1   3D 프린터 제작 업체

■ Staratasys
- ☑ 미국 미네소타/특허 FDM(Fused Deposition Modeling 용융 증착 모델) 방식
- ☑ 2014년 4월 이스라엘 Objet 회사 인수(Polyjet방식 → 열경화성수지+잉크젯)
- ☑ 2013년 영국 메이커봇 회사(개인용 3D 프린터 생산 업체) 인수

■ 3D Systems
- ☑ 3D 프린터 최초 특허/SLA(Strereo Lithography Appratus)
  - ※ 광폴리머를 이용한 자외선으로 성형제작
- ☑ 확장자: STL
- ☑ 2012년 1월 미국 Z Corporation 인수(재료: 석고)
  - (서포트 필요 없음/컬러 구현/잔여 재료의 고효율 재사용/타 장비보다 5~10배 빠른 제작 시간)

■ EOS
- ☑ 독일/산업용 3D 프린터 제작
  - ※ 주로 금속, 모래, 플라스틱 소재를 사용한 기업용 3D 프린터 제공
- ☑ EOS 시스템은 Metal, Plastic, Sand 레이저 소결시스템 제공
  - ※ 특히, DMT(Direct Metal Technology) 기술은 세계 최고

■ 아르캠
- ☑ EBM(전자빔 용융) → 미세한 금속분말을 진공상태에서 녹여 제품생산(임플란트)

■ 엑스원
- ☑ 바인더 분사 방식 특화 → 전통 주조 방식대처

■ 오르가노브
- ☑ 인간의 세포층 출력

■ 엔비젠텍
- ☑ DLP 투사기술 이용하여 액체 광폴리머를 굳혀 물체를 생산

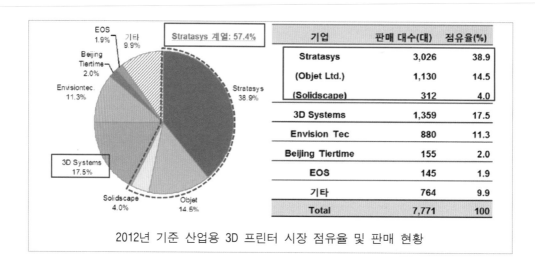

기업	판매 대수(대)	점유율(%)
Stratasys	3,026	38.9
(Objet Ltd.)	1,130	14.5
(Solidscape)	312	4.0
3D Systems	1,359	17.5
Envision Tec	880	11.3
Beijing Tiertime	155	2.0
EOS	145	1.9
기타	764	9.9
Total	7,771	100

2012년 기준 산업용 3D 프린터 시장 점유율 및 판매 현황

3-2 | 3D 프린터 S/W 업체

■ 오토 데스크(미): Auto CAD
■ 다쏘시스템즈(프): Solidworks
■ 트림볼 네비게이션(미): Sketchup

3-3 | 개인용 3D 프린터 생산 업체

■ MakerBot(메이커봇): 리플리케이터 2X
■ 3D Systems(3D 시스템즈, 미국): Cube X
■ Formlabs(폼랩, 미국): Form 1
■ Ultimake(얼티메이커, 네덜란드) 시장 점유율 40%

3-4 | 3D 프린터 서비스 업체

■ Shapeways(네덜란드): 인터넷을 통해 제품디자인, 판매, 제조, 배송 통합서비스
■ Thingiverse(싱기버스, 메이커봇 인수): 3D 모델링 공유 웹사이트
■ Thatsmyface(미국): 얼굴 사진으로 3D 피겨 제작 판매

■ 천사의미소(파소텍, 일본): 엄마의 뱃속 아기를 3D 제작 판매
■ 쿼키(미국): 상품 아이디어 개발하여 3D 제품생산 판매
■ Ponoko(포노코): 뉴질랜드 액세서리 제작 및 판매 전문업체

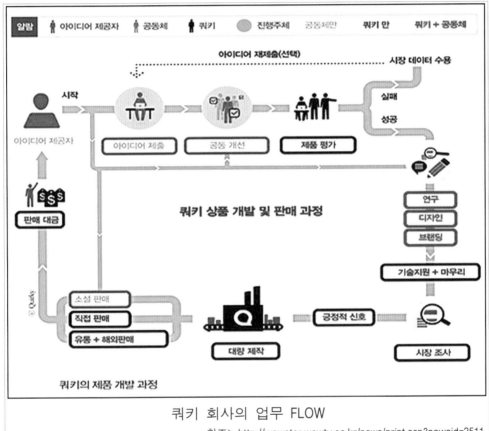

쿼키 회사의 업무 FLOW

참조> http://wowstar.wowtv.co.kr/news/print.asp?newsid=2511

4-1 라이선스 설명

참조> http://creativecommons.org/choose/ [16rFhcZ]

■ 크리에이티브 커먼즈(Creative-Commons=CC) 라이선스
■ 자신의 디자인을 타인이 사용하고자 할 경우
- ☑ 라이선스를 발부하는 사람은 몇 가지 질문을 통해 그 사용권한을 제한할 수 있다.
- ☑ 라이선스 취득자 입장에서는 자신에게 허용된 권한이 어떤 것인지 간단한 심벌마크를 통해 쉽게 알 수 있다.
- ☑ 질의내용
    - 🌐 당신의 작품 또는 내용에 대한 변경 또는 수정을 허용하시겠습니까? [예 또는 아니오]
    - 🌐 당신의 작품을 상업적으로 이용하고자 할 때 이를 허용하시겠습니까? [예 또는 아니오]
    - 🌐 라이선스의 법적 효력 → 국제용 또는 국내용

4-2 라이선스 로그(심벌)

참조> 누구나 즐길 수 있는 3D 프린팅-메카디아

참조> http://creativecommons.org/choose

Under the following terms:

 Attribution — You must give **appropriate credit**, provide a link to the license, and **indicate if changes were made**. You may do so in any reasonable manner, but not in any way that suggests the licensor endorses you or your use. 작은사람: 라이선스 발부인의 이름을 표시
(3D 모델 사용시에는 항상 라이선스 발부인의 이름을 표시 해야함)

 NonCommercial — You may not use the material for **commercial purposes**.
영리 목적의 사용을 금함

 NoDerivatives — If you **remix, transform, or build upon** the material, you may not distribute the modified material. 수정 또는 변경된 내용을 동일 라이선스를 사용하여 타인에게 제공해야 한다는 의무사항을 나타냄

No additional restrictions — You may not apply legal terms or **technological measures** that legally restrict others from doing anything the license permits.

저작자표시
CC BY

이 라이선스는 저작자를 올바르게 밝히기만 하면 사람들이 해당 저작물을 심지어 상업적으로도 배포, 리믹스, 변경, 활용할 수 있도록 허락하는 라이선스입니다. 이 라이선스는 CC 라이선스 중 가장 허용 범위가 넓은 라이선스입니다. 저작물이 최대한 유통되고 이용되기를 바라는 경우에 추천합니다.

 저작자표시-변경금지
CC BY-ND

이 라이선스는 저작자를 표시하고 저작물이 수정 및 편집되지 않은 상태로 제공되는 한 상업적 및 비상업적 목적의 재배포를 모두 허락합니다.

 저작자표시-비영리-동일조건변경허락
CC BY-NC-SA

이 라이선스는 원저작물의 저작자를 밝히고 2차적 저작물에도 동일한 라이선스를 적용하는 한, 저작물을 비상업적 용도로 리믹스, 변경하거나 재가공하는 것을 허락합니다.

 저작자표시-동일조건변경허락
CC BY-SA

이 라이선스는 저작자를 올바르게 밝히고 2차 저작물에도 동일한 라이선스를 적용할 경우 해당 저작물을 리믹스하거나 변경, 재가공할 수 있도록 허락하는 라이선스입니다.

이 라이선스는 종종 '카피레프트(Copyleft)'라 불리는 자유이용라이선스나 오픈소스 소프트웨어 라이선스와 비교되곤 합니다. 원 저작물에 기초해 만들어지는 모든 새로운 2차 저작물에도 동일한 라이선스가 적용되며, 따라서 2차 저작물에 대해서도 역시 상업적 이용이 허락됩니다. 이 라이선스는 위키피디아에서 사용되는 라이선스로, 위키피디아 및 같은 라이선스를 사용한 프로젝트의 콘텐츠를 활용 편집해 이용하고자 하는 자료에 추천합니다.

저작자표시-비영리

CC BY-NC

이 라이선스는 비상업적 목적일 경우에 한에서 저작물을 리믹스, 변경, 재가공하는 것을 허락합니다. 2차적 저작물은 반드시 원저작물의 저작자를 표시해야 하며 마찬가지로 비상업적 용도로만 사용될 수 있지만, 2차적 저작물에도 반드시 동일한 라이선스를 적용할 필요는 없습니다.

저작자표시-비영리-변경금지

CC BY-NC-ND

이 라이선스는 6개 CC 라이선스 중 가장 제한이 많은 라이선스입니다. 원저작자를 밝히는 한 해당 저작물을 다운로드하고 공유하는 것만 허용되며, 어떠한 변경도 가할 수 없고 상업적으로 이용할 수도 없습니다.

부록: 빅데이터 시대

참조> http://blrunner.com/entry/what-is-bigdata 빅데이터란 무엇인가? 쉽게 풀어쓴 빅데이터와 하둡
이야기

■ 은근히 사용되고 있는 빅데이터?

- ☑ 신문방송기사 '멤버십 카드의 회원 수가 1천만 돌파'
  - ⊕ 멤버십 카드를 이용해 혜택을 받을 수 있는 정보가 스마트폰 전달
  - ⊕ 고객이 멤버십 카드를 사용하는 성향에 따라서 다양한 쿠폰이 고객에게 배송
- ☑ 최근 유행하고 있는 소셜커머스
  - ⊕ 사용자의 위치 기반으로 할인 업체 정보를 스마트폰에 제공
  - ⊕ 사용자의 구매 패턴과 위치 기반으로 다양한 상품 추천 서비스 제공

■ 빅데이터의 출현 배경

- ☑ 데이터 폭증의 시대
  - ⊕ 최근 2년간 생산된 데이터양이 인류가 지금까지 생산한 양보다 많다.
  - ⊕ 스마트폰과 같은 디지털 기기의 보급과 소셜네트워크서비스(SNS) 활동: 페이스북과 트위터와 같은 SNS의 성장과 스마트폰과 같은 모바일 기기의 확산이 결합되면서 급격하게 데이터가 증가했다.

    〈2011년 5월 맥킨지에 따르면〉 콘텐츠가 페이스북에서 공유되는 자료는 매달 300억 개로 매년 40%씩 증가하고 있다.

    〈스토리지 전문기업인 EMC가 발표한 바에 의하면〉 2011년도 전 세계에서 생성된 디지털 데이터의 양은 1.8제타바이트(ZB) → 이는 약 1조 8천억 기가바이트(GB)로 우리나라 전 국민이 18만 년 동안 쉬지 않고, 1분마다 트위터 글을 3개씩 게시하는 것. 2시간이 넘는 HD 영화 2,000억 편을 한 사람이 쉬지 않고 4천700만 년 동안 시청할 분량이다.

■ 빅데이터 3대 요소

☑ 빅데이터의 3대 요소(3V)란 크기(Volume), 속도(Velocity), 다양성(Variety)을 의미한다.

☑ 크기(Volume)

⊕ 일반적으로 수십 테라 혹은 수십 페타바이트 이상이 빅데이터의 범위에 해당한다.

⊕ 빅데이터는 기존 파일 시스템에 저장하기 어려울 뿐만 아니라, 데이터 분석을 위해서 사용하는 BI/DW 같은 솔루션에서 소화하기 어려울 정도로 급격하게 데이터양이 증가하고 있다. → BI(Business Intelligence) & DW(Data Warehouse): 과거 수년 동안의 매출 정보를 통해 지역, 시간, 제품별로 분석하는 솔루션(정해져 있는 정보에서 무엇을 얻을 것인가를 결정)

⊕ 이러한 문제를 극복하기 위해서는 분산 컴퓨팅 기법을 사용하여 확장 가능한 방식으로 데이터를 저장하고 분석하여야 한다.

빅데이터는 일단 목적을 정하고 어디서 정보를 얻을 것인지를 정해야 한다.

☑ 속도(Velocity)

⊕ 빅데이터의 속도적인 특징은 크게 실시간 처리와 장기적인 분석으로 나눈다.

⊕ 실시간 처리

◆ 교통카드로 지하철과 버스를 이용할 때 교통비와 탑승위치 정보

◆ 금융 거래를 할 때 금융 기관 데이터베이스에 저장되는 금융 정보

◆ 인터넷 검색을 할 때 검색하는 모든 검색어 정보

◆ 쇼핑몰이나 포털 사이트 같은 곳을 이용할 때 모든 클릭하는 이력 정보

◆ 스마트폰에서 SNS나 지도 같은 앱을 이용할 때 위치 정보

⊕ 장기적인 분석

◆ 수집된 대량의 데이터를 다양한 분석 기법과 표현 기술로 분석

☑ 다양성(Variety)

⊕ 데이터의 정형화의 종류에 따라서 정형(Structured), 반정형(Semi-Structured), 비정형(Unstructed)으로 나눈다.

⊕ 정형 데이터

◆ 문자 그대로 정형화된 데이터로, 고정된 필드에 저장되는 데이터를 의미 → 예) 우리가 온라인 쇼핑몰에서 제품을 주문할 때 이름, 주소, 연락처, 배송주소, 결제정보 등을 입력한 후 주문을 하면 데이터베이스에 미리 생성되어있는 테이블에 저장

⊕ 반정형 데이터

◆ 고정된 필드로 저장되어 있지는 않지만, XML이나 HTML같이 메타 데이터나 스키마 등을 포함

◆ 메타데이터: 대량의 정보 가운데에서 찾고 있는 정보를 효율적으로 찾아내서 이용하기

위해 일정한 규칙에 따라 콘텐츠에 대하여 부여되는 데이터이며,

- ◆ 데이터베이스 스키마(database schema): 데이터베이스에서 자료의 구조, 자료의 표현 방법, 자료 간의 관계를 형식 언어로 정의한 구조

⊛ 비정형 데이터

- ◆ 고정된 필드에 저장되어 있지 않은 데이터를 의미
- ◆ 예) 유튜브에서 업로드하는 동영상 데이터, SNS나 블로그에서 저장하는 사진과 오디오 데이터, 메신저로 주고받은 대화 내용, 스마트폰에서 기록되는 위치 정보, 유무선 전화기에서 발생하는 통화 내용 등

■ 빅데이터 3대 요소

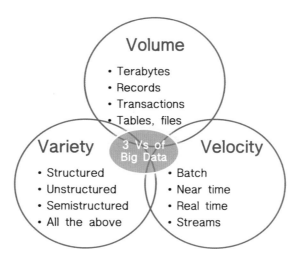

■ 빅데이터 활용 예

🔅 리뷰가 아마존의 보물이자 경쟁 우위의 원천
  ◆ 인터넷 서점 아마존에는 1990년대 말까지만 해도 리뷰를 쓰고 새로운 책을 추천하는 도서 비평가와 편집자가 10여 명 있었다.
  ◆ 이들은 아마존 홈페이지에 등재될 책을 평가하고 선별했다.

🔅 데이터를 활용, 개인 취향에 맞춰 책을 추천해 보려고 시도
  ◆ 아마존의 창업자이자 최고 경영자(CEO) 제프 베조스(Bezos)는 다른 추천 방법을 생각하였다.
  ◆ 그동안에 개개인이 어떤 책을 샀는지, 또는 보기만 하고 사지는 않았는지

🔅 기계와 사람 간에 누가 많이 판매했는지 경쟁 비교
  ◆ 기계가 만든 추천 목록을 내보낼 것인가 〈클릭이 말해주는 내용〉
  ◆ 아니면 사내 편집팀이 작성한 추천 리뷰를 내보낼 것인가 〈비평가가 말하는 내용〉

■ 빅토르 마이어 쇤베르거 (Schonberger ·50) 옥스퍼드대 인터넷규제학과 교수

"빅데이터는 새로운 시각으로 세상을 보게 해 주는 안경"
"데이터는 기업의 중요 자산이자 경제의 필수 원천, 새로운 비즈니스 모델의 기반이 되고 있다"며 "말하자면 정보 경제의 석유가 된 것"

참조〉 http://biz.chosun.com/site/data/html_dir/2015/05/29/2015052901800.html 직관은 실패해도 빅데이터는 성공하더라

■ 빅데이터 정의
  🔅 큰 규모를 활용해 더 작은 규모에서는 불가능했던 새로운 통찰이나 새로운 형태의 가치를 추출하는 일
  🔅 새로운 시각으로 세상을 보게 되는 안경 같은 존재 → 예: 사물 형태가 대충 보이기는 하지만, 무엇인지 또렷하게 보이진 않을 때 안경을 쓰면 정확하고 또렷하게 보이는 현상
  🔅 빅데이터는 세상을 더 잘 이해할 수 있는 새로운 방식
  🔅 데이터의 규모에 초점을 맞춘 정의〈맥킨지 2011년 6월에 의하면〉: 기존 데이터베이스 관리 도구의 데이터 수집, 저장, 관리, 분석하는 역량을 넘어서는 데이터
  🔅 업무 수행 방식에 초점을 맞춘 정의〈IDC(InternatiIonal Data Corporation, 미국의 IT 및 통신, 컨설팅 기관) 2010년 4월 발표한 바에 의하면〉 다양한 종류의 대규모 데이터로부터 저렴한 비용으로 가치를 추출하고, 데이터의 빠른 수집, 발굴, 분석을 지원하도록 고안된 차세대 기술 및 아키텍처

■ 빅데이터 정보

- 자신이 필요로 하는 어떤 데이터를 축적할 것인가? → 데이터로 어떤 분석을 하고자 하는지?
- 빅데이터 시대에서 가장 중요한 자산은 정보 그 자체이다. → 〈이유: 기술은 외부 조달도 가능하기 때문에〉

'정보를 가지고 더 많은 것을 할 수 있다는 것을 깨닫는 순간' 데이터 보유자들은 자신이 소유한 자산의 잠재적 가치를 더 잘 알게 될 것이고, 자신의 데이터를 공개하지 않게 될 것이다.(금광에 비유하자면 금을 캐는 기술보다는 금 자체가 가장 중요함.)

제2장

3D 프린터 모델링

3D 프린터를 이용한 작품 제작 3단계 중 STL 파일 생성까지의 단계인 모델링 단계를 이 장에서 다루고자 한다. 이에 앞서, 3D 프린터를 이용하여 어떤 물건을 만들고자 할 때 어떤 단계가 있으며, 어떤 툴(tool)을 이용하는지를 개괄적으로 도식화하였다.

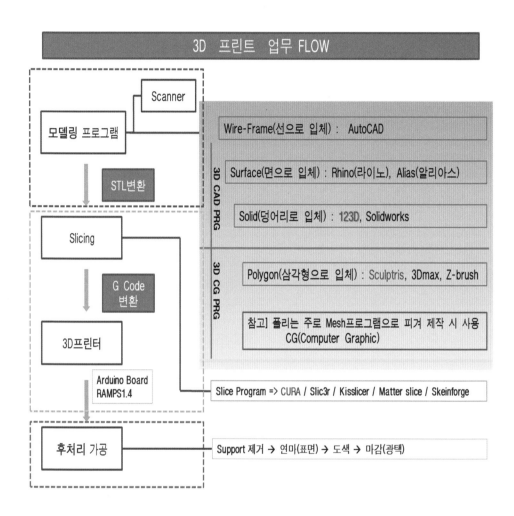

모델링 프로그램은 각각의 특성과 성질에 특성화되어 다양한 유·무료 프로그램이 있다. 크게 3D CAD 프로그램과 3D CG 프로그램으로 구분되며, Sculptris, 3Dmax, Z-brush 등이 Computer Graphic 3D용 프로그램이다. CAD 3D용 프로그램은 선으로 입체화하는 AutoCAD, 면으로 입체화하는 Rhino와 Alias, 덩어리로 입체화하는 123D와 Solidworks 등이 있다. 이 책은 범용으로 별 비용 없이 설치 사용할 수 있는 Sculptris와 123D 프로그램에 맞추어져 설명하고 있으며, 슬라이스 프로그램 또한 범용으로 무료 설치 사용할 수 있는 CURA에 대해 여러 페이지를 할애하였다.

먼저 이 장에서는 Autodesk 123D design 설치방법과 매뉴얼을 살펴보고, 여러 스캐너 중 개인용 3D 스캐너로 많이 사용하고 있는 3D System 사의 SENSE, Pixologic 사의 Sculptris, 그리고 몇 가지 모형 모델링을 실습자료를 다루었다.

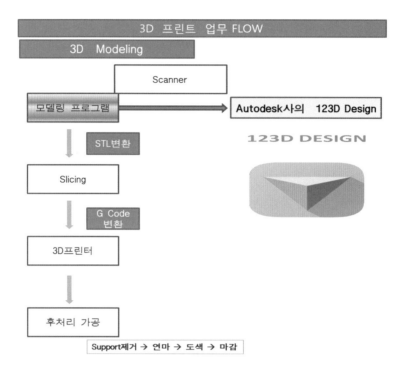

구글에서 '123D design'을 검색하여 PC용 프로그램을 다운로드한 후 실행시킨다.

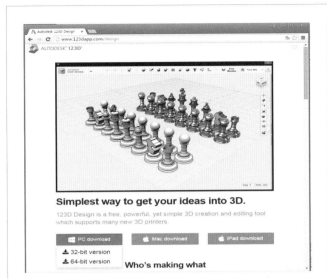

▶ 구글 검색 → 123D design
▶ http://www.123dapp.com /design

▶ PC용 프로그램 다운로드 → PC의 내 컴퓨터 〉 속성 〉 시스템 종류에서 확인

▶ 실행

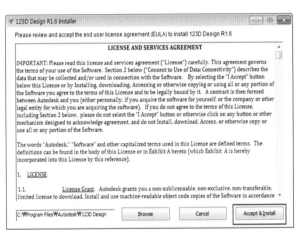

▶ 다운로드 받은 123D 파일을 클릭하여 설치를 진행한다.

▶ Accept & Install을 눌러 다음으로 진행한다.

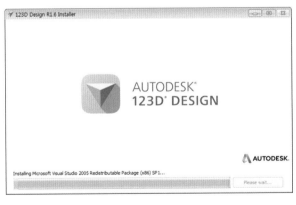

▶ 진행 중인 화면이다.

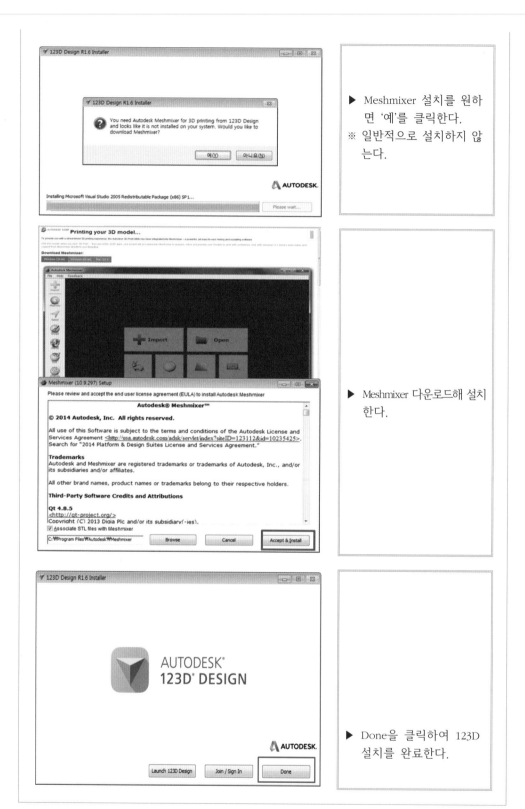

▶ Meshmixer 설치를 원하면 '예'를 클릭한다.

※ 일반적으로 설치하지 않는다.

▶ Meshmixer 다운로드해 설치한다.

▶ Done을 클릭하여 123D 설치를 완료한다.

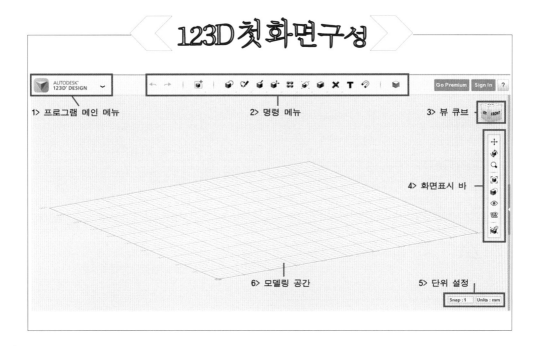

■ 프로그램 메인 메뉴

◆ **New**(새로 만들기): 새 파일을 작성한다.

◆ **Open**(파일 열기): 기존 파일을 불러온다.

◆ **Insert**(기존 파일에 다른 파일 불러오기): 기존 작업 파일에 다른 파일을 불러와 작업한다.

◆ **Import SVG**

◆ **Save**(파일 저장): 파일을 저장한다.

* 파일 저장 장소는 아래 둘 중 하나 선택

▶ **내 컴퓨터**

▶ **클라우드**

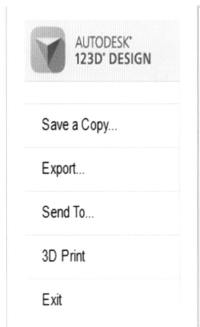

- ◆ **Save a Copy**(다른 이름으로 저장): 파일을 다른 이름으로 저장한다.
  * 파일 저장 장소는 아래 둘 중 하나 선택
  ▶ **내 컴퓨터**
  ▶ **클라우드**
- ◆ **Export STL**(STL 파일로 변환 저장): 파일을 STL 파일로 변환하여 저장한다.
- ※ 3D 프린팅 시 STL 파일 사용한다.
- ◆ **Send To**(파일 전송): 3D 출력 서비스에 파일을 전송한다.
- ◆ **3D Print**(3D 프린트): 3D 프린터로 파일을 보내 출력한다.
- ◆ **Exit**(끝내기): 123D Design을 종료한다.

■ 명령 메뉴(※ 종료명령 → 더블클릭, Enter, ESC)

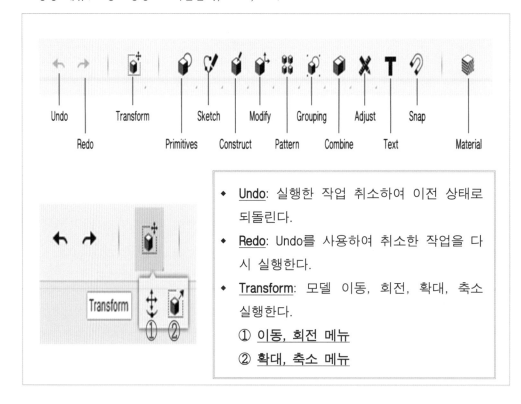

- ◆ **Undo**: 실행한 작업 취소하여 이전 상태로 되돌린다.
- ◆ **Redo**: Undo를 사용하여 취소한 작업을 다시 실행한다.
- ◆ **Transform**: 모델 이동, 회전, 확대, 축소 실행한다.
  ① **이동, 회전 메뉴**
  ② **확대, 축소 메뉴**

▶ 도면이동 및 정렬, 치수 수정을 간단히 하는 명령

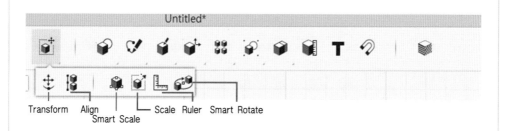

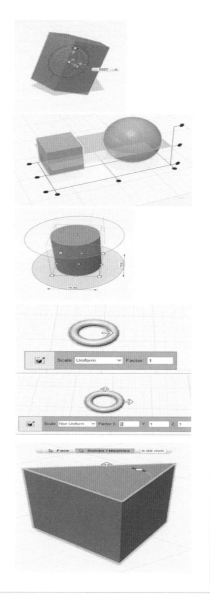

▶ **Transform**
 ◆ X/Y/Z축 화살표 : 직선 이동
 ◆ X/Y/Z축 원형모형 : 회전 이동
 ※ Grid면에 부착 → D
   Flip(하부)에 부착 → Space bar

▶ **Align**(정렬): 솔리드 물체를 선택한다.
 ◆ 하단의 점선은 X/Y 방향 정렬
 ◆ 상단의 점선은 Z축 방향 정렬

▶ **Smart Scale**(치수 수정): 화살표의
   거리를 클릭한 후 치수를 기입한다.

▶ **Scale(s)**(전체 크기 조정)
 ◆ **Uniform**: 전체비율
 ◆ **Non-Uniform**: 한쪽 방향 비율

▶ **Smart Rotate**(한 면 기준 회전)
 ◆ **Face**: 한 면 선택
 ◆ **Solid**: 회전하고자 하는 물체 선택

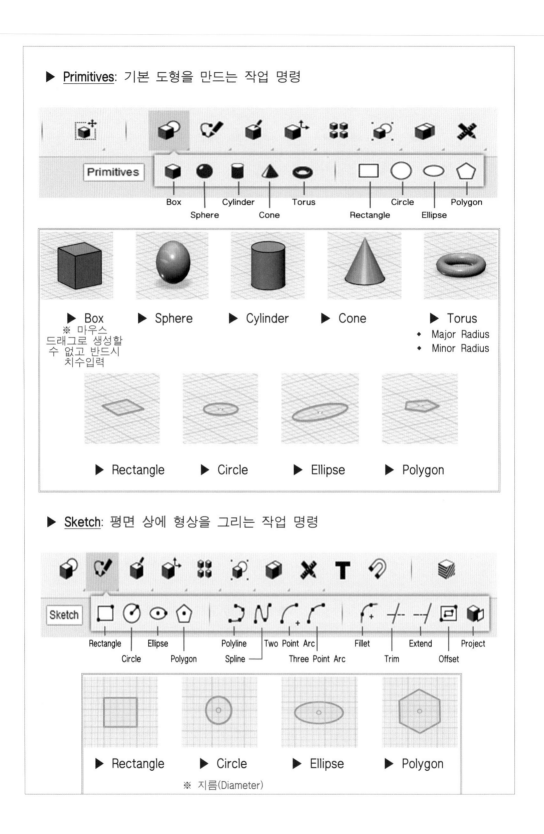

▶ **Primitives**: 기본 도형을 만드는 작업 명령

▶ **Sketch**: 평면 상에 형상을 그리는 작업 명령

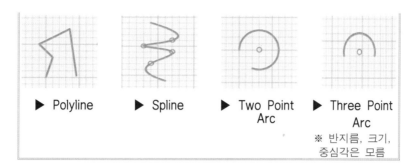

▶ Polyline   ▶ Spline   ▶ Two Point Arc   ▶ Three Point Arc

※ 반지름, 크기, 중심각은 모름

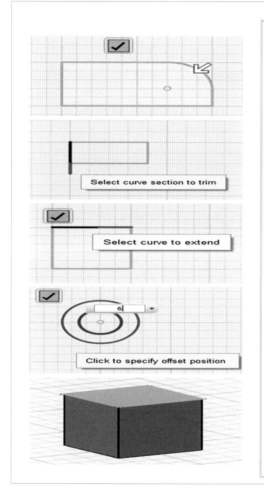

▶ **Fillet(E)**: 도형의 모서리를 둥글게 만든다.

▶ **Trim**: 불필요한 선을 자른다.

※ 같은 객체 안에서만 실행

▶ **Extend**: 선을 지정한 곳까지 연장한다.

※ 같은 객체 안에서만 실행

▶ **Offset**: 스케치한 도형을 필요한 거리만큼 띄운다.

▶ **Project**: 이미 그려진 선이나 면을 투영한다.

■ 스케치 작성 시 유의사항

☑ 같은 평면 상에 도형을 그릴 때

⊕ 도형을 세분화할 수 있다.

⊕ 먼저 스케치 된 도형을 선택한 후 도형을 그린다.

❀ 활용 예: 도형 부분별로 형상을 바꾸어 줄 수 있고 필요 없는 선을 제거할 수도 있다.

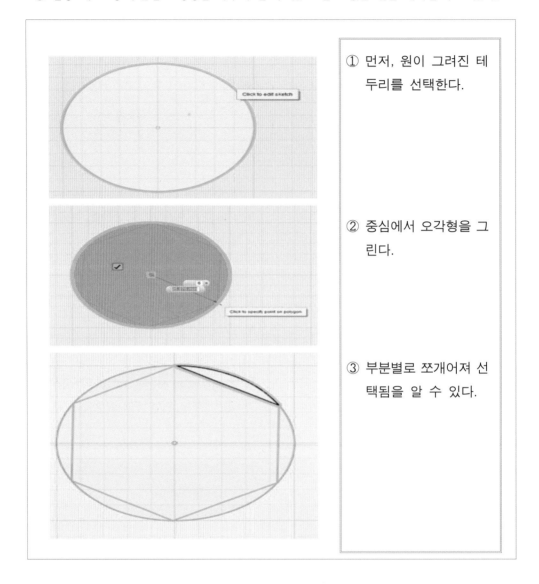

	① 먼저, 원이 그려진 테두리를 선택한다.
	② 중심에서 오각형을 그린다.
	③ 부분별로 쪼개어져 선택됨을 알 수 있다.

☑ 다른 평면 상에 도형을 그릴 때

❀ 도형을 각각 선택할 수 있다.

❀ 그리드(모눈종이)를 선택한 다음 원의 중심에서 그린다.

❀ 활용 예: 같은 평면 상이 아닌 도형과 Loft 사용할 시 주로 사용한다.

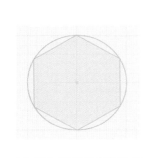

① 먼저, 원이 그려진 바깥 모눈종이를 선택한다.

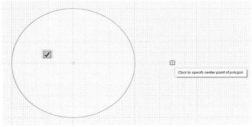

② 중심에서 오각형을 그린다.

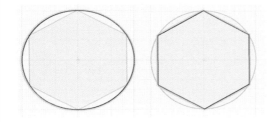

③ 원형과 오각형이 별도로 선택됨을 알 수 있다.

▶ <u>Construct</u>: 스케치를 입체 형상으로 만드는 작업 명령

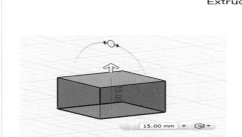

▶ **Extrude**:
- ◆ 면을 선택하여 돌출한다.
- ◆ 새 도형의 단면을 밀어 잘라낸다.(Cut, Merge, Intersect)

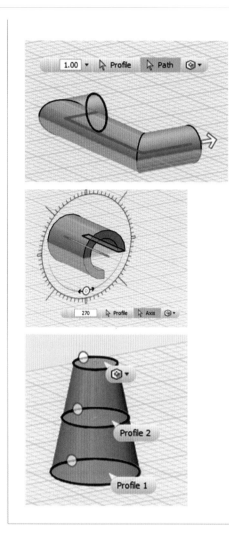

▶ **Sweep**: 면을 지정한 경로를 통해 형상을 만든다.

※ 입체도형을 선택하여 실행할 수 없다.

▶ **Revolve**: 단면의 축을 중심으로 **회전**한다.

▶ **Loft**: 복수의 면을 지정하여 입체 형상을 만든다.

※ 다른 평면 상의 도형을 연결한다.

▶ **Modify**: 작업이 된 입체 형상을 변경하는 작업 명령

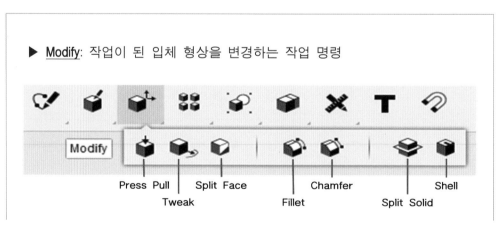

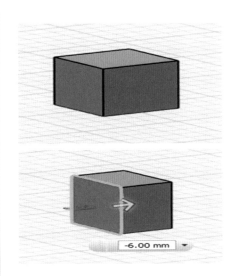

▶ 원래의 형상

▶ **Press Pull(P)**: 지정한 면을 밀거나 당겨 변형한다.

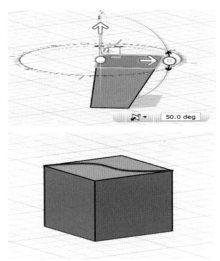

▶ **Tweak(K)**: 면을 밀고 당기며 회전을 이용하여 각도를 변경한다.

▶ **Split Face**: 지정한 면을 임의의 선으로 분할한다.

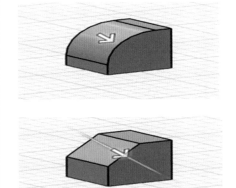

▶ **Fillet(E)**: 모서리를 지정한 지름만큼 둥글게 한다.

▶ **Chamfer(C)**: 모서리를 지정한 길이만큼 깎는다.

※ 2D 도형에서는 안 된다.

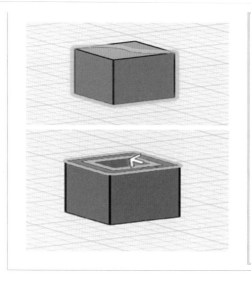

▶ <u>Split Solid</u>: 입체 전체를 임의의 선으로 절단한다.

▶ <u>Shell</u>(J): 입체의 면을 선택하여 두께를 준다.

▶ <u>Pattern</u>: **입체도형**을 일정한 패턴으로 복사 배열하는 명령

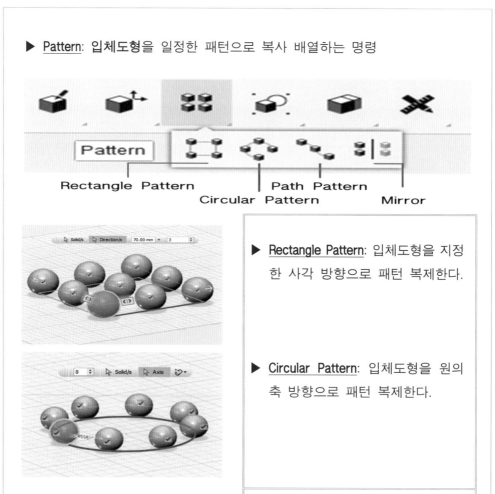

▶ <u>Rectangle Pattern</u>: 입체도형을 지정한 사각 방향으로 패턴 복제한다.

▶ <u>Circular Pattern</u>: 입체도형을 원의 축 방향으로 패턴 복제한다.

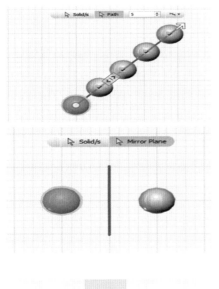

▶ **Path Pattern**: 입체도형을 임의의 방향으로 패턴 복제한다.

▶ **Mirror**: 입체도형을 임의의 선이나 면을 기준으로 삼아 대칭한다.

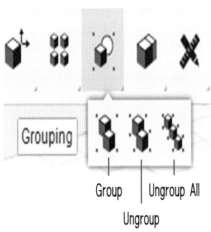

▶ **Group**: 선택된 입체도형을 그룹으로 만든다.

▶ **Ungroup**: 선택된 그룹의 입체도형들의 결합을 해제한다.

▶ **Ungroup All**: 모든 그룹 된 입체도형들의 결합을 해제한다.

▶ **Combine**: 여러 개의 **입체도형**을 결합하는 명령

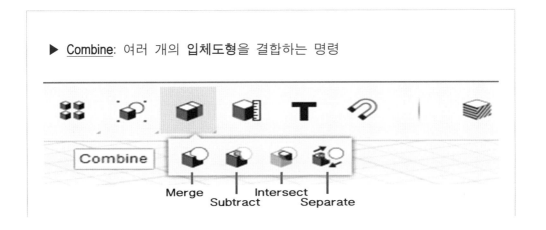

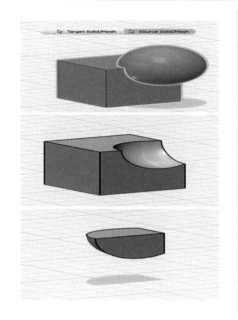

▶ <u>merge([)</u>: 복수의 도형을 결합한다.
▶ <u>separate(Shift+p)</u>: 결합되어 있는 복수의 도형을 분리한다.

▶ <u>Subtract(])</u>: 기준이 되는 도형에서 지정한 도형을 빼준다.(차집합)

▶ <u>Intersect(/)</u>: 기준 도형과 다른 도형의 겹치는 부분을 남는다.(교집합)

▶ <u>Adjust</u>: 대상을 측정하는 명령

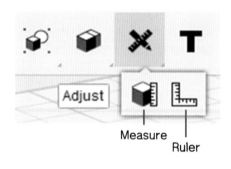

▶ <u>Measure</u>: 물체의 거리, 부피, 면적을 측정한다. → 거리(distance), 각(angle), 넓이(area)를 가진다.
▶ <u>Ruler</u>: 눈금자 원점과 물체 사이의 거리를 측정한다.

▶ <u>Text</u>

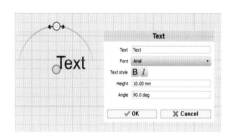

▶ <u>Text</u>: 글자를 입력하고 입체로 만든다. → 글자는 **2D로 생성**한다.
▶ 반드시 지원되는 폰트를 사용한다.

▶ <u>Snap</u>: 기준 도형에 다른 형상을 접합하는 명령

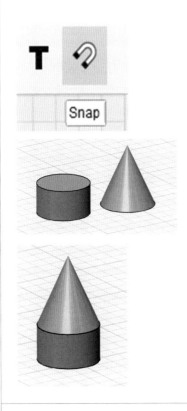

▶ <u>Snap</u>: (주의) Snap을 사용할 시 좌측 하단의 Grouping While Snapping ON/OFF에서 OFF를 해주어야 한다. → 이유: Snap 한 후 각 솔리드에 수정할 수 있도록 솔리드가 분리되어야 하기 때문
▶ 기준 도형 정중앙에 부착된다.

◆ 스냅 적용 전

◆ 스냅 적용 후

▶ <u>Material</u>

▶ <u>Material</u>: 입체도형에 재질 질감을 적용한다.

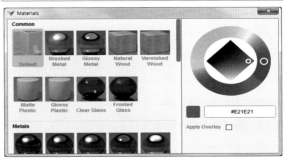

■ 뷰 큐브

▶ **뷰 큐브**: 뷰 큐브를 이용하여 모델링 공간에서 자유롭게 시점을 이동할 수 있다. → 작업 시 Orthographic 상태에서 시작한다.
  ◆ **Home**: 초기 모델링 공간으로 이동
  ◆ **Orthographic**: 정투영법으로 보기
  ◆ **Perspective**: 원근법으로 보기

■ 화면 표시 바

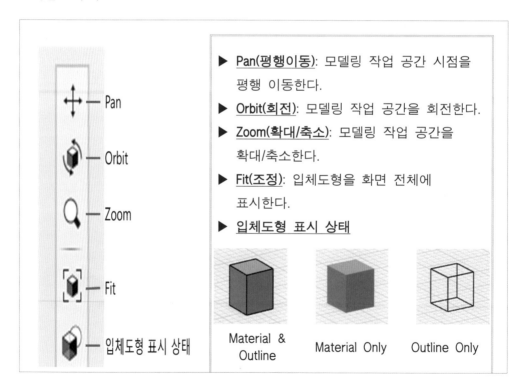

▶ **Pan(평행이동)**: 모델링 작업 공간 시점을 평행 이동한다.
▶ **Orbit(회전)**: 모델링 작업 공간을 회전한다.
▶ **Zoom(확대/축소)**: 모델링 작업 공간을 확대/축소한다.
▶ **Fit(조정)**: 입체도형을 화면 전체에 표시한다.
▶ **입체도형 표시 상태**

| Material & Outline | Material Only | Outline Only |

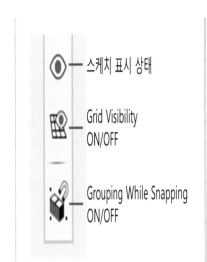

- 스케치 표시 상태
- Grid Visibility ON/OFF
- Grouping While Snapping ON/OFF

▶ <u>스케치 표시 상태</u>
  - ◆ **Show Solide**: 입체도형을 나타낸다.
  - ◆ **Hide Solide**: 입체도형을 숨긴다.
  - ◆ **Show Sketches**: 스케치를 표시한다.
  - ◆ **Hide Sketches**: 스케치를 숨긴다.

▶ <u>Grid Visibility ON/OFF(모델링 공간 상태)</u>: 모델링 공간을 표시/숨긴다.

▶ <u>Grouping While Snapping ON/OFF(그룹 상태)</u>: Snap 사용 시 그룹을 적용/미적용한다.

■ 단축키 메뉴

▶ <u>Navigation</u>

PAN		누르고 마우스를 드래그한다.
ORBIT		누르고 마우스를 드래그한다.
ZOOM		휠을 스크롤한다.
FIT	F	

▶ <u>Tools</u>

EXTRUDE	U	SPLIT FACE	B
SWEEP	W	FILLET	E
REVOLVE	V	CHAMFER	C
LOFT	L	SHELL	J
PRESS AND FULL	P	RECTANGULAR PATTERN	N

TWEAK	K	면/가장자리/꼭짓점에 동작			
SPLIT SOLID	Alt	+	B		
CIRCULAR PATTERN	Shift	+	N		
PATH PATTERN	Alt	+	N		
MERGE	[	RULER			R
SUBTRACT	]	ALIGN			E
INTERSECT	/	CHAMFER			C
SEPARATE	Shift	+	P		
MEASURE	Shift	+	M		
ALGIN	A	MATERIAL			`
TEXT	T	CONVERT MESH TO SOLID			M
SNAP	;				

▶ File Managements

CREATE NEW	Ctrl	+	N		
OPEN	Ctrl	+	O		
SAVE	Ctrl	+	S		
EXIT	Ctrl	+	Q		
3D PRINT> 3D DESKTOP PRINTER		Ctrl	+	P	
MINIMIZE WINDOW		+	⬇		
OPEN HOTKEY DOC	F1	CANCEL/EXIT COMMAND			Esc

▶ **Other Keys**

UNDO	Z	PASTE	V
REDO	Y	SELECT ALL	A
COPY	C	GROUP	G
UNGROUP	Ctrl + Shift + G		
TRANSFORM	Ctrl + T		
SMART SCALL	Ctrl + B		
SCALE	S	DELETE	Delete

▶ **Part Movement and Manipulation**

DRAG OBJECTS		DIMENSION INFO	I
Rotation about X axis	Press	X	*X축에 대하여 선택된 object/s 회전*
	Shift + X		*X축에 대하여 반대방향으로 선택된 object/s 회전*
Rotation about Y axis	Press	Y	*Y축에 대하여 선택된 object/s 회전*
	Shift + Y		*Y축에 대하여 반대방향으로 선택된 object/s 회전*
Rotation about Z axis	Press	Z	*Z축에 대하여 선택된 object/s 회전*
	Shift + Z		*Z축에 대하여 반대방향으로 선택된 object/s 회전*
ROTATE OBJECT EVERY 45 DEG	Shift + Rotate Manipulator		
ROTATE OBJECT EVERY 15 DEG	Alt + Rotate Manipulator		
FLIP ABOUT GRID	Select solid/mesh + Space bar		
DROP ON GRID	Select solid/mesh + D		

DROP ON GRID USING SELECTED FACE	Select face +	D
PLACE OBJECT TO THE CENTER OF THE GRID	Shift +	D

Y축에 따라 선택된 object 이동

X축에 따라 선택된 object 이동   X축에 따라 선택된 object 이동

Y축에 따라 선택된 object 이동

1 - 3   123D 핵심기능 집중 탐구

■ 모델링 작업화면 설정

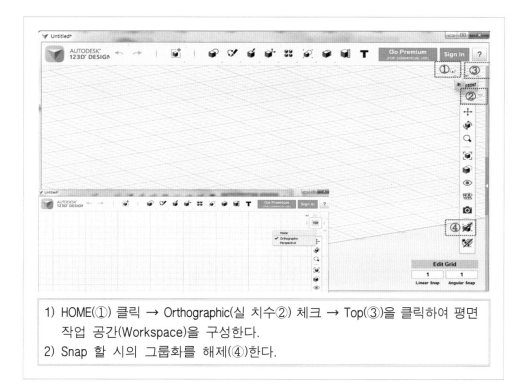

1) HOME(①) 클릭 → Orthographic(실 치수②) 체크 → Top(③)을 클릭하여 평면 작업 공간(Workspace)을 구성한다.
2) Snap 할 시의 그룹화를 해제(④)한다.

■ 123D design 실습 Tip

▶ 해당 명령을 클릭하였을 때 마우스 드래그 이외에 수치입력 화면도 함께 제공된다. → Tab 키를 이용하여 이동하고, 마지막 수치입력 후 Enter 또는 마우스를 클릭한다.

▶ 대상물을 선택하였을 경우 실행할 수 있는 명령을 같이 보여준다. → 상위 메뉴를 찾을 필요가 없으며, 해당 명령이 안 보일 경우 대상물 선택을 잘못한 경우다.

▶ Sketch 메뉴는 2차원 도형 명령으로 작업 공간을 먼저 정해야 한다. → 2차원 드로잉할 그리드나 도형의 작업 평면을 미리 한 번씩 클릭하여 지정한 후 Sketch 메뉴 사용한다.

■ 솔리드(부피) 전체 선택한 경우에 사용되는 명령어

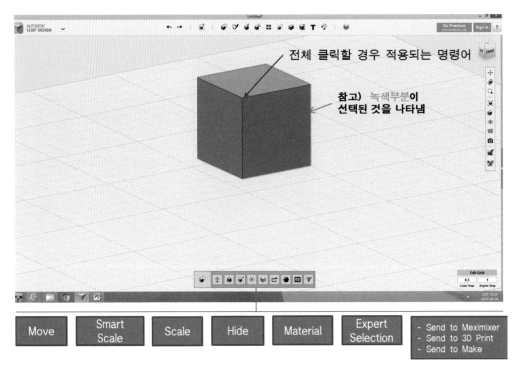

전체 클릭할 경우 적용되는 명령어

참고) 녹색부분이 선택된 것을 나타냄

| Move | Smart Scale | Scale | Hide | Material | Expert Selection | - Send to Meximixer
- Send to 3D Print
- Send to Make |

🎮 Move

▶ Solid의 전체 면을 선택한 후 Move를 실행시키면 3축의 화살표와 회전시킬 수 있는 축이 생긴다. → 회전축이 잘 보이지 않을 경우 **오른쪽 마우스를 누른** 상태에서 드래그하여 축이 잘 보이도록 한다.

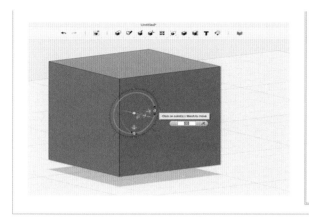

▶ 화살표/축 표시점을 드래그하여 이동 또는 회전시키거나 탭 키를 이용하여 수치를 직접 입력한다. → Y축 방향으로 -90도 이동된 모습

● Smart Scale

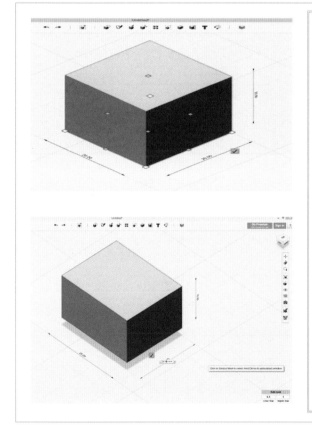

▶ Solid의 전체 면을 선택한 후 Smart Scale을 실행시키면 3축의 길이가 표시된다. → 노란색을 클릭 드래그하거나 수치를 더블클릭하여 크기를 축소/확대한다.

▶ 수치를 더블 클릭하면 값을 직접 입력하여 수정할 수 있도록 사각박스에 커서가 생긴다.

✦ Scale

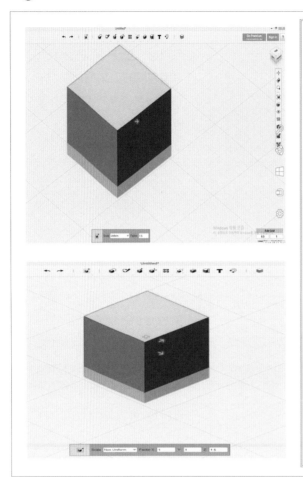

▶ Solid의 전체 면을 선택한 후 Scale을 실행시키면 한쪽 방향으로 화살표가 나타난다. ← uniform(1.5) 형식으로 3축 방향으로 크기가 동일하게 확대/축소된다. → 50% 확대

▶ non uniform 형식은 X/Y/Z축 특정 방향으로 크기를 조정할 수 있다. → Factor x=1, y=1, z=1.5 는 z 방향으로만 50% 커진다.

Hide

▶ 입체도형 안의 모형에 대해 작업을 할 경우 사용한다.

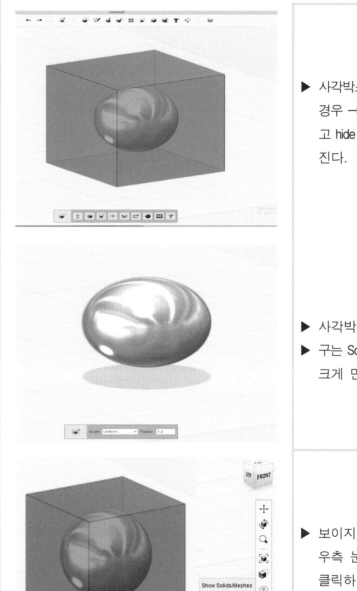

▶ 사각박스 안의 구를 수정할 경우 → 사각박스를 클릭하고 hide 시키면 박스는 사라진다.

▶ 사각박스=hide
▶ 구는 Scale을 실행시켜 20% 크게 만들었다.

▶ 보이지 않게 한 솔리드는 우측 눈 모양의 아이콘을 클릭하여 show solids를 누르면 나타난다.

⬤ Material

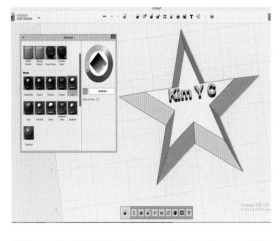

▶ 별 모양을 선택한 후 mate-rial로 솔리드의 색상을 입힐 수가 있다. → 샘플을 선택한 다음 솔리드를 클릭해도 기본 색상이 변한다.

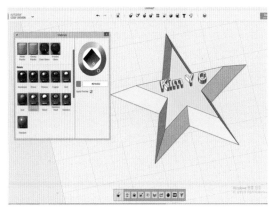

▶ 색상을 입히고자 하는 부분을 클릭하고 기본적인 색상 스타일 형태를 선정한 후 더 미세하게 색상을 입힐 수가 있다. → Apply overlay 를 check 한 다음 원형 주변의 색상을 클릭하면 자동적으로 색상이 입혀진다.

⬤ Expert Selection

▶ 선택된 솔리드만 저장할 수가 있다. → 123dx, stl 파일로 저장이 가능하다.
▶ 선택된 text만 저장할 수가 있다.

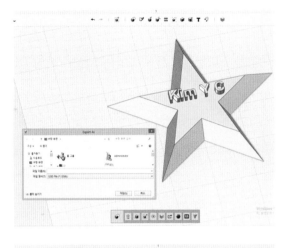

▶ 저장하고자 하는 솔리드를
  선택한다.

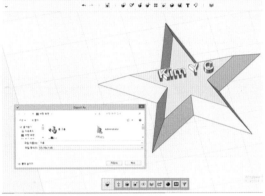

▶ 저장 형식을 123dx 또는 stl
  로 한다.

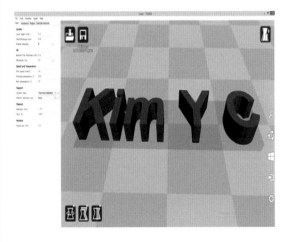

▶ STL 파일로 저장된 Text 파
  일을 CURA 슬라이스 프로
  그램에서 불러온 경우

■ Solid의 면에 사용되는 명령어(Tweak, Press Pull, Shell)

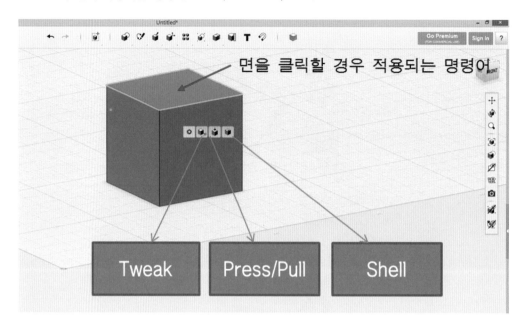

⊙ Tweak

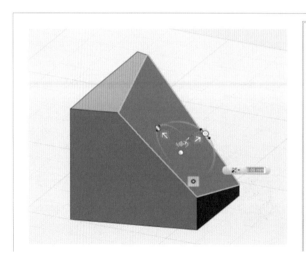

▶ Solid의 한 면을 선택한 후 Tweak을 실행시키면 3축의 화살표와 회전시킬 수 있는 축이 생긴다.(move와 같은 모습)

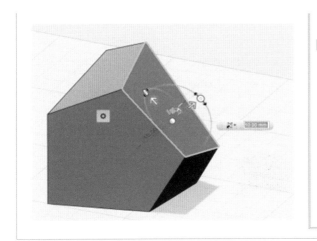

▶ 위쪽으로 화살표를 가져가
면 선택된 면의 크기는 일
정하게 유지하면서 X/Y축
의 크기변형이 일어난다.

Press Pull

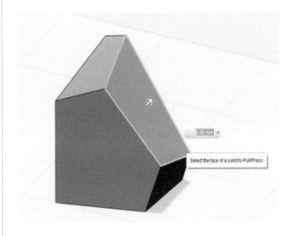

▶ Solid의 한 면을 선택한 후
Press/Pull을 실행시키면
선택된 면이 축소, 확대되
면서 인접 면의 변형이 일
어난다.

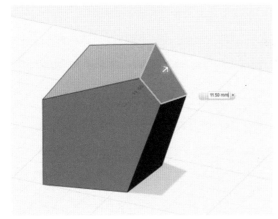

▶ 위쪽으로 화살표를 가져가
면 선택된 면의 크기가 축
소되는 것을 알 수 있다.

⚙ Tweak와 Press/Pull 비교 그림(같은 방향 15㎜ 이동)

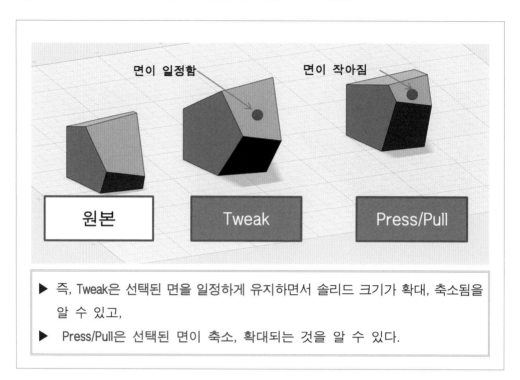

> ▶ 즉, Tweak은 선택된 면을 일정하게 유지하면서 솔리드 크기가 확대, 축소됨을
> 알 수 있고,
> ▶ Press/Pull은 선택된 면이 축소, 확대되는 것을 알 수 있다.

⚙ Shell

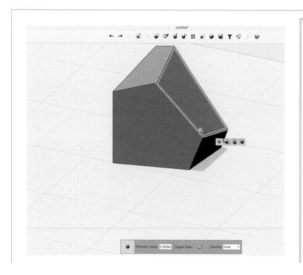

▶ Solid의 한 면을 선택한 후 Shell을 실행시키면 안쪽으로 홈이 파인다.

▶ Direction(방향)

  ◆ Both: 외벽 중심에서 안, 바깥으로 홈파기

  ◆ Outside: 외벽에서 바깥으로 홈파기

  ◆ Inside: 외벽에서 안으로 홈파기

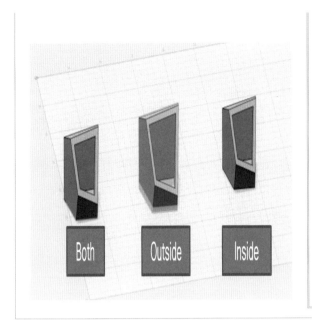

▶ 한 면을 선택한 후 Shell을 적용시키면
  ◆ Both: 외벽 중심에서 ±1㎜
  ◆ Outside: (바깥쪽으로) 외벽에서 +2㎜
  ◆ Inside: (안쪽으로) 외벽에서 +2㎜
▶ 즉, 크기를 나타내면 Outside > Both > Inside

■ Solid의 선에 사용되는 명령어(Tweak, Fillet, Chamber)

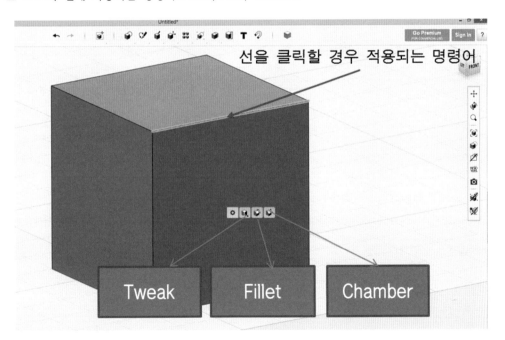

⊕ Tweak

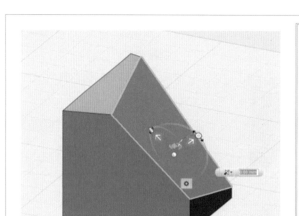

▶ Solid 선을 선택한 후 Tweak 을 실행시키면 3축의 화살 표와 회전시킬 수 있는 축 이 생긴다.(move와 같은 모습)

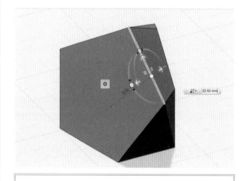

▶ 화살표 방향으로 선 축이 이동하 면 화살표 방향으로 변형이 일어 난다.

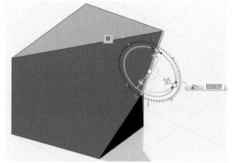

▶ 선 축 이동 각도에 의해 회전 방향 으로 변형이 일어난다.

⊕ Fillet과 Chamber

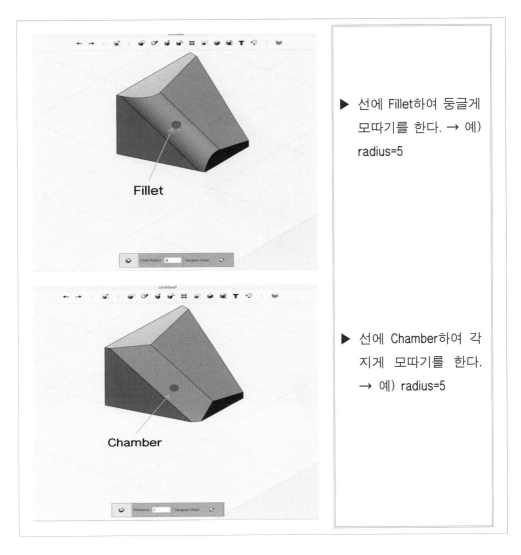

▶ 선에 Fillet하여 둥글게 모따기를 한다. → 예) radius=5

▶ 선에 Chamber하여 각지게 모따기를 한다. → 예) radius=5

■ Solid의 꼭짓점에 사용되는 명령어(Tweak)

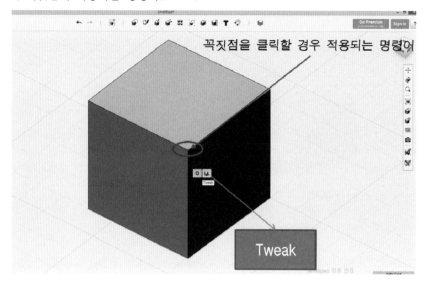

▶ 꼭짓점에서의 변형은 x/y/z축의 방향으로 이동에만 크기가 변하고 회전 방향에는 크기 변화가 없다.

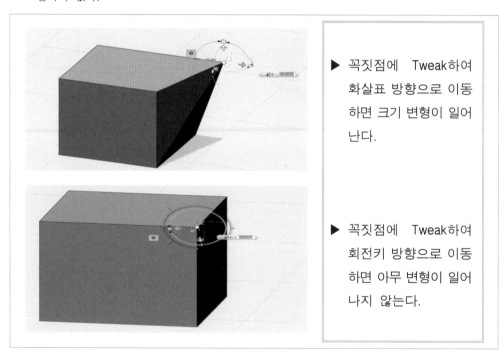

▶ 꼭짓점에 Tweak하여 화살표 방향으로 이동하면 크기 변형이 일어난다.

▶ 꼭짓점에 Tweak하여 회전키 방향으로 이동하면 아무 변형이 일어나지 않는다.

■ Sketch의 면에 사용되는 명령어

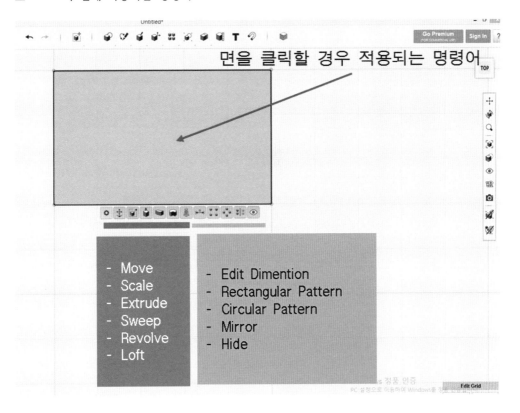

⦿ Move

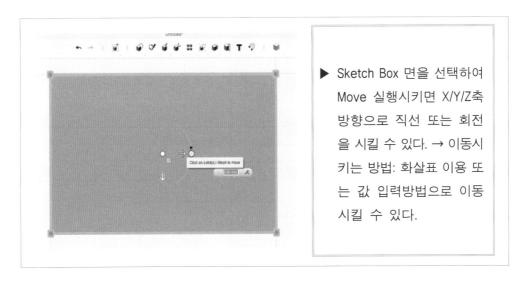

▶ Sketch Box 면을 선택하여 Move 실행시키면 X/Y/Z축 방향으로 직선 또는 회전을 시킬 수 있다. → 이동시키는 방법: 화살표 이용 또는 값 입력방법으로 이동시킬 수 있다.

🔅 Scale

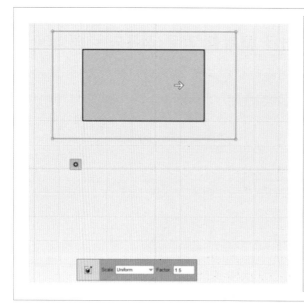

▶ Sketch Box 면을 선택하여 Scale을 실행시키면 전체적인 크기가 확대, 축소될 수 있다. → 스케치 평면은 x/y 방향만 존재하기 때문에 nonuniform은 실행되지 않는다.(Z축 없다.)

▶ 즉, uniform만 적용된다.

※ Scale=uniform, Factor=1.5를 입력하면 전체적인 크기가 50% 커짐을 알 수 있다.

🔅 Extrude

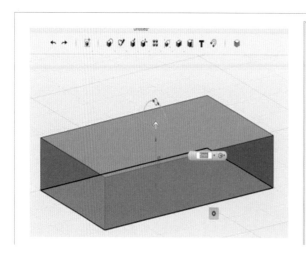

▶ Sketch Box 면을 선택하여 Extrude를 실행시키면 아래/위 방향으로 부피를 가지는 솔리드를 만들 수 있다. → 화살표 drag 또는 값 입력

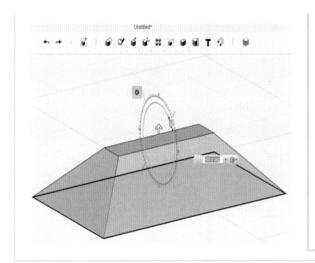

▶ 회전키를 이용하여 윗면의 모습을 변형시킬 수 있다.
→ 즉, 윗면 확대/축소에 따라 모형이 변한다.
참고) 시계 방향으로 -50도 정도 회전시킨 모습

Sweep

▶ Profile과 Path는 서로 다른 평면 상에 그려야 하며, 서로 직각이어야 한다. → sweep은 Profile이 path에 따라 솔리드 형태의 모습을 가지게 되며, path는 선으로 지정되어야 한다.

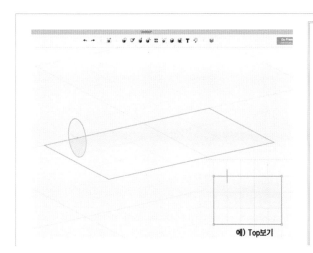

예) Top보기

▶ Sketch Box와 Circle을 그려서 Sweep 명령을 실행시킨다.
① 사각박스를 그린다.
② 원은 반드시 다른 평면 상에서 그린다.
③ 직각이 되도록 회전한다.

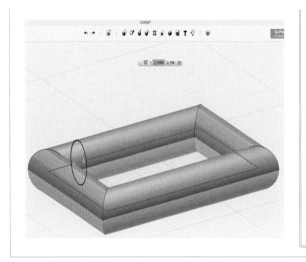

④ Sweep을 실행시켜 Profile = circle, Path=box line 선택한다. → Profile인 sketch 원이 path인 Box line에 따라 원형 솔리드 형태의 모습을 가지게 된다.

Revolve(회전명령)

▶ profile은 닫힌 면이어야 하고 path는 닫힌 면의 한 선이어야 한다.

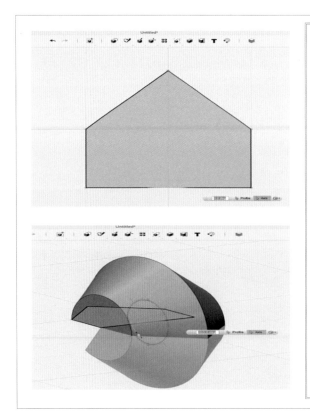

▶ Sketch Polyline(직선)으로 집 모양을 그린 후 Revolve 를 실행시킨다.
⑤ profile=닫힌 면,
⑥ path= 밑줄 선

▶ 회전키를 잡고 돌리면 회전 방향에 따라 솔리드 형태의 모습을 가진다. → 작업 공간 뷰를 home으로 하면 회전축이 보인다.

⬡ Loft

▶ 서로 다른 공간에 2개 이상의 닫힌 면이 있어야 한다. → 항상 다른 평면 상에서 도형을 그린다.(※ Hide 명령으로 다른 공간인지 확인 가능하다.)

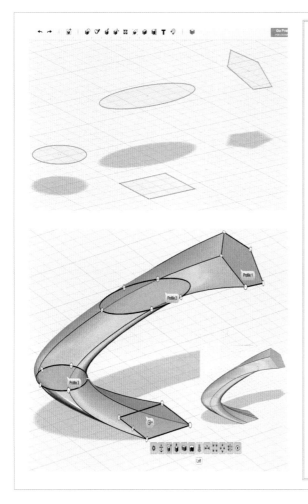

▶ 원하는 다각형을 서로 다른 공간에 배치시킨다.
  ① 작업 공간 뷰를 Top으로 두고 다각형을 그린다.
  ② 작업 공간 뷰를 Home으로 두고 다각형을 move하여 거리 이동 및 회전시킨다.

▶ 다중선택(CTRL+ 또는 Shift)을 통하여 면을 선택하고 Loft를 실행시켜 다른 층의 다각형을 연결시킨다. → 모서리 원을 선택하여 좌/우로 이동시키면 솔리드의 모형이 변형된다.
  ※ 다중선택 시 먼저 키보드 자판이 영문인지 확인한다.

▶ Loft 명령어 사용 시 변형 점(point) 개수는 아래 부분의 꼭짓점 수량에 따라 윗부분의 변형점이 똑같은 개수로 결정된다. → 예) 꼭짓점이 3개인 경우 윗부분의 변형점도 3개가 된다.(※ **변형점이란 축을 변형시킬 수 있는 점을 말한다.**)

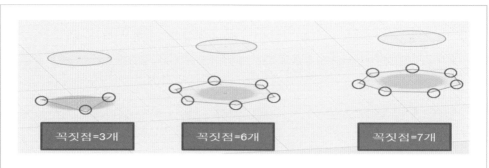

| 꼭짓점=3개 | 꼭짓점=6개 | 꼭짓점=7개 |

▶ 윗부분 변형점 개수 → 아랫부분 꼭짓점 개수랑 동일

▶ 변형점 이동 시 달라진 모습

⚙ Hide

▶ Sketch에서 1개를 선택하여 hide 시키면 같은 평면에 그려진 도형들은 모두 보이지 않게 된다. → 숨겨진 스케치 도형을 보려면 화면 표시 바의 눈 모양에서 show sketches를 클릭하면 된다.

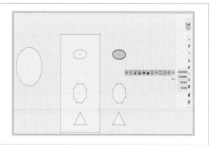

■ Sketch의 면&선에 사용되는 명령어

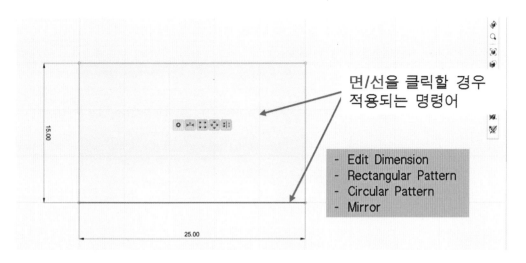

⊕ Sketch 면 메뉴에도 나타나지만, 실제 명령 실행을 위한 sketch entities 선택은 한 선 이상의 다중 선택하여 실행한다. → Ctrl 또는 Shift 없이 그냥 클릭하면 된다.

⊕ Pattern 명령들은 기준선 또는 포인트가 같은 평면 상에 있어야 한다. → Sketch 면을 한번 클릭한 후 기준선을 그린다.(※ 메인 메뉴의 Pattern 명령은 솔리드에만 적용된다. → 반드시 Sketch 모형 선택 후 나온 핫 메뉴에서 선택)

▶ Rectangular Pattern: 기준선에 평행 또는 직각이 되게 개수만큼 복사 정렬된다.

▶ Circular Pattern: 기준점을 원의 중심으로 하여 개수만큼 복사 정렬된다.

▶ Mirror: 기준선과 각 꼭짓점이 해당 거리만큼 떨어진 곳에 해당 꼭짓점을 가진 똑같은 모형이 한 개 복사된다.

① 사각형을 Sketch Rectangle로 그린다.

② Sketch Polyline을 실행하고 **사각형을 클릭한 후** 사선을 그린다. ←

같은 평면 상에 그리는 방법

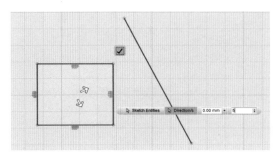

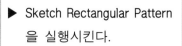
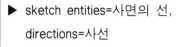

▶ Sketch Rectangular Pattern 을 실행시킨다.

▶ sketch entities=사면의 선, directions=사선

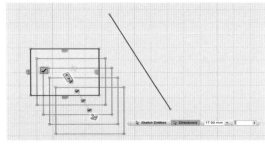

▶ 5개의 모형이 생기며, 원본 과 마지막 복사본의 거리 가 17이다.

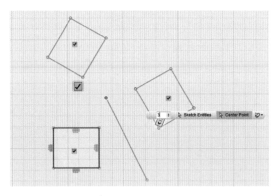

▶ Sketch Circular Pattern을 실행시킨다.

▶ sketch entities=사면의 선, Circular Point=사선의 시작점

▶ 사선의 시작점을 원의 중 심으로 일정한 거리에 3개 의 모형이 생긴다.

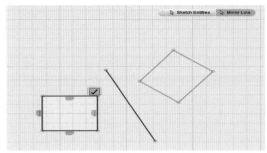

▶ Sketch Mirror를 실행시킨다.

▶ sketch entities=사면의 선, Mirror Line=사선

▶ 사선에 대칭되는 한 개의 모형이 더 생긴다.

⬡ Edit Dimension

▶ 변의 길이 및 각도 수정

▶ Primitives와 Sketch에서의 차이

Primitives	Sketch
▶ 해당 지정 변의 길이만 변경된다. → 해당 각의 수정도 가능	▶ 해당 지정 변과 상대 변의 길이가 함께 변경된다. → 해당 각의 수정은 불가능
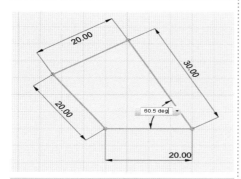	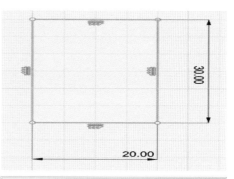
▶ 사선일 경우 타 변과의 90도를 이루는 직선의 길이가 표시된다.	▶ 사선일 경우 해당 사선 길이를 표시한다.
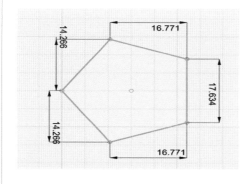	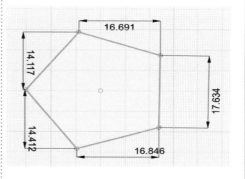

● 잘못된 치수와 각도 수정

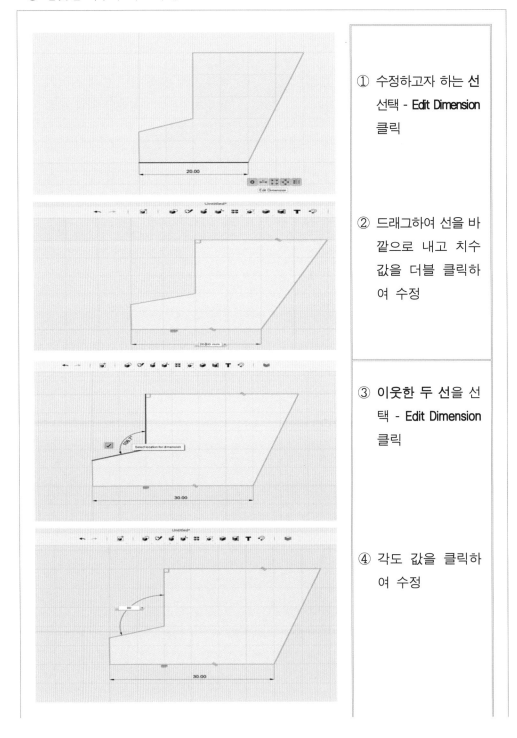

	① 수정하고자 하는 선 선택 - **Edit Dimension** 클릭
	② 드래그하여 선을 바 깥으로 내고 치수 값을 더블 클릭하 여 수정
	③ 이웃한 두 선을 선 택 - **Edit Dimension** 클릭
	④ 각도 값을 클릭하 여 수정

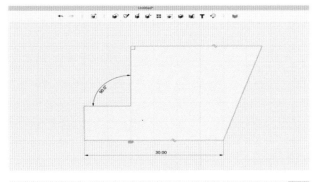

⑤ 90도를 입력하면
　 직각이 된다.

⑥ 같은 방식으로 양
　 측의 선을 클릭하
　 여 수정한다.

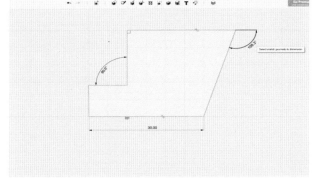

💠 **이웃한 두 선을 선**
　 택 - Edit Dimension
　 클릭

💠 각도 값을 클릭하
　 여 수정

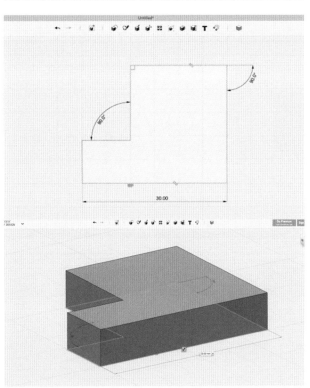

⑦ 직각면으로 수정된
　 다.

⑧ Sketch 메뉴의 Dim
　 ension에서는 솔리
　 드 형태도 치수선
　 을 변경할 수 있다.

※ 솔리드는 치수가
　 변경되지 않는다.

■ Sketch 메뉴의 Project(투영)

🌐 특정한 면의 정확한 중심에 원을 그릴 경우

🌐 특정한 면에 글자를 새길(음각, 양각) 경우

🌐 두 개의 Box 내부에 물체를 넣고 포장할 경우

▶ 특정한 면의 정확한 중심에 원을 그릴 경우

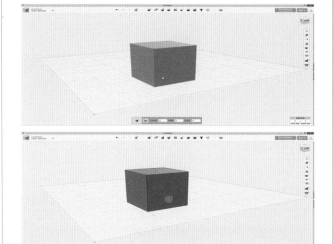

① Box(L/W/H=37)을 그린다.

② 임의의 측면 한 지점에 Circle(ψ7)을 그린다.

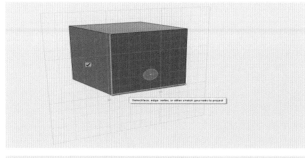

③ Project-Circle 선택 후 → 해당 측면의 아래/옆선을 선택한다.

④ Circle 선택 후 → Edit Dimension을 클릭한다.

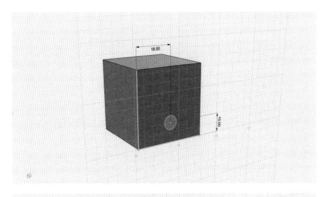

⑤ 기준점 아래 선을 선택하여 원의 중심을 지나 입체도형 바깥으로 Drag 하면 치수선이 생긴다.

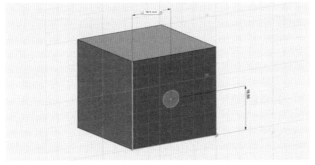

⑥ 치수선 값을 클릭하여 생긴 입력창에 수정값을 입력한다.

※ L/H=18.5

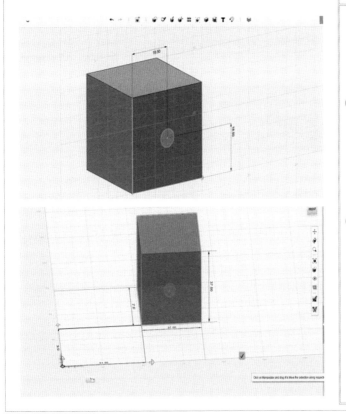

⑦ Circle이 정확한 면의 중심에 위치한다.

⑧ Ruler를 이용하여 확인하면 정확한 치수가 수정되었음을 알 수 있다.

▶ 특정한 면에 글자를 투영(음각, 양각)하는 방법

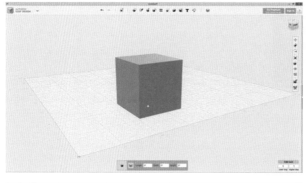

① Box(L/W/H=35)을
  그린다.

② Text('Dandy' H=7㎜)
  라고 입력한다.

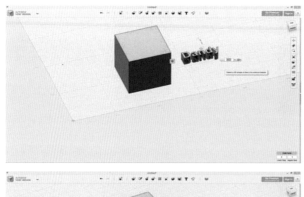

③ 글자를 Extrude(H=
  5㎜) 시킨다.

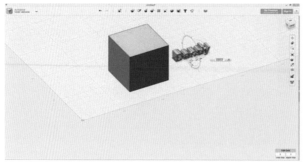

④ Move를 통해 90도
  회전시킨다.

⑤ Project를 글자에
투영시킨다.

※ 다중선택은 Ctrl 또
는 shift

⑥ 글자를 Copy한 후
Move 시킨다.

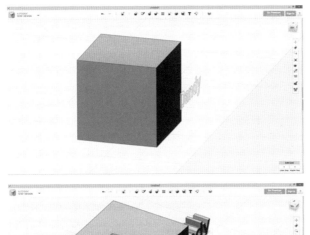

⑦ Project(투영) 글자
가 투영면에 일치
된다.

⑧ 글자를 투영면에서
돌출시킨다.

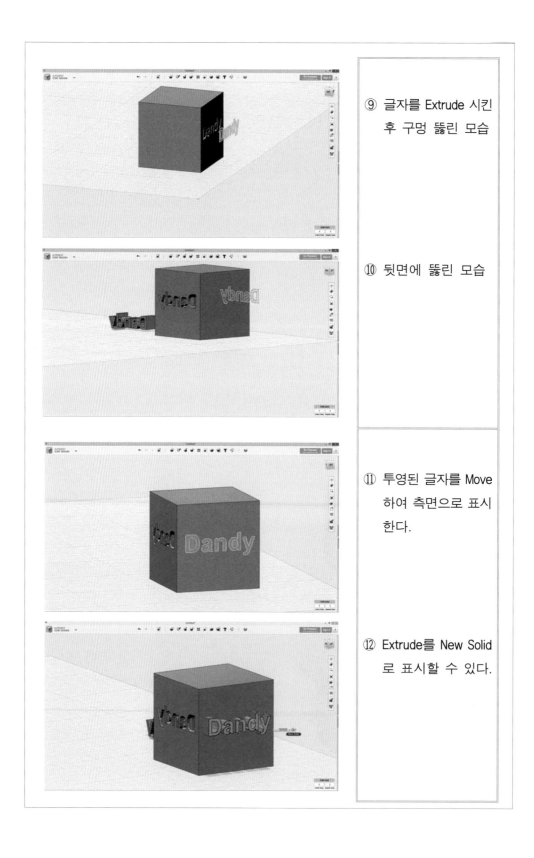

⑨ 글자를 Extrude 시킨 후 구멍 뚫린 모습

⑩ 뒷면에 뚫린 모습

⑪ 투영된 글자를 Move 하여 측면으로 표시한다.

⑫ Extrude를 New Solid 로 표시할 수 있다.

▶ 두 개의 Box 내부에 물체를 넣고 포장할 경우

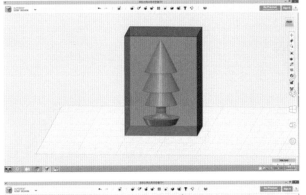

① Box 내부에 물체를 확인 시 → 참고) box =glass, 또는 숨기기

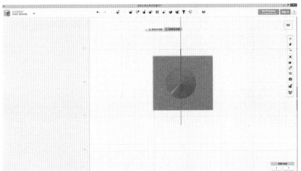

② 두 물체를 자른다. → 폴리라인-기준선 -split to solid 실행

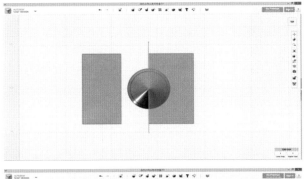

③ 잘린 물체를 이동 시킨다. → move-ctrl +t(단축키)

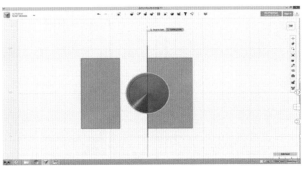

④ 크리스마스트리를 반으로 자른다. → split to solid 실행

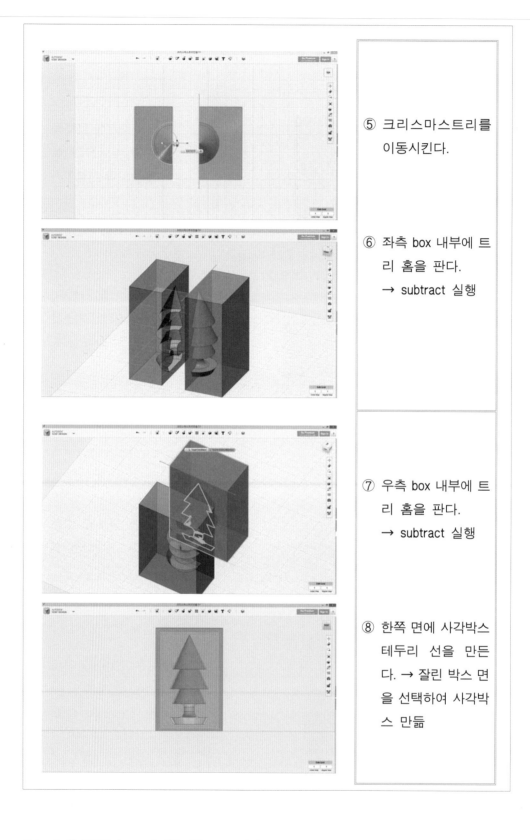

⑤ 크리스마스트리를 이동시킨다.

⑥ 좌측 box 내부에 트리 홈을 판다.
 → subtract 실행

⑦ 우측 box 내부에 트리 홈을 판다.
 → subtract 실행

⑧ 한쪽 면에 사각박스 테두리 선을 만든다. → 잘린 박스 면을 선택하여 사각박스 만듦

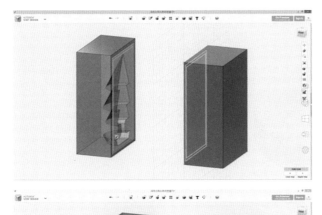

⑨ 반대쪽에 똑같은 사각박스를 그린다. → project 실행 (우측 선택-사각박스 선)

⑩ 좌측 box 테두리를 돌출시킨다.
　　→ extrude(5㎜) 실행

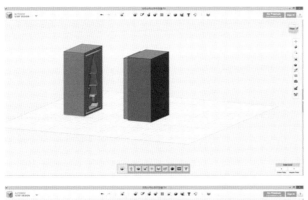

⑪ 우측 box 내부에 트리 홈을 판다. → 허용오차를 0.2 정도 크게 한다.

⑫ 두 개의 Box를 끼우면 포장된다.

◉ 다른 모델링의 똑같은 높이만큼 부피를 가지려고 할 때 사용

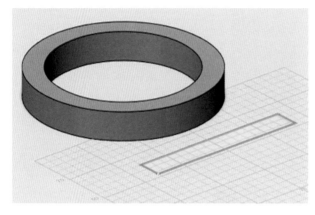

① 원의 높이=10mm이고 sketch된 사각 박스를 원형 높이와 같게 extrude 할 경우

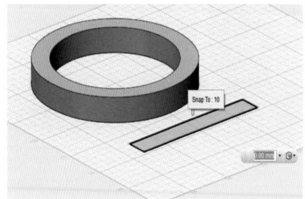

② extrude를 선택한 다음 커서를 원형의 윗면 모서리로 가져가면 snap to:10이 화면에 나타난다. → 즉, 10mm까지 높이로 solid(부피)를 가진다는 Message 다.

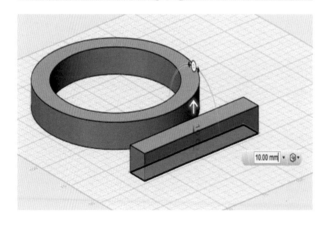

③ 윗면을 그대로 클릭하면 원형 높이만큼 박스도 부피를 가진다. → 원형 높이 = 사각박스 높이

● 손쉽게 원뿔형 입체모형 만들 때 Extrude 회전 이용

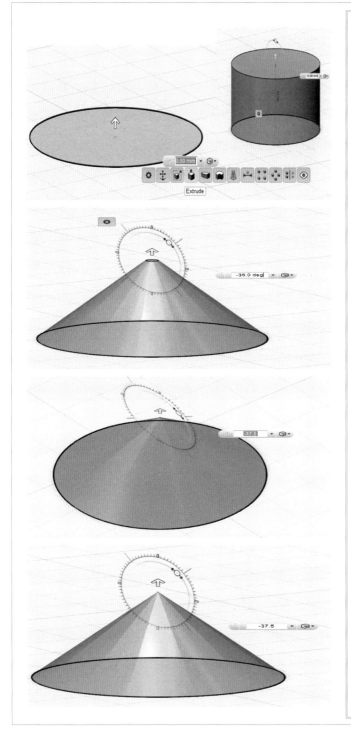

① 원을 그려 Extrude 를 실행시키면 원기둥이 되면서 회전축이 생긴다.

② 회전축을 드래그하여 원뿔이 되도록 한다.

③ 원뿔이 정확하게 되도록 직접 수치를 입력하여 조정한다.

④ 원뿔이 완성된다.

■ Construct 메뉴의 Sweep

💠 profile(닫힌 면)을 path 경로에 따라 모양을 만드는 경우

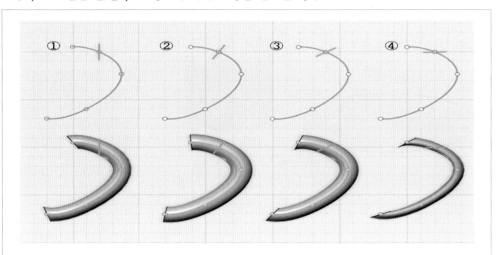

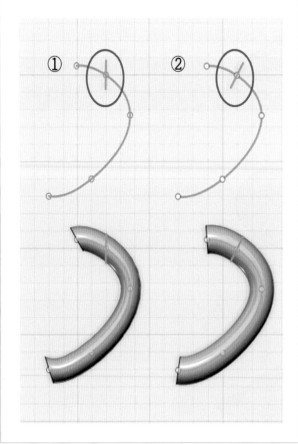

① spline(곡선) 위에 circular (원형)를 일직선으로 배치하여 sweep을 실행한 모습

② spline(곡선) 위에 circular (원형)를 곡선과 만나는 부분에 **직각으로 배치**하여 sweep을 실행한 모습 → 이상적인 원형을 만들기 위해서는 곡선과 만나는 부분이 직각을 이루도록 하면 원이 찌그러짐 없이 원형 자체를 유지한다.

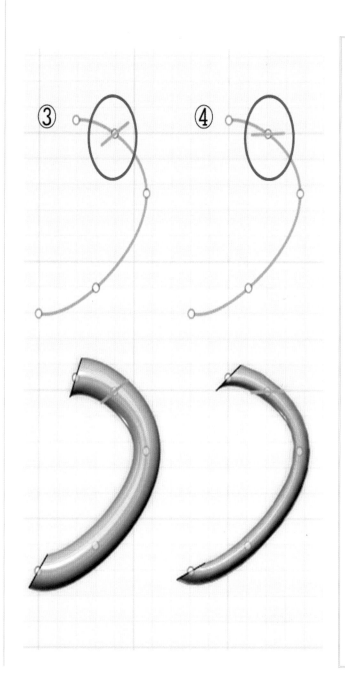

③ spline(곡선) 위에 circular(원형)를 곡선과 비스듬하게 눕혀 배치하여 sweep를 실행한 모습

④ spline(곡선) 위에 circular(원형)를 곡선과 관계 없이 수평으로 배치하여 sweep을 실행한 모습 → 곡선과 만나는 점이 직각과 많이 틀어질수록 원형이 찌그러짐을 알 수 있다.

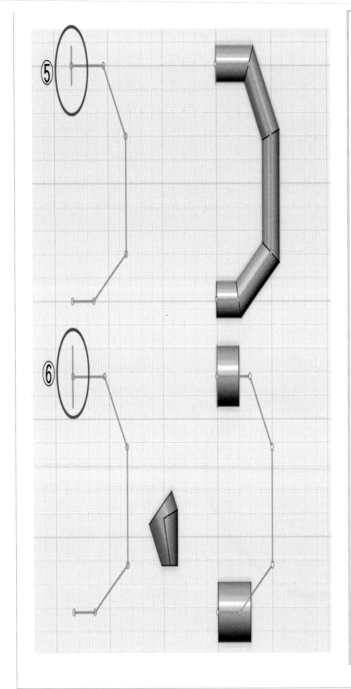

⑤ polyline(직선) 위에 circular(원형)를 직선과 직각 되게끔 배치하여 sweep를 실행한 모습 → 원형이 작은 경우에는 직각으로 꺾이는 모서리 지점에서 원형이 겹쳐지지 않으므로 정상적인 모형이 된다.

⑥ polyline(직선) 위에 circular(원형)를 직선과 직각이 되게끔 배치하여 sweep을 실행한 모습 → 원형이 큰 경우에는 직각으로 꺾이는 모서리 지점에서 원형이 겹쳐져 모형이 깨어진다.

■ Modify 메뉴의 Split Space

💠 Split Space를 이용하여 한 면만 분해하고자 할 경우

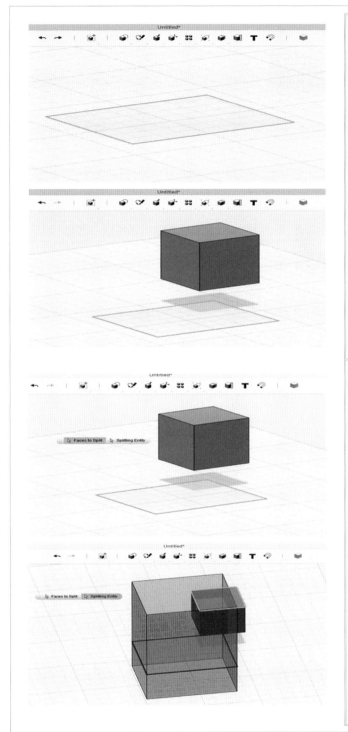

① Sketch로 임의의 Rectangle을 그린다.

② Primitive에서 Box 를 그린다.

③ Box를 위로 이동시 킨다.

④ Modify-Split Space 를 실행시킨다. → Faces to Split = 윗 면, Splitting Entity = 아래 사각선

⑤ Split Space를 실행 한 결과를 보여준 다. → 빨간 선은 기준선, 윗면은 나 누어지는 면

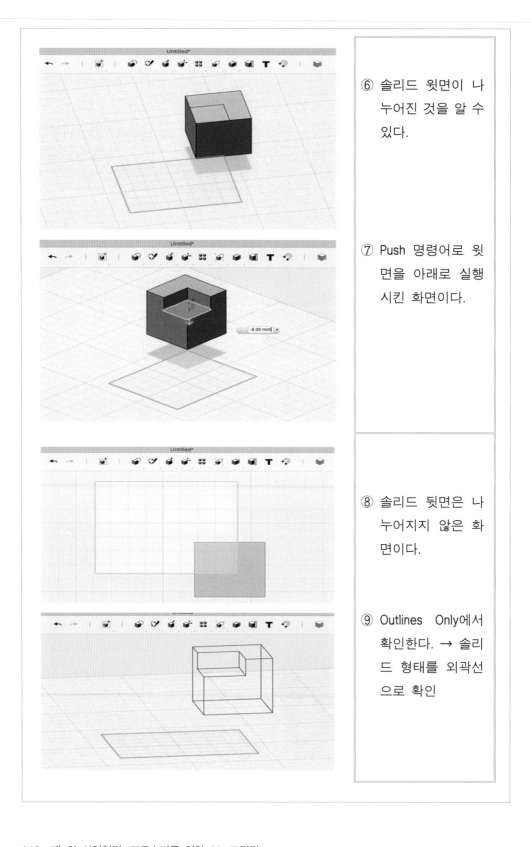

⑥ 솔리드 윗면이 나누어진 것을 알 수 있다.

⑦ Push 명령어로 윗면을 아래로 실행시킨 화면이다.

⑧ 솔리드 뒷면은 나누어지지 않은 화면이다.

⑨ Outlines Only에서 확인한다. → 솔리드 형태를 외곽선으로 확인

■ Modify 메뉴의 Split Solid

🔅 Split Solid를 이용하여 솔리드(부피)를 분해하고자 할 경우

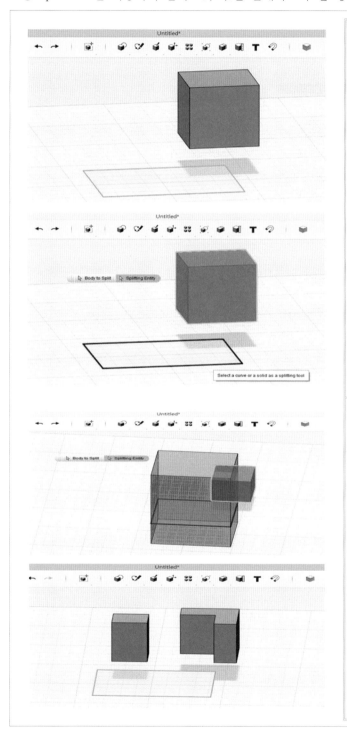

① Sketch로 임의의 Rectangle을 그린다.

② Primitive에서 Box 를 그린다.

③ Box를 위로 이동시 킨다.

④ Modify-Split Solid 를 실행시킨다. → Body to Solid = box, Splitting Entity = 아 래 사각선.

⑤ Split Solid를 실행 시킨 결과 화면 → 빨간 선은 기준선, 윗면은 나누어지 는 면

⑥ 솔리드 Box가 분해 된 결과 화면 → 솔 리드는 전체 기준선 에 의해 잘라진다.

■ Transform - Measure

◉ 거리, 각도, 면적, 원의 길이 확인

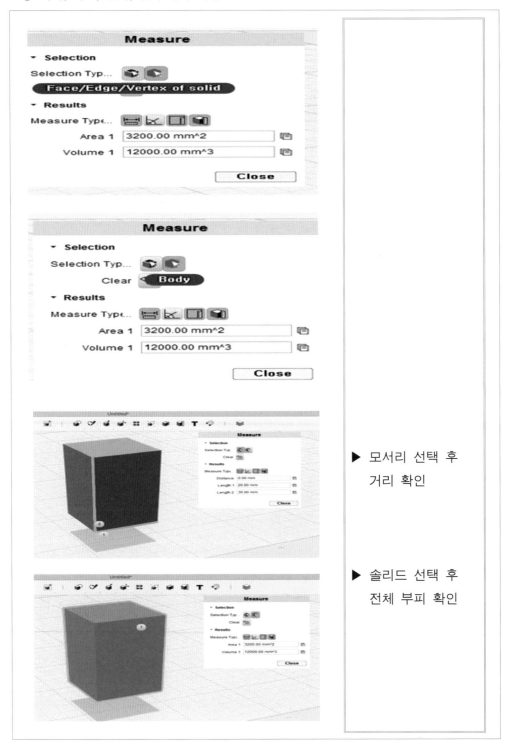

▶ 모서리 선택 후 거리 확인

▶ 솔리드 선택 후 전체 부피 확인

■ Transform-Ruler

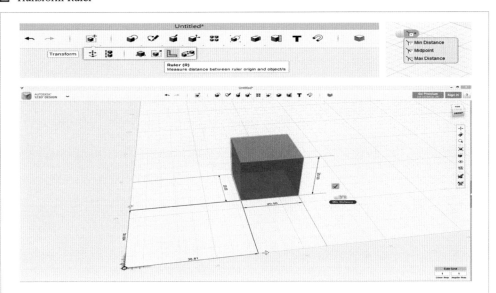

▶ 거리측정 지점 선택

⊕ Min Distance

⊕ Midpoint

⊕ Max Distance

▶ **Min Distance**: 측정원점에서 솔리드 바깥 선까지의 거리

▶ **Midpoint**: 측정원점에서 솔리드 중심까지의 거리

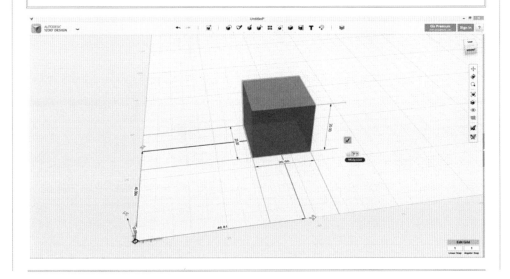

▶ **Max Distance**: 측정원점에서 솔리드 외부 끝점까지의 거리

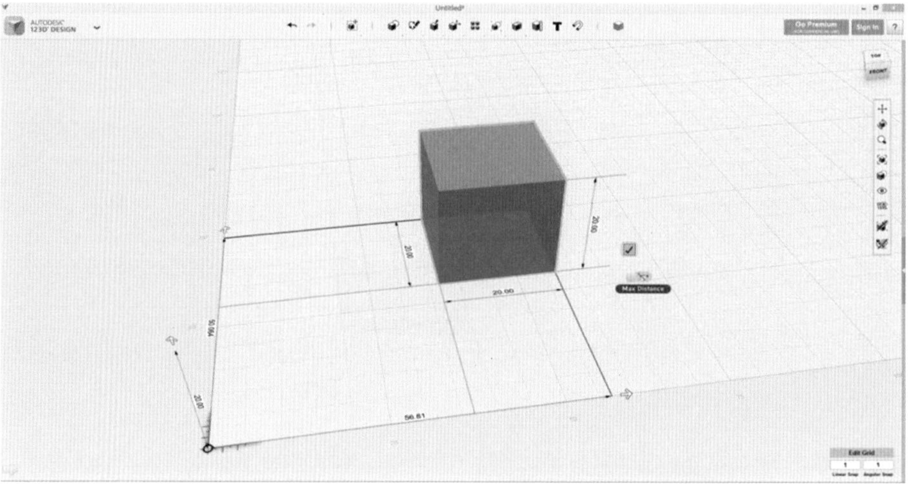

▶ X/Y/Z 방향으로 솔리드를 이동시킬 수 있음 → 거리에 치수를
입력해서 이동

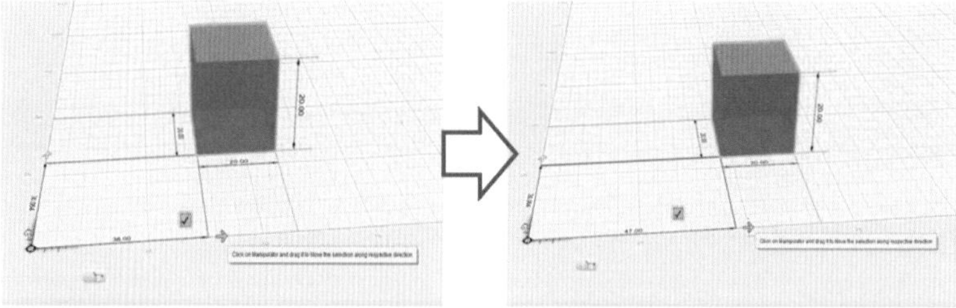

▶ Y 축
방향
이동

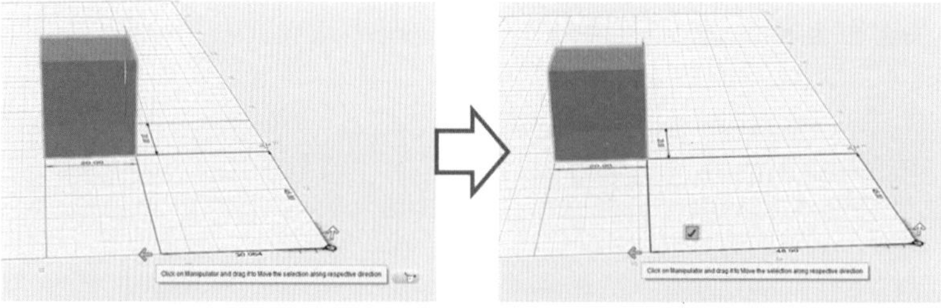

▶ X 축
방향
이동

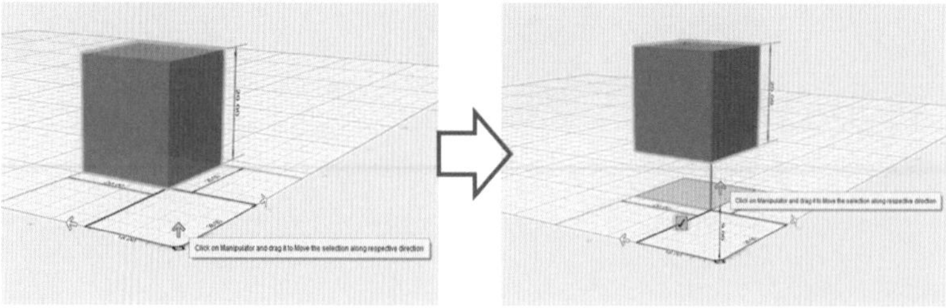

▶ Z 축
방향
이동

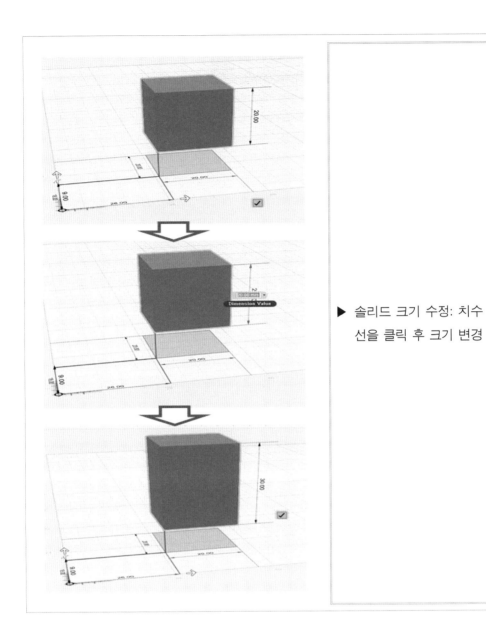

▶ 솔리드 크기 수정: 치수
선을 클릭 후 크기 변경

123D SVG Converter 사용 방법

▶ 입체도형(Solid)를 2차 도형(as Sketch)의 2D SVG 파일로 변환

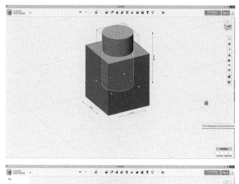

① Smart Scale로 Box 규격 확인
→ Box 규격: 15*15*15

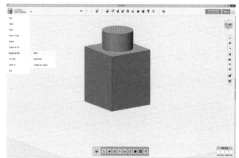

② Menu > Export as 2D-SVG

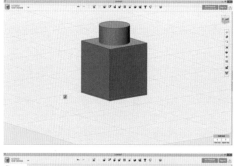

③ Solid 하단에 빨간 선이 나타난다.

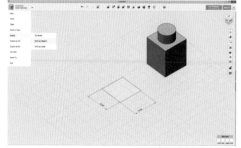

④ Menu > Import-SVG as Sketch
※ 규격 확인 = 14.5*14.5(즉, 오차
±0.5)

▶ 입체도형(Solid)을 입체도형(as Solid)의 2D SVG 파일로 변환

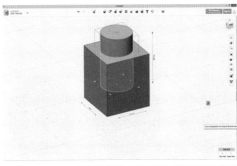

① Smart Scale로 Cylinder 규격 확인 → 실린더 규격: 10*10*15

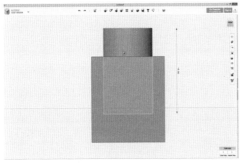

② MOVE를 하여 밑으로 이동시킨다.

③ 솔리드를 그리드 아래 6mm 내린다. ← 이유: 실린더확인

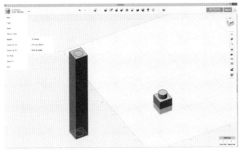

④ Menu > Export as 2D-SVG as Solid

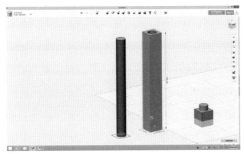

⑤ Solid 치수는 정확하게 나타난다. → 스케치 치수는 오차 발생

STL File(STereoLithography File) 이란?

3D 모델링이 된 데이터를 표준형식의 파일로 저장하는데 제공되는
파일형식이다.

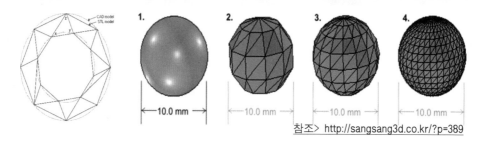

참조> http://sangsang3d.co.kr/?p=389

3D 시스템즈의 공동설립자인 찰스 홀이란 사람이 만든 파일 포맷으로, 3차원 모델
링의 표면을 무수히 많은 3각형의 면으로 구성한다. → 삼각형 조각이 많을수록
정교하여 원래 모형으로 표현되지만, 데이터양은 늘어나 PC 성능이 좋아야 한다.
예를 들어, 공 모양(구, sphere)의 모델링은 STL 파일로 변환되면서 무수히 많은
삼각형 조각이 모여서 공 모양을 이루는 형식으로 저장된다.

STL 파일의 생성은 보통 3D CAD 프로그램에서 export(내보내기)로 저장할 수 있는데
STL 포맷으로 저장할 때 폴리곤의 분할 수를 지정할 수 있는 소프트웨어도 있지만,
보통은 3D 프린터로 출력하는 경우 기본 설정만으로도 큰 문제는 없다. 일부 예전의
3D CG(컴퓨터 그래픽) 프로그램들에서는 STL 포맷을 지원하지 않는 것들이 많은데
우선 OBJ 포맷 형식으로 저장한 후에 freeware인 MeshLab 등을 사용하여 STL 포맷
으로 변환하면 된다.
STL 포맷은 모델의 컬러(색상)에 대한 정보는 저장하지 않으며 **오직 한 가지 색상만
으로 저장**하는데 여러 가지 색상의 컬러 출력이 가능한 석고 분말 방식의 3D 프린터
는 STL 포맷이 아니라 색상 정보의 보존이 가능한 PLY 포맷이나 VRML 포맷의 3D
데이터를 사용한다.

.STL	가장 일반적이고 많이 사용되고 있는 포맷 확장자
.ZPR	Z Corporation 사에서 설계한 포맷으로 컬러와 질감 정보를 갖고 있는 것이 특징
.OBJ	컬러와 질감 정보를 갖고 있는 것이 특징
.ZCP&.PLY	컬러, 질감, 기하학적 모양 정보를 갖는 3D 스캐너 데이터 포맷(ply=polygon file format)으로 석고분말컬러 프린터 입력용으로 사용
.VRML	컬러와 질감 정보를 지원(vertual reality modeling language)하며 석고분말컬러 프린터 입력용으로 사용
.SKP	SketchUp native 포맷
.3DS	컬러와 질감 정보를 갖는 3D Studio Max의 일반적 포맷
.3DM	Rhino native 포맷
.AMF	STL 등 기존 포맷 한계를 극복한 향후 표준 예상, 복합재료, 다양한 색상, 작은 파일 사이즈 등 지원할 포맷으로 향후 표준으로 될지 관심을 가질 필요가 있음.

제2장

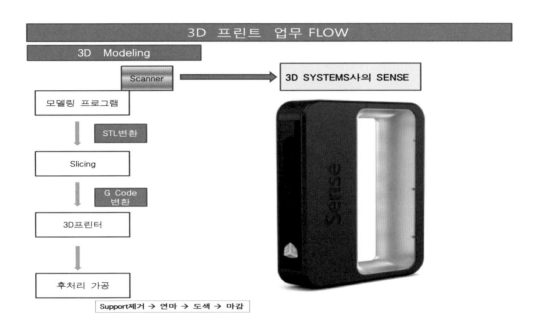

■ 3D 스캐너 원리

☑ 3D 스캐너란

✦ 스캐너를 활용하여 물체의 외곽선의 좌푯값을 추출하여

✦ 넙스(Non-uniformrational B-spline: 일정한 점들을 연결한 직선)

✦ 폴리곤(Polygon: 입체의 표면을 만드는 다면체 형태의 입체 형태)

✦ 패치 형식(조각)으로 데이터를 얻는 것을 말한다.

☑ 3D 스캐닝이란

✦ 3D 스캐너를 이용하여 레이저나 백색광을 대상물에 투사하여 대상물의 형상정보를 취득한 후 디지털 정보로 전환하는 모든 과정을 말한다.

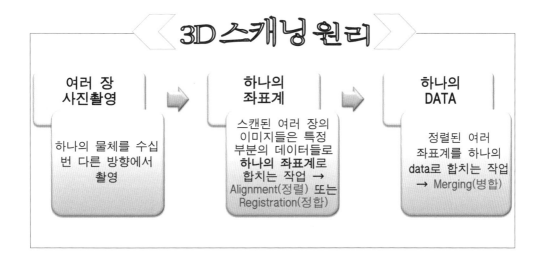

☑ 스캐너 활용

⊕ 볼트 및 너트를 비롯한 초소형 대상물에서 초대형 대상물의 형상정보를 쉽게 취득

⊕ 역설계(Reverse Engineering)/품질관리(Quality inspection)

⊕ 대상물의 전체형상을 한꺼번에 측정함으로써 정확하고 신속한 결과 도출

■ CMM과 3차원 스캐너의 특징 비교

CMM(Coordinate Measuring Machine)	3차원 스캐너(3D Scanner, 3D Digitizer)
<ul><li>측정 정확도 및 측정 정밀도 우수</li><li>오랜 역사에 따른 정립된 운영 프로세스로 제품 안정성</li><li>**매우 느린 측정 속도**</li><li>복잡한 측정 사전 준비 작업 요구 → 전문가만이 운영 가능</li><li>항온/항습 시설 등 독립된 측정 공간 요구</li><li>한 번 설치 이후 이동 불가능</li><li>측정 대상물의 크기 제한(제품손상)</li></ul>	<ul><li>고밀도 점군 생성(한 번 촬영에 최대 약 600만 점군 생성)</li><li>빠른 측정 속도(한 번 촬영에 최대 약 0.97초)</li><li>이동성 및 휴대성</li><li>사용 편의성</li><li>측정 대상물의 크기 제한이 없음.</li><li>폭넓은 활용 분야</li><li>CMM에 비하여 상대적으로 낮은 **측정 정확도**</li><li>동일 측정정확도 수준의 CMM 대비 상대적 고가</li></ul>

■ 3D 스캐너 종류 및 방식

1. 접촉식 3D 스캐너
- 탐침자로 불리는 프로브(Probe)를 측정하는 물체에 직접 닿게 해서 측정
- CMM(Coordinate Measuring Machine)에 대표적 적용 방식
- 제조업에 오래전부터 사용
- 측정점의 정확도 우수
- (단점) 대상물의 표면에 접촉으로 인해 물체에 변형이나 손상 가능성

2. TOF(Time Of Flight) 3D 스캐너
- 레이저 파인더(Range Finder or Laser Range Finder)라고 불리는 빛을 물체 표면에 조사하여 그 빛이 되돌아오는 시간을 측정해서 물체와 측정원점 사이의 거리를 구하는 스캐닝 방식
- 주로 레이저 사용

접촉식 3D 스캐너   TOF(Time Of Flight) 3D 스캐너

TOF(Time of flight 방식 스캐너

1. 광 삼각법 3D 레이저 스캐너
- **점(Dot) 또는 선(Line) 타입**의 레이저를 피사체에 투사하는 레이저 발송자와 반사된 빛을 받는 수신 장치(CCD)를 이용하는 방식
- 카메라와 레이저 발신자 사이의 거리, 각도는 고정되어있어 이미 알고 있으므로
- 카메라 화각 내에서 수신 광선이 CCD 소자의 상대적 위치에 따라 깊이(Depth)의 차이를 이용하여 구하는 스캐닝 방식

2. 핸드헬드(Handheld) 스캐너
- 점(Dot) 또는 선(Line) 타입의 레이저를 피사체에 투사하는 **레이저 발송자**와 반사된 빛을 받는 **수신 장치(주로 CCD)**와 내부 좌표계를 기준 좌표계와 연결하여 구하는 스캐닝 방식

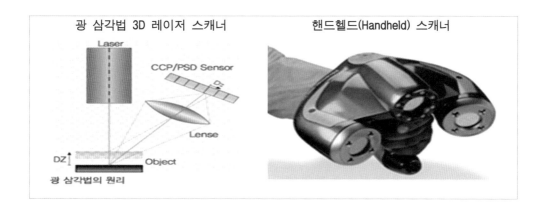

| 광 삼각법 3D 레이저 스캐너 | 핸드헬드(Handheld) 스캐너 |

1. **변조광**(Structured-Light) **스캐너**
   - ◆ 물체 표면에 지속적으로 주파수가 다른 빛을 쏘고 수신광부에서 이 빛을 받을 때 주파수의 차이를 검출해 거릿값을 구해내는 방식

2. **백색광**(White Light) **스캐너**
   - ◆ 특정 패턴을 물체에 투영하여 그 패턴의 변형 형태를 파악해 3D 정보를 얻어내는 방식
   - ◆ 가장 **정밀도가 높음.**

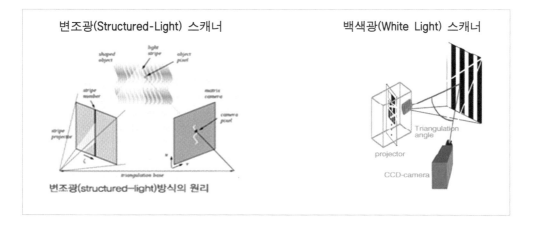

| 변조광(Structured-Light) 스캐너 | 백색광(White Light) 스캐너 |

3D 프린터 관련 기술은 현재 바이오 3D 프린팅 기술까지 발전되었으며 3D 스캔 기술의 경우 아주 오랫동안 지속적으로 발전되어 왔다. 특히 모바일 기술과 결합하여 여러 가지 기술을 선보이고 있는데 옥시피털사의 스트럭쳐센서(Structure Sensor)는 모바일용 3D 스캐너로 아이패드 카메라에 부착하여 사용하는 세계 최초의 모바일용 3D 스캐너 센서이다. 그리고 인텔의 리얼센서(Real Sensor)는 카메라를 통해 사물을 읽는 기술이며 구글의 탱고 프로젝트는 2대의 카메라가 달린 스마트폰으로 스캔해 주는 기술을 선보이고 있다. 여기에서는 휴대용 3D 스캐너 센서 중 3D System 사의 SENSE 프로그램 사용법에 대해 알아본다.

■ Sense 프로그램 설명

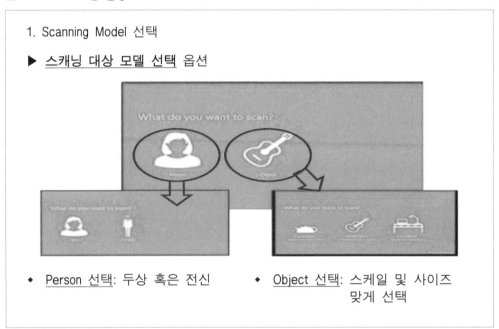

2. Setting 화면

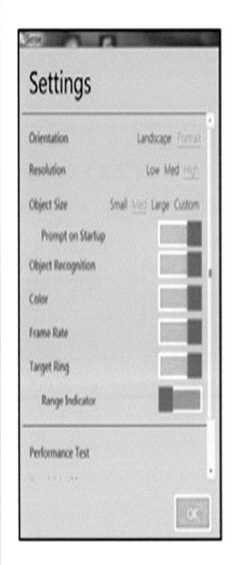

Settings

Orientation	Landscape Portrait
Resolution	Low Med High
Object Size	Small Med Large Custom
Prompt on Startup	
Object Recognition	
Color	
Frame Rate	
Target Ring	
Range Indicator	
Performance Test	

※ **Lost Tracking → 스캔 대상이 초점을 벗어나면 스캔이 자동으로 멈춤.(Home 버튼 누르고 재스캔해야 함.)**

▶ <u>Orientation(스캐너 방향)</u>
- 가로방향(Landscape), 세로방향(Portrait)
- 스캐너를 잡기 편한 방향으로 선택

▶ <u>Resolution(해상도)</u>
- Low/Med/High **3단계로 조정** 가능
- High 경우 캡처 속도 늦음

▶ <u>Object Size(스캔 대상 크기)</u>
- Small/Med/Large/Custom **4단계로 조정** 가능
- Custom 선택 시 → 정확한 Width/Height/Depth 값을 직접 입력

▶ <u>Object Recognition(대상 인지)</u>
- 대상을 제외한 주변을 자동 제거(스캔 화면에서 레이저가 **인식하는 대상을 녹색으로 표시**)

▶ <u>Color(컬러)</u>
- 스캔 화면을 실제 색상으로 표현 (기능을 켜면 기본 풀 컬러)

▶ <u>Frame(프레임 비율)</u>
- 스캔 화면에서 중간에 타깃 링 위에 위치한 0.0FPS(초당프레임인식)를 표시
- Target Ring(타깃 링)
- 스캔 화면의 중앙에 있는 대상을 인지하는 둥근 원을 표시할 것인지 설정

▶ <u>Performance Test</u>
- 사용자 컴퓨터의 CPU와 그래픽 카드 처리 능력 조정
- Tutorial & Video
- 시작 시 스캐닝 프로세스 스텝 팁을 보여줌.

3. 스캔 편집

▶ 화면 상단 우측

- ◆ <u>Undo(A)</u>: 되돌아가기. 마지막 변경 사항을 지움
- ◆ <u>Settings(B)</u>: 현재 작업 중인 스캔 세팅을 변경
- ◆ <u>Home(C)</u>: 스캔 처음 화면으로 되돌아간다.(스캔 대상 선택화면 또는 스캔 초기화면)
- ◆ <u>Help(D)</u>: 도움말

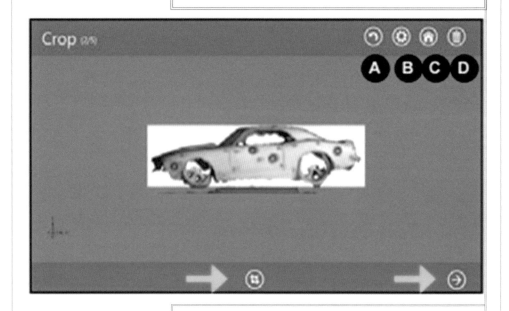

▶ 화면 하단

- ◆ <u>Crop(자르기)</u>:
- ◆ <u>Erase(지우기)</u>:
- ◆ <u>Solidify(솔리드 형태로 만들기)</u>: 3D 인쇄가 가능하도록 모든 구멍을 메우고 닫아주어 덩어리로 만들어 준다.
- ◆ <u>Auto Enhance(자동 향상시키기)</u>: 자동으로 밝기, 강도 등을 조정
- ◆ <u>Trim(다듬기)</u>: Trim툴을 선택한 후 자를 경계선을 드래그하여 경계선을 기준으로 바깥 부분을 없앤다.
- ◆ <u>Touch Up(마무리 손질하기)</u>: 상태보정을 하고 싶은 영역을 드래그하면 울퉁불퉁한 부분이 정리된다.

■ 2D 사진 → 3D로 만들기

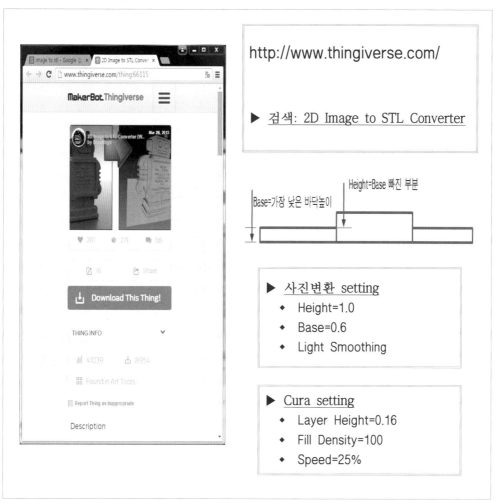

■ 3D 스캐너 파일지원

☑ STL

☑ OBJ

☑ PLY(스캔 이미지)

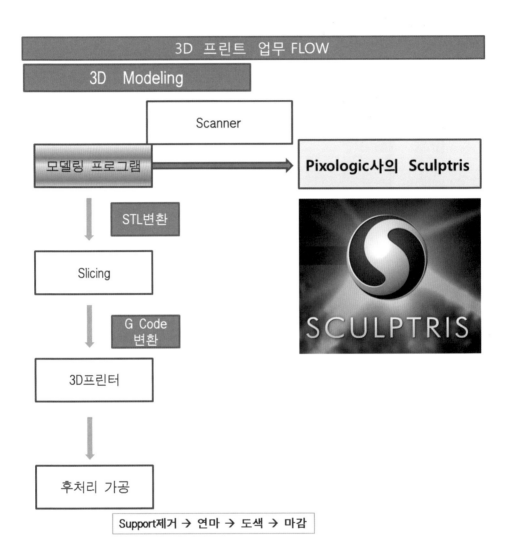

■ Sculptris 특징

☑ 큰 덩어리로 시작하여 섬세한 입체작품 구현

☑ 직관적 사용법의 3D 모델링으로 누구나 쉽게 사용

☑ 무료 소프트웨어이고 메모리 용량이 적으며 설치가 용이

☑ 흙으로 모형을 만드는 것과 유사(예술가가 많이 사용)

☑ 확장자 .scl

■ Sculptris 프로그램 설치

☑ Sculptris Program → pixologic.com/sculptris/

■ Sculptris 화면구성

① Sculpt Brushes: 브러시 편집 아이콘
② Utility Controls
③ Scene Management: 모델 추가, 저장, 오픈
④ 조형물 Zbrush로 보냄.
⑤ Work Space

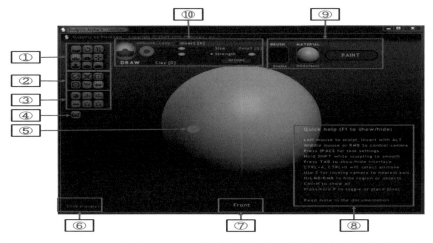

⑥ Triangle Count: 삼각 vertax 개수(수가 많을수록 해상도가 좋음.)
⑦ Camera View
⑧ 사용 매뉴얼(F1 누르면 없어지는 토글 방식)
⑨ Paint Mode: 브러시 및 재질
⑩ Brush Control: 브러시 변형

☑ Brush Control 메뉴 화면 설명

- **Airbrush**: 브러시 할 때마다 선택된 틀이 계속 활성화된다.(에어로 바람 부는 것)

※ 활성화(클릭)되지 않으면 계속 클릭하여 사용

- **Lazy**: 선이나 곡선을 깨끗하게 만든다.(손의 작은 움직임을 없앨 경우)
- **Invert**: 선택된 툴의 반대 효과를 가진다.

※ Draw로 invert 활성화시키는 경우 → 움푹 안으로 들어간다.

- **Clay**: 윗면을 평평하게
- **Soft**: 모서리를 부드럽게
- **Size**: 브러시 크기 조절
- **Detail**: 값이 커질수록 삼각형(Triangle) 개수가 많아져 파일 용량이 커진다.
- **Strength**: 브러시 강도 조절
- **Brush**: 브러시 내에 이미지 적용 ← 브러시 아이콘을 누르면 이미지 바꿀 수 있다.

<Enable 활성화되면>

- ▶ **Directional** : 브러시 이미지를 움직임 방향에 따라 회전된다.
- ▶ **Random**: 움직임 방향이 자유롭게 바뀐다.
- **Material**: 조형물의 색상표현
- **Paint**: 조형물의 픽셀 단위로 표시(1024까지)와 질감표현

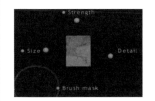

- <u>Space Bar</u> ← **Brush Control 호출** 단축키임

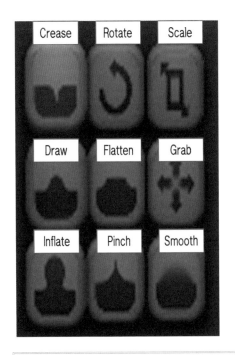

- ◆ **Crease[E]**: 표면에 선을 새긴다.(주름)
- ◆ **Rotate[R]**: 조형물을 회전한다.
- ◆ **Scale[T]**: 조형물의 크기를 조절한다.
- ◆ **Draw[D]** : 조형물을 표면으로부터 들어 올린다.
  - ▶ **Invert**가 활성 → 새겨지는 효과
  - ▶ **Clay** 옵션: 제한 높이까지 평평해진다.
  - ▶ **soft** 옵션: 모서리를 부드럽게 한다.

- ◆ **flatten[F]**: 표면을 평평하게 만든다.(눈썹)
  - ▶ **Lock plane** 옵션: 높이와 각도가 처음에 정해진다.
  - ▶ **Angle falloff** 옵션: 모서리 반대편 표면은 그대로 둔다.
- ◆ **Grab[G]**: 조형물을 이동시키거나 변형시킨다. [Draw와 유사]
  - ▶ **Global** 옵션: 조형물을 이동시킨다.
  - ▶ **Limit** 옵션: 표면을 변형시킨다.
- ◆ **Inflate[C]**: 표면을 풍선처럼 볼록 나오게 한다.
- ◆ **Pinch[V]**: 손가락으로 집은 것 같은 모양을 만든다.
- ◆ **Smooth[B]**: 표면을 부드럽게 한다.

☑ Utility Controls 메뉴 화면 설명

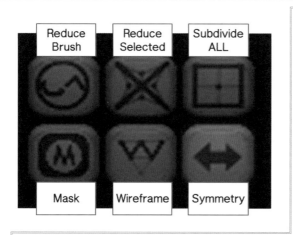

- **Reduce Brush[Y]**: 삼각형 개수 줄인다.
  - ▶ INVERT 모드 → 삼각형 개수 증가시킨다.
- **Reduce Selected**: 선택영역 삼각형 개수 줄인다.

- **Subdivide ALL**: 조형물의 다각형 개수 4배로 만든다.
- **Mask Brush**: 삼각형의 개수를 많게 한다.
  - ▶ INVERT 모드 → 삼각형 개수 감소시킨다.
- **Wireframe**: 조형물의 와이어프레임(토글 방식)
- **Symmetry**: 대칭의 활성화(토글 방식)

☑ Scene Management 메뉴 화면 설명

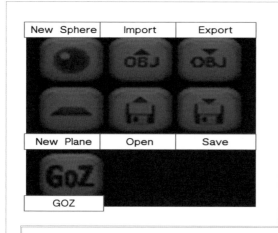

- **New Sphere**: 새로운 구 만든다.
- **Import**: 새로운 OBJ 또는 Goz 파일을 가져온다.
- **Export**: OBJ, Goz 파일을 보낸다.
- **New Plane**: 새로운 평면 만든다.

- **Open**: Scuptris Mesh(.sc1) 파일을 연다.
- **Save**
- **GOZ**: Zbrush로 파일 보낸다.

☑ Paint 메뉴 화면 설명

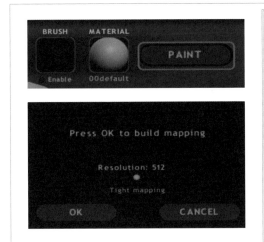

◆ Resolution:
　▶ 차원을 픽셀 단위로 결정
　▶ 기본값은 512~1024까지
◆ Tight mapping: 좋지 않은 조형물의
　경우 늘어질 수 있는데 이를 방지

단축키

⊕ space bar → brush setting 메뉴호출

⊕ Z키 → 직교모드 - 정면

⊕ Tab키→ 전체 메뉴 숨김

⊕ ,[콤마]키 → brush size 감소

⊕ .[점]키 → brush size 증가

모델링: 일러스트 2D → 123D로 가져오는 방법

▶ 작업 전: 그림 파일을 불러오려면 모델객체를 검정색으로 표현해야 한다.

패스선 만드는 메뉴(일러스트): 오브젝터 - 이미지 추적 - 만들기 - 확장

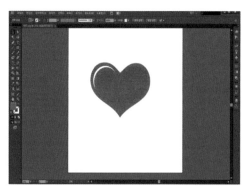

① 일러스트에서 그림 파일을 가져 온다.

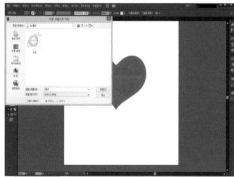

② **파일 - 다른 이름으로 저장**을 누른다.

③ 확장자를 **SVG로 저장**한다.

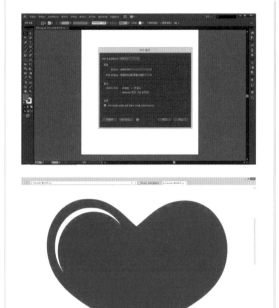

④ SVG 옵션은 Default 값을 그대로 하고 저장한다.

⑤ svg 파일을 실행시키면 윈도 상에서도 확인이 가능하다.

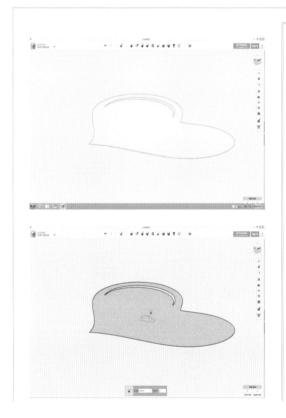

⑥ 123D에서 **Import - SVG as sketch** 를 선택하여 저장된 svg 파일을 불러온다.

⑦ Scale을 **Uniform=0.9**로 축소시킨다. → 불러온 파일은 대체로 크기 때문에 축소시킨다.

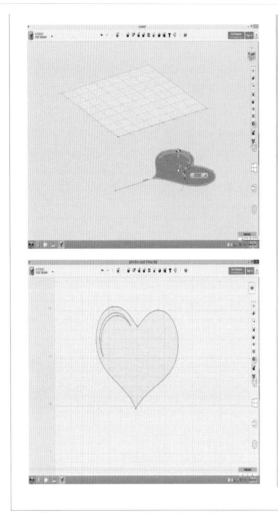

⑧ Move를 통하여 work place 위치
  시킨다. → 모눈종이 위에 갖다
  놓도록 이동시킨다.

⑨ Scale을 통하여 다시 축소시킨다.

⑩ 오픈소스로 장애가 빈번하기
  때문에 수시로 저장버튼을 누
  른다.

참조> http://www.wikitree.co.kr/main/news_view.php?id=205401

■ http://www.thingiverse.com/

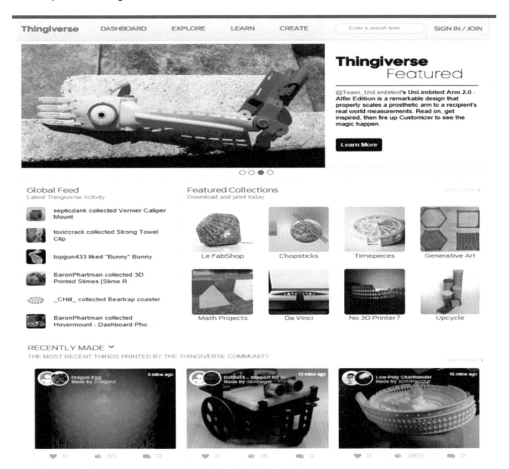

스트라타시스가 2012년 메이커봇을 인수하여 별도의 법인체로 두고 싱기버스를 통하여 3D 모델링 파일들을 올리고 공유할 수 있도록 하고 있다. 모델은 STL 형식으로 다운로드할 수 있다.

 https://www.youmagine.com/

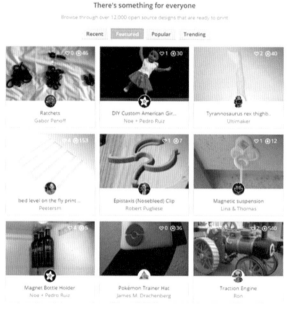

네덜란드의 개인용 3D 프린터 제조회사인 얼티메이커 사에서 운영하고 있는 커뮤니티 사이트로 슬라이싱 프로그램을 공개적으로 사용할 수 있는 오픈소스도 함께 제공하고 있다.

싱기버스와 마찬가지로 3D 모델링 파일을 공유하거나 무료로 다운로드하여 사용할 수 있다.

https://cults3d.com/

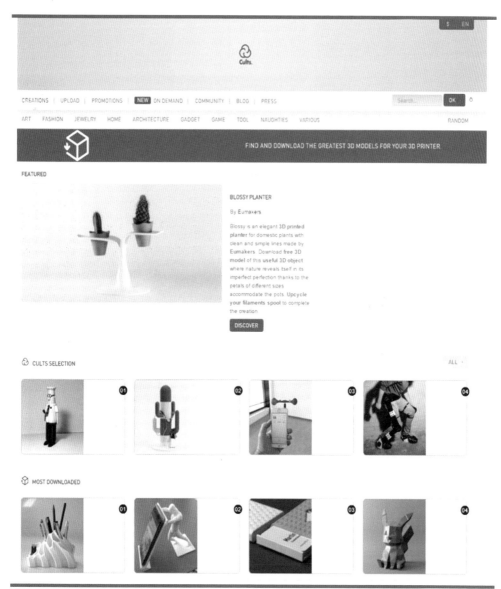

프랑스 커뮤니티 사이트로 영어도 지원하고 있다.
아트, 액세서리, 장난감 등 다양한 모델링 파일을 무료로 공유되기도 하고 유료로
판매하고 있다.

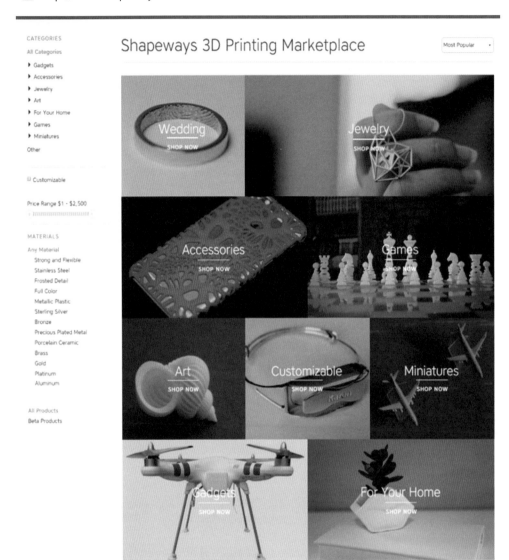

네덜란드의 3D 프린팅 토털 서비스회사로 소비자가 원하는 제품의 디자인을 컨설팅해주며, 판매, 제조, 배송까지 해주는 세계 최고의 3D 프린팅 출력 서비스 온라인 마켓 시장이다.

http://www.3dvia.com/warehouse

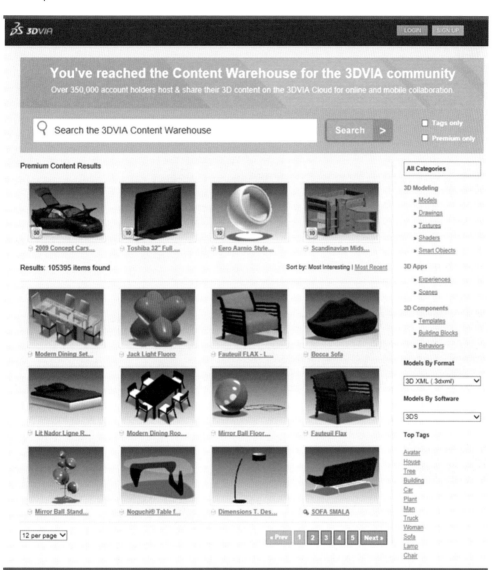

프랑스에 본사를 두고 있는 세계적인 3D 소프트웨어 기업인 다쏘시스템의 3DVIA Studio는 3D 콘텐츠 자료실과 19만 명 이상의 3D 전문가들로 구성된 커뮤니티 결합 체인 프레임워크 공간이다. 그리고 3D VIA가 운영하는 콘텐츠 웨어 하우스에서 다양한 3D 모델링 파일을 다운로드할 수 있다.

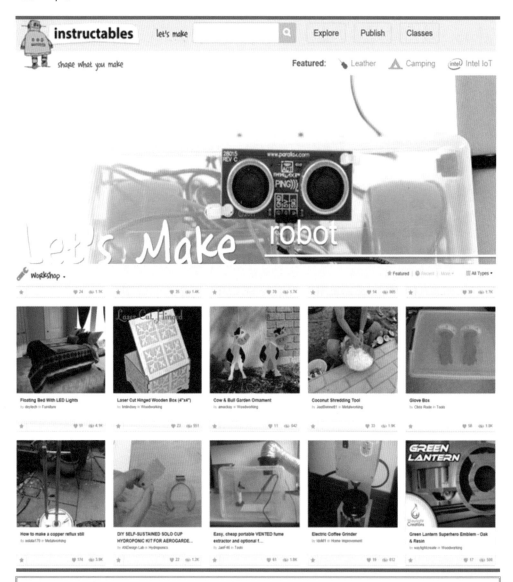

http://www.instructables.com

인스트럭터블은 스스로 필요한 것을 만들고, 다양한 DIY 정보를 주고받는 온라인 커뮤니티 사이트로 메이커들이 초기에 아이디어를 찾거나 기술을 배우고 정보를 공유하는 DIY 웹사이트는 취미로 전자 장치를 만드는 사람들이 프로젝트를 공유할 수 있는 훌륭한 플랫폼이다.

https://www.myminifactory.com/

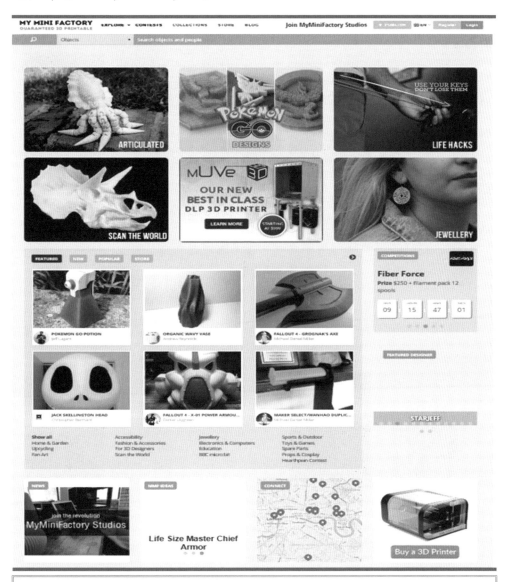

영국 아이메이커 사의 유명한 모델링 공유 사이트이다.

마이 미니팩토리에서는 싱기버스처럼 다양한 모델링 파일을 무료로 다운로드할 수 있고, 3D 프린팅 컨텐츠를 공유하고 있어 다양한 분야의 3D 모델링을 찾아 다운로드하여 3D 프린팅을 할 수가 있다.

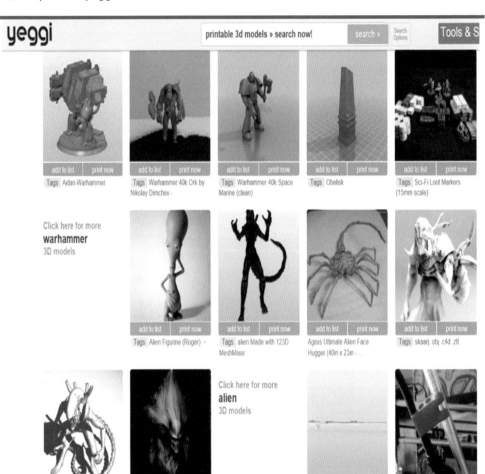

http://www.yeggi.com/

Yeggi는 여러 3D 모델링 사이트의 최신 자료를 모아 파일을 해당 사이트로 링크시켜주는 사이트로 각종 사이트에 올라오는 자료를 실시간으로 보여주며 인기, 최신 등의 옵션을 통해 3D 프린터 이용자들에게 많은 정보를 제공하는 사이트다.

■ 컵 모델링 만드는 다양한 방법

▶ 지름=50

▶ 두께=2t

▶ Fillet(윗면)=1

▶ Fillet(아랫면)=5

▶ 손잡이 길이=60

길이=60

1) Cup 몸통 그리기

① Cylinder 이용 - Shell 기능

② Loft 이용 - Shell 기능

③ Revolve 이용 - Shell 기능

④ Copy 이용 - Subtract 기능

2) Cup 손잡이 그리기

① Torus 이용 - split to Solid

② sketch 이용(직선) - Sweep 기능

③ sketch 이용(곡선) - Sweep 기능

④ Solid 이용 - Path 기능

⑤ offset 이용 - Revolve 기능

■ Cylinder(Shell 기능)를 이용한 컵 몸통 그리기

☑ 사용 명령

⊕ [Primitive] - [Cylinder]

⊕ [Modify] - [Shell], [Fillet]

⊕ [Material]

1) Primitive - Cylinder를 선택한다.
2) 반지름=25, 높이=70을 Tab 키를 이용하여 입력시킨다.

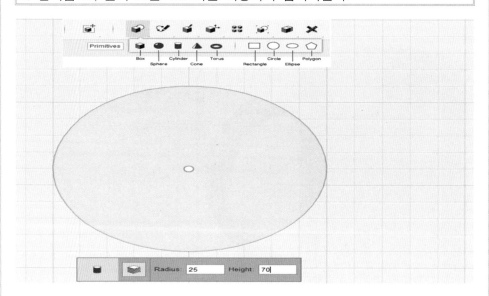

3) Modify - Shell(구멍파기)을 사용한다.
4) 내부지름=2, 방향=내부

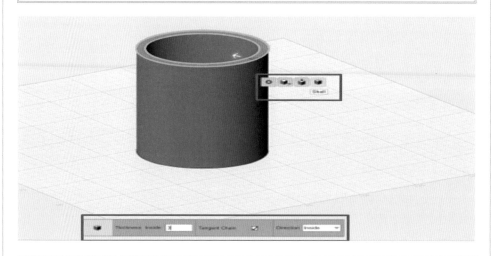

5) Modify - Fillet(모서리 둥글게)을 사용한다.
6) Fillet 윗면=1, 아랫면=5

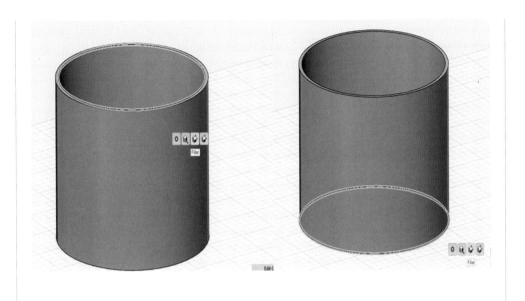

7) Material에서 모델링의 색상을 입힌다.

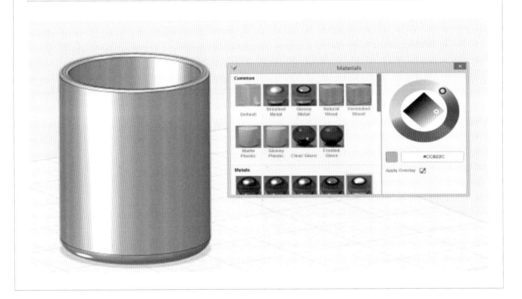

■ Loft(Shell 기능)를 이용한 컵 몸통 그리기

☑ 사용 명령

🔅 [Sketch] - [Circle]

🔅 [Construct] - [Loft]

🔅 [Modify] - [Shell], [Fillet]

🔅 [Material]

1) Sketch - Circle을 한 평면에서 그린다.(원지름=50)
2) copy(ctrl+c, ctrl+v)하여 위로 70 이동시킨다.

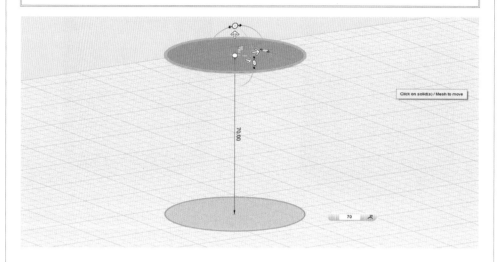

3) Construct - Loft를 사용한다.
   ① 두 원을 다중 선택한다.(ctrl 또는 shift)
   ② Loft를 선택한다.

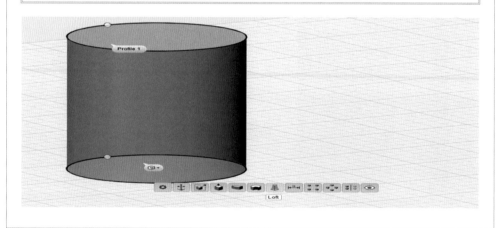

■ Revolve(Shell 기능)를 이용한 컵 몸통 그리기
   ☑ 사용 명령
   ⊕ [Sketch] - [Polyline]
   ⊕ [Construct] - [Revolve]
   ⊕ [Modify] - [Shell], [Fillet]
   ⊕ [Material]

1) Sketch - Polyline(직선) 그린다.(가로*세로=25*70)

　① 평면을 클릭하여 시작점을 정하고 25㎜, 90도 입력한 뒤 클릭하여 가로 선을 긋는다.

　② 70㎜, 180도 입력한 뒤 클릭하여 세로 선을 긋는다.

　③ 25㎜, 90도 입력한 뒤 클릭, 70㎜, 180도 입력한 뒤 클릭하여 사각형을 완성한다.

　④ 실행종료 체크 표시를 클릭하여 종료한다.

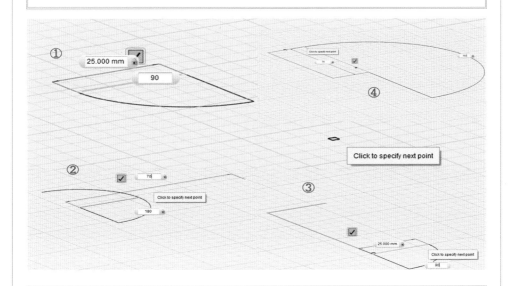

2) Construct - Revolve(회전) 사용한다.(회전각도=360도)

　① 면을 클릭하여 display 되는 명령 중 revolve를 선택한다.

　② Axis 클릭한 후 사각형의 70㎜ 선을 클릭한다.

　③ 회전 각도를 360도 준다.

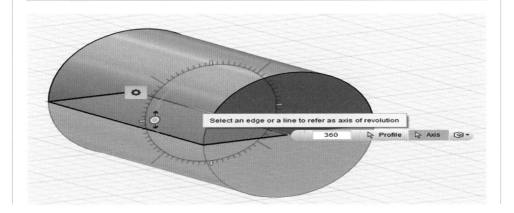

3) Move를 이용하여 바로 세운다.(90도)
 ① 입체도형을 선택한 후 display 되는 명령 중 move를 선택한다.
 ② Y축 스냅을 선택한 후 90도를 입력한다.

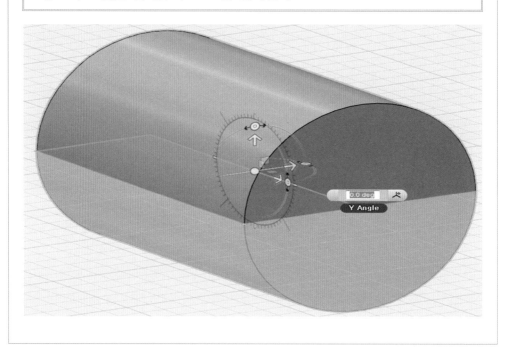

■ Cylinder & Subtract를 이용한 컵 몸통 그리기
  ☑ 사용 명령
    ⊕ [Primitive] - [Cylinder]
    ⊕ [Combine] - [Subtract]
    ⊕ [Modify] - [Shell], [Fillet]
    ⊕ [Material]

1) Primitive - Cylinder 2개를 그린다.(반지름=25과 23, 높이=70과 68)

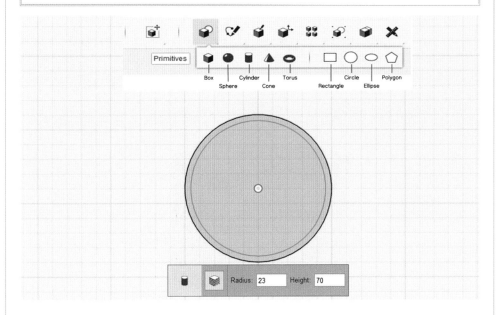

2) Snap 기능을 사용하여 위로 올린다.(반지름=23, 높이=68을 위에 놓이게 한다.) → 붙는 면 중 위에 놓이는 면부터 먼저 선택한다.

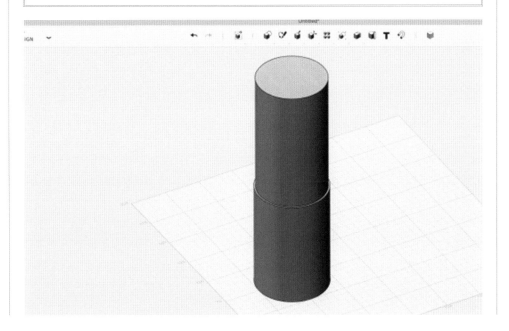

3) Move를 -68로 내리고 Subtract 시킨다.(타깃=바깥 실린더, 소스=내부 실린더)

   ① 작은 실린더를 선택하여 Z축 방향으로 -68 이동시킨다.

   ② Subtract을 선택하여 타깃은 큰 실린더, 소스는 작은 실린더를 선택하여 실행시킨다.

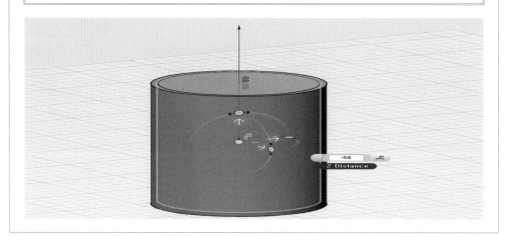

■ Torus(split to Solid)를 이용한 컵 손잡이 그리기

  ☑ 사용 명령

    ⊕ [Primitive] - [Torus]

    ⊕ [Polyline]

    ⊕ [Modify] - [Fillet]

1) Primitive - Torus 그린다.(major r=25,minor=4)

2) Polyline으로 중심선 긋고 - split to Solid 실행시켜 2개로 분리한다.

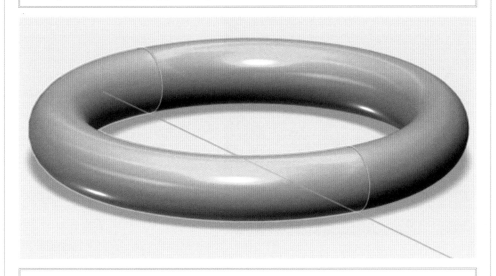

3) Move 시킨 후 몸통+손잡이 Merge 시킨다.

① Y축으로 90도 하여 손잡이를 세운다.

② Y축으로 이동하여 컵 가까이 가도록 한다.

③ X축으로 이동하여 마무리하고 난 후 Merge 실행한다.

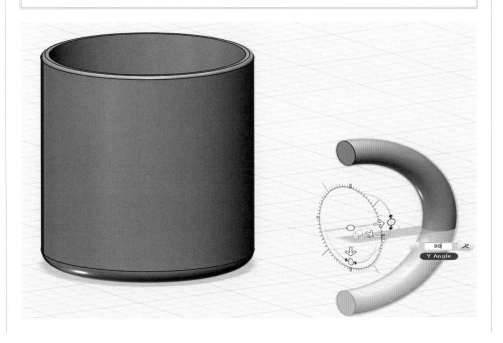

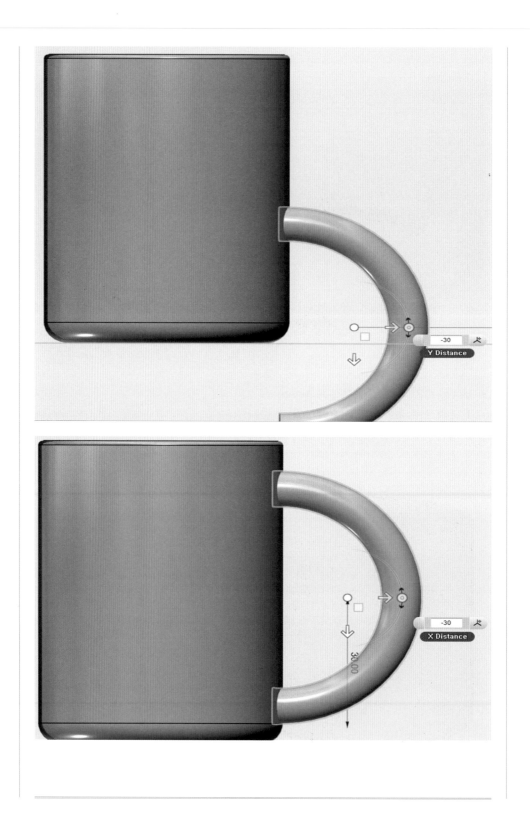

4) Modify - Fillet(모서리 둥글게)을 사용한다.

■ sketch(Sweep)를 이용한 컵 직선 손잡이 그리기

☑ 사용 명령

⊕ [Sketch] - [Polyline], [Circle]

⊕ [Construct] - [Sweep]

⊕ [Modify] - [Fillet]

1) Sketch - Polyline, Circle(ψ10)을 그린다.(원은 다른 평면 상)

2) circle 90도 회전시킨다.

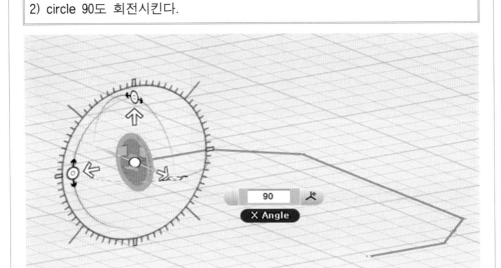

3) Construct - Sweep 실행시킨다.

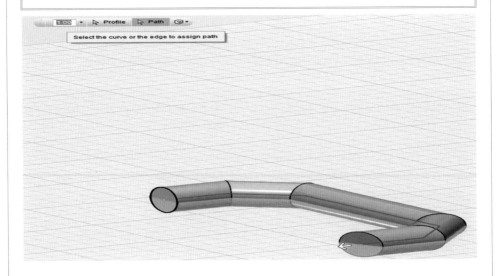

4) Move 시킨 후 몸통+손잡이 Merge 시킨다.
5) Modify - Fillet(모서리 둥글게)을 사용한다.

■ sketch(Sweep)를 이용한 컵 곡선 손잡이 그리기

☑ 사용 명령

◉ [Sketch] - [Spline], [Circle]

◉ [Construct] - [Sweep]

◉ [Modify] - [Fillet]

1) Sketch - Spline, Circle(ψ10)을 그린다.(원은 다른 평면 상)

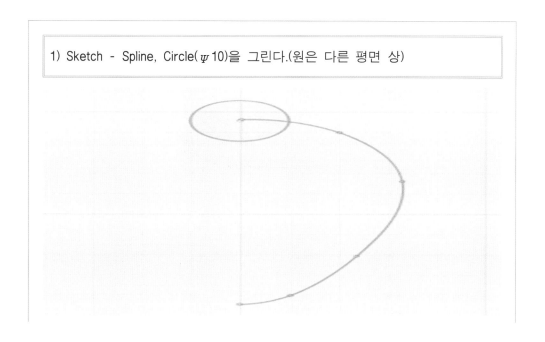

2) circle 90도 회전시킨다.

3) Construct - Sweep 실행시킨다.

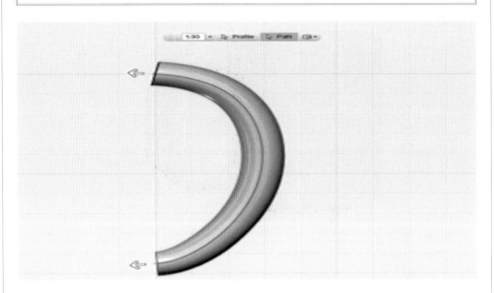

4) Move 시킨 후 몸통+손잡이 Merge 시킨다.

5) Modify - Fillet(모서리 둥글게)을 사용한다.

■ Path pattern을 이용한 컵 링 손잡이 그리기

☑ 사용 명령

⊛ [sketch] - [Polyline]

⊛ [Primitive] - [Torus]

⊛ [Pattern]- [Path]

⊛ [Modify] - [Fillet]

---

1) Sketch - Polyline으로 손잡이 형태를 그린다.

2) Primitive - Torus를 그린다.

3) Torus 90도 회전시킨다.(Move Y축 90도, Z축 90도)

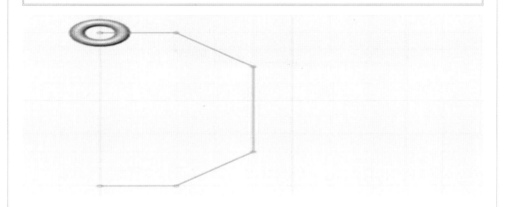

---

4) Pattern - Path를 실행시킨다.

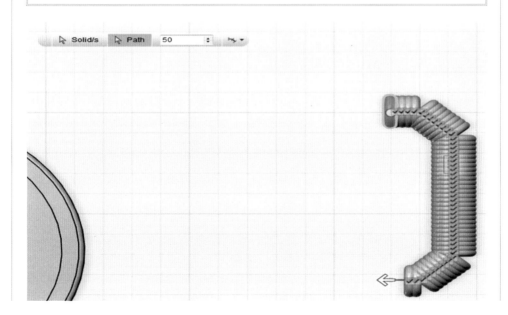

5) 몸통+손잡이 Merge 시킨다.

6) Modify - Fillet(모서리 둥글게)을 사용한다.

■ sketch(offset)를 이용한 컵 직선 손잡이 그리기

☑ 사용 명령

⊕ [sketch] - [Polyline], [offset]

⊕ [Construct] - [Revolve]

⊕ [Modify] - [split to solid], [Fillet]

1) Polyline으로 직선을 그린 다음 offset 시킨 후 Polyline 등으로 닫힌 면으로 만든다.

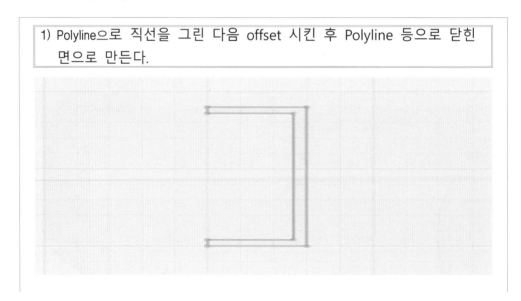

2) Construct - Revolve 시킨다.(30도 회전)

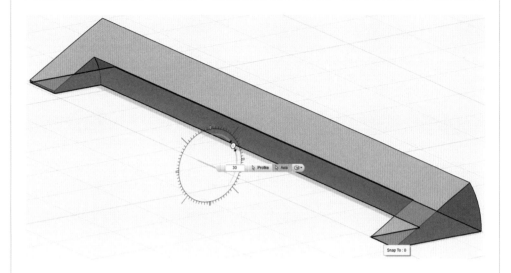

3) 몸통+손잡이 Merge 시킨다.(단, 사전에 뾰족한 부분이 있으면 split to solid하여 없앤다.)

4) Modify - Fillet(모서리 둥글게)을 사용한다.

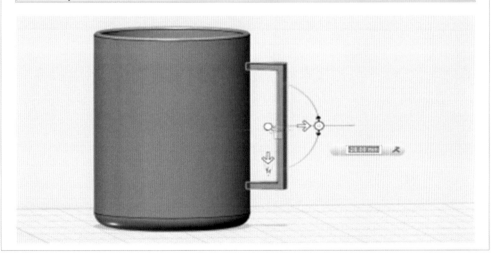

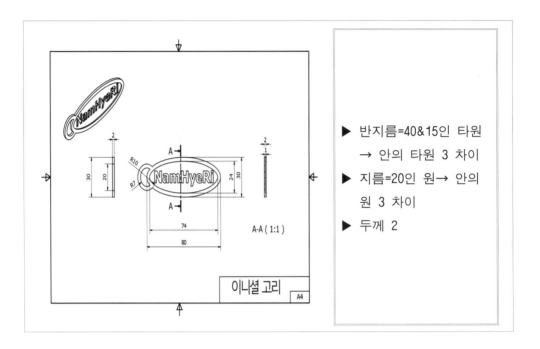

▶ 반지름=40&15인 타원
 → 안의 타원 3 차이

▶ 지름=20인 원→ 안의
 원 3 차이

▶ 두께 2

■ 사용 명령

⚙ [Sketch] - [Sketch Ellipse], [Offset], [Sketch Circle], [Trim]

⚙ [Text]

⚙ [Construct] - [Extrude]

---

1) Sketch - Sketch Ellipse를 선택한다.(r=40, 15)

2) offset 3을 준다.

3) Sketch - Sketch Circle을 선택한다.(지름=20)

4) offset 3을 준다.

※ 도형의 부분별로 필요 없는 선을 제거하기 위해 같은 평면 상에 도형을
 그려야 한다.

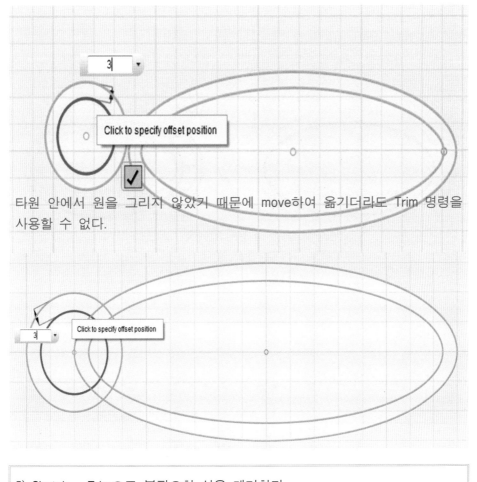

타원 안에서 원을 그리지 않았기 때문에 move하여 옮기더라도 Trim 명령을
사용할 수 없다.

5) Sketch - Trim으로 불필요한 선을 제거한다.

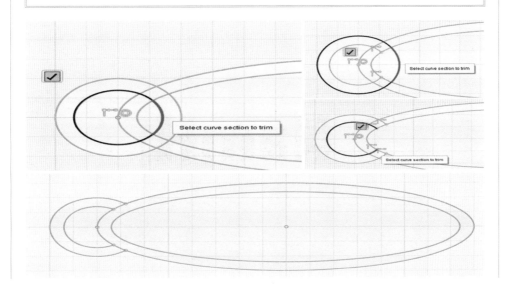

6) Construct - Extrude로 돌출한다.(①-1, ②-2)

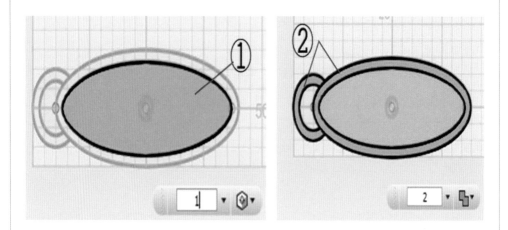

7) Text를 클릭하여 이니셜을 적는다.(글씨체에 자유롭지 못하기 때문에 지원되는 폰트를 사용한다.)

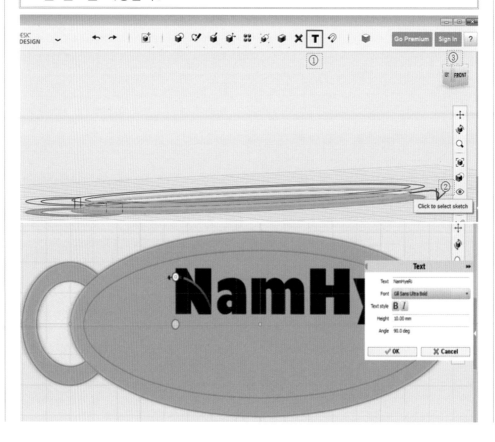

8) Construct - Extrude로 돌출한다.(양각: 2, 또는 음각: -1)

9) 완성한다.

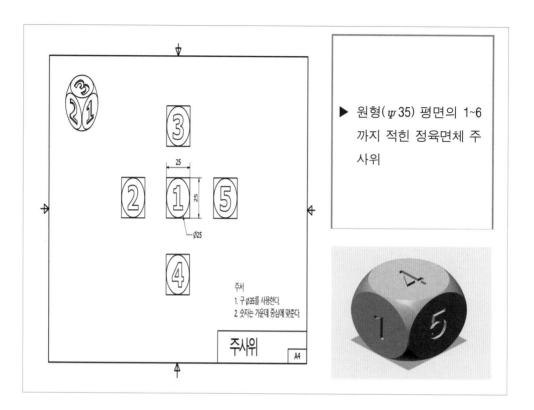

▶ 원형(ψ35) 평면의 1~6 까지 적힌 정육면체 주사위

■ 사용 명령

- [Primitive] - [Box], [Sphere]
- [Combine] - [Subject], [Intersect]
- [Text]
- [Construct] - [Extrude]

1) Primitives - Box와 Sphere로 정육면체와 구를 생성한다.(정육면체=25*25*25, 구 지름=35)

2) Snap으로 정육면체 윗면 중앙에 구가 위치하도록 한다. → 붙는 면 중 위에 놓이는 면부터 먼저 선택한다.
3) Transform - Move (-30) 후 Combine - Intersect한다.(Target Solid: 구①, Source Solid: 정육면체②)

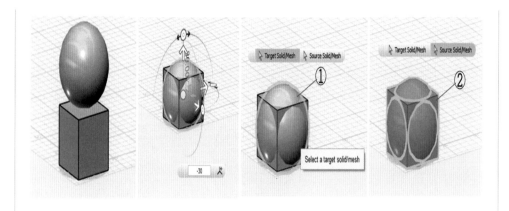

4) Text로 123456 생성한다.(H=15, 진하게)
5) Construct - Extrude로 돌출한다.(H=2)

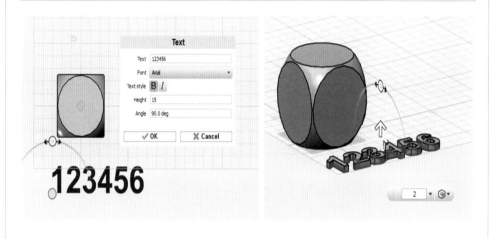

6) 상단 중심에 오도록 숫자 1을 이동시킨 후 아래로 이동시킨다.(-1)
7) Combine - Subtract한다.(Target Solid: 주사위 본체③, Source Solid: 숫자 1 ④)

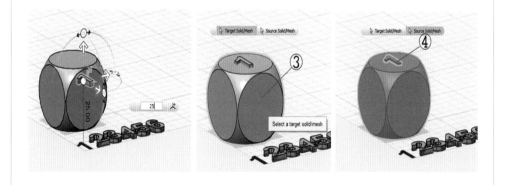

8) Transform - Move로 주사위 모형을 180° 회전한다.

9) 숫자 6을 숫자 1과 같이 완성해준다.

10) 나머지 숫자들도 같은 방법으로 완성한다.

5 - 4 장기판 알 모델링 연습하기

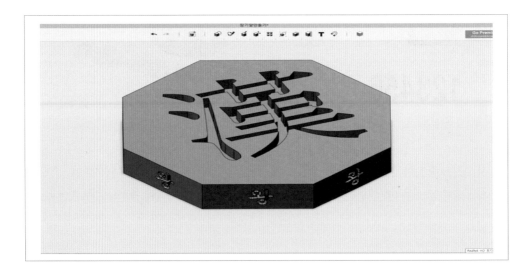

■ 사용 명령

⊕ [Sketch] - [Polygon], [Trim], [Circle]

⊕ [Construct] - [Extrude]

⊕ [Text]

⊕ [Combine] - [Subtract]

⊕ [Material]

1) Sketch에서 Polygon을 그린다.(다각형 개수=8, $\psi34$ → Tap 키를 이용해 치수 기입)

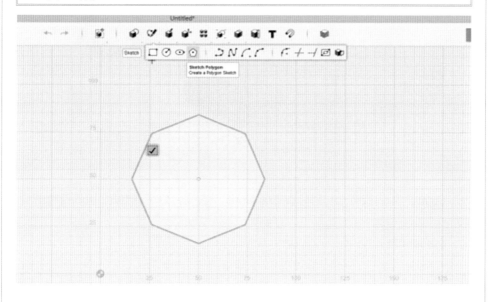

2) Construct - Extrude(H=10) 시킨다.

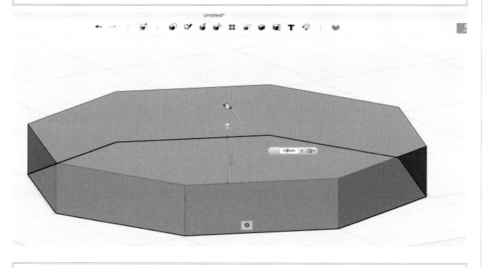

3) Text(Font=바탕체, H=30)를 입력한다.
4) '漢' 글자를 Extrude(H=3) 시킨다.

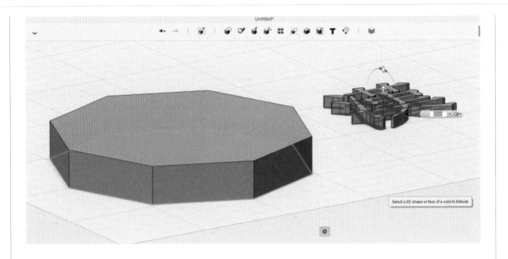

5) Move로 Z축 방향 이동한 후 Transform - Scale 확대시킨다.(Uniform=1.5)

6) Combine - Subtract를 시킨다.(Target=팔각, Source=한)

7) Subtract(빼기)를 한 결과 홈이 파진다.

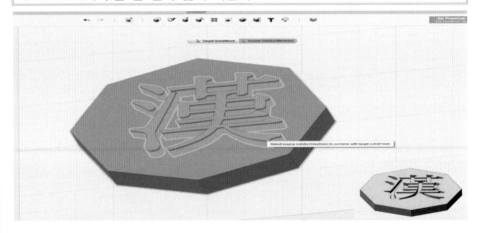

8) Text '왕'(Font=궁서체, H=7)을 입력한다.

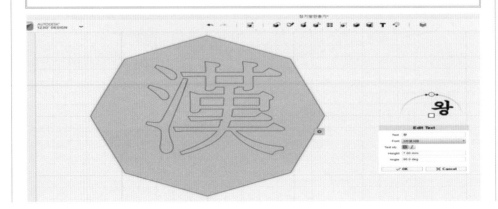

9) '왕'을 Explode 시켜 글자가 연결되도록 한다.

10) Sketch - Trim으로 불필요한 선을 지운다. → (참고) 글자가 폐곡선 (닫혀야
    한다.)으로 되어야 한다.

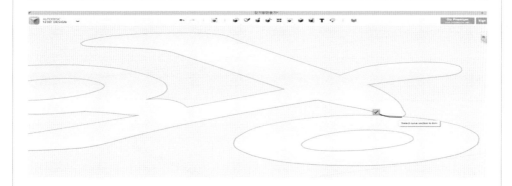

11) Extrude(H=3) 시킨다.

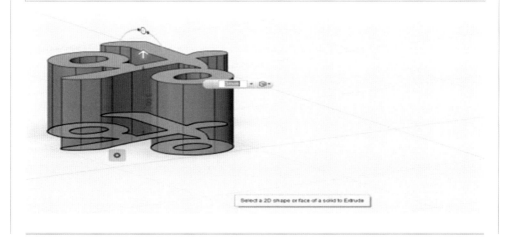

12) Move로 90도로 회전시켜 Snap을 이용하여 글자를 붙인다.

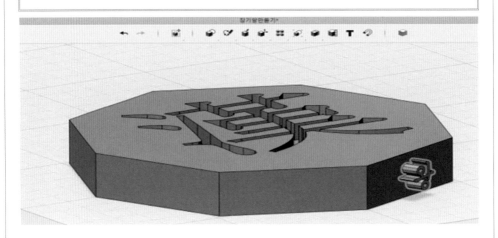

13) 뒷면에 Circle(ψ20)을 그린다. → 이유: Circle Pattern 사용하기 위해서다.

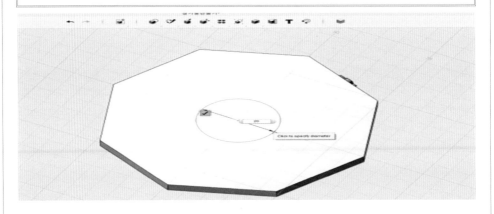

14) Pattern - Circular(개수=8)를 사용한다.

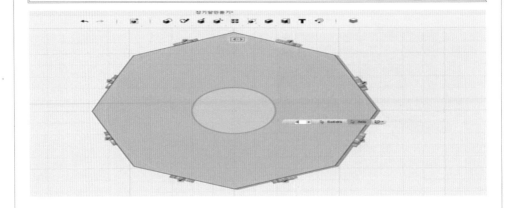

15) 팔각 면에 글자가 새겨지도록 Subtract를 사용하여 글자의 구멍을 낸다.
   (Target=팔각, Source=왕)

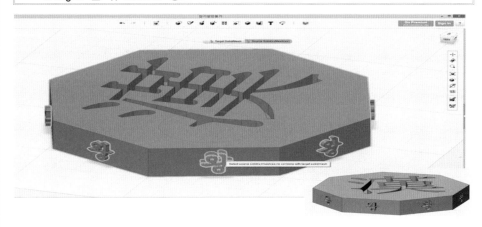

16) Material 적용시켜 질감을 표현한다.

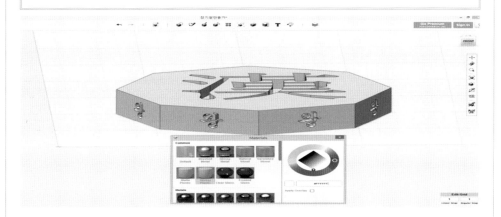

17) 그리드를 숨기고 화면에 표시한다.

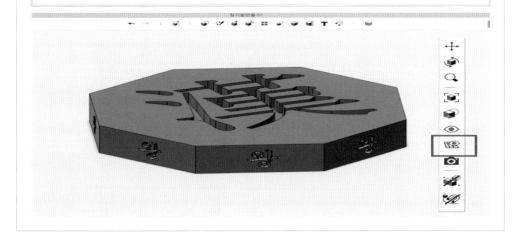

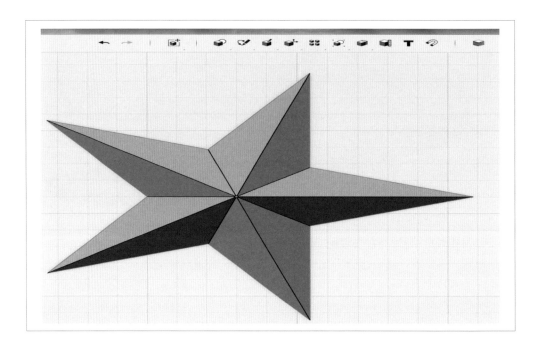

■ 사용 명령

  ⊕ [Primitives] - [Polygon]

  ⊕ [Sketch] - [Extend]

  ⊕ [Construct] - [Extrude]

1) Primitives - Polygon으로 오각형을 그린다.
2) Sketch - Extend로 오각형 선분을 연장한다.
 ① Sketch - Extend 선택한다.
 ② 오각형 면을 클릭한다.
 ③ 오각형 선을 클릭한다.
3) 별 모양이 완성되면 체크 표시를 클릭하여 종료한다.
4) Construct - Extrude로 돌출시킨다.

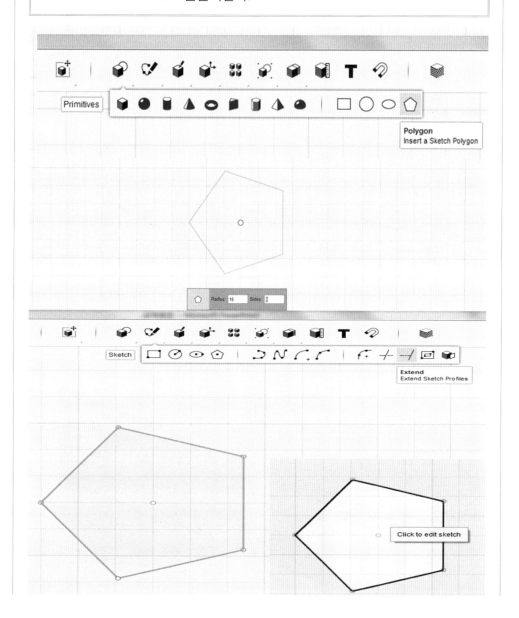

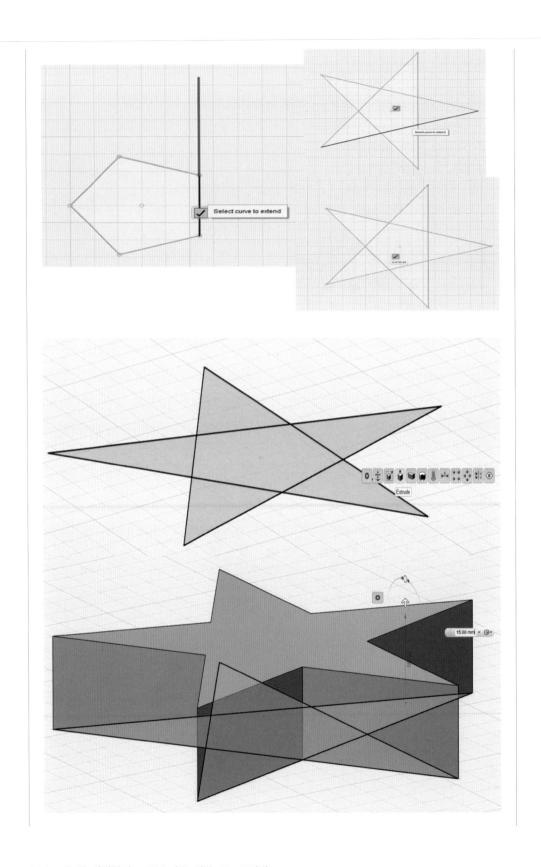

5) 회전축을 클릭 드래그하여 회전 이동한다.

6) 정밀하게 수치를 직접 입력하여 수정한다.

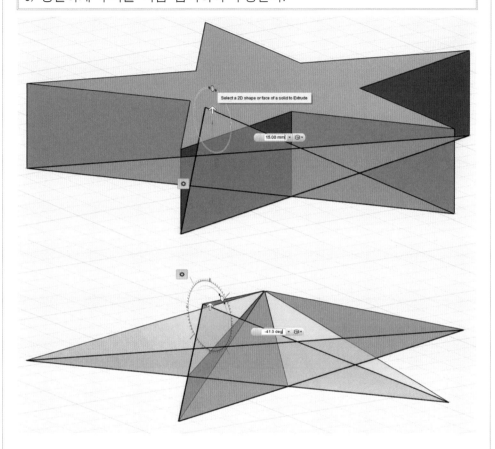

7) 완성한다.

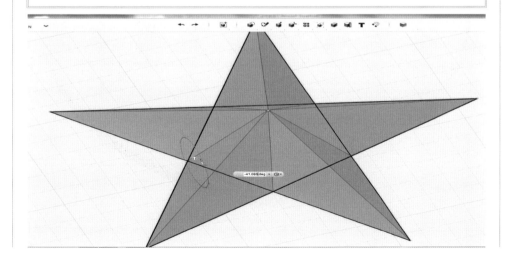

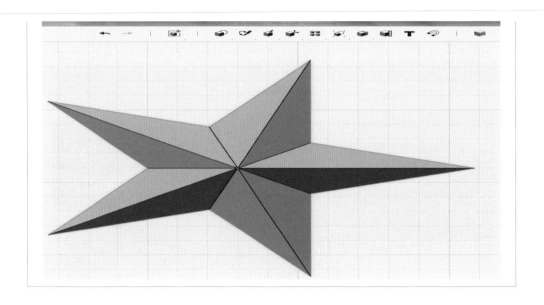

하트 모양 펜던트 모델링 연습하기

■ 사용 명령

- ❇ [Sketch] - [Sketch Circle], [Three Point Arc], [Polyline], [Offset], [Trim]
- ❇ [Construct] - [Extrude]
- ❇ [Modify] - [Fillet]
- ❇ [Text]
- ❇ [Combine] - [Subject]
- ❇ [Material]

1) Sketch에서 Circle(𝜓20)을 그린다. → (주의) 항상 같은 평면 상(즉, 체크 리스트가 존재한 상태)에서 그린다.

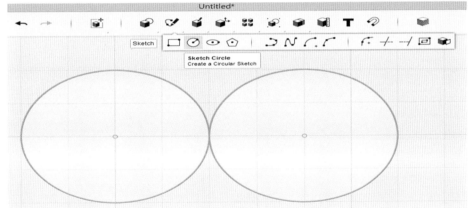

2) 같은 평면 상에서 Sketch - Polyline을 그린다.(길이=30)

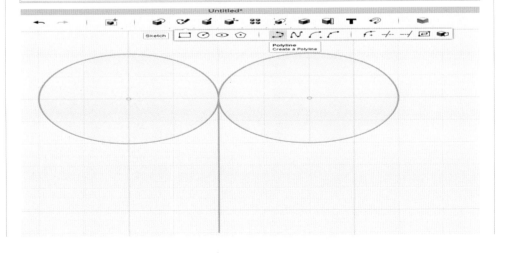

3) 같은 평면 상에 2개의 원과 직선이 배치되도록 Sketch에서 Three Point Arc로 양쪽 그린다.

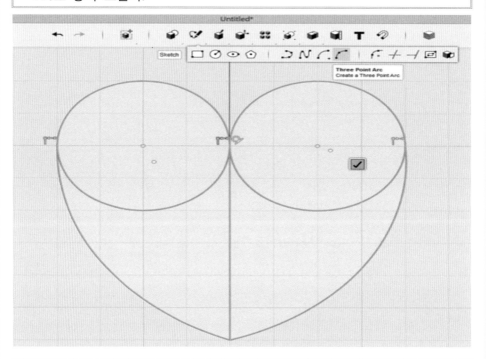

4) Sketch에서 Circle(ψ20)을 그린다.→ 전체 외곽선이 녹색인 경우 같은 평면 상을 의미한다.

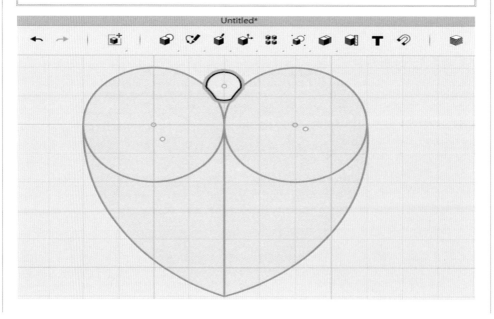

5) Sketch에서 Offset을 그린다.(간격=4)
6) Sketch에서 Trim으로 불필요한 선을 지운다.
7) Construct에서 Extrude(H=3) 시킨다.

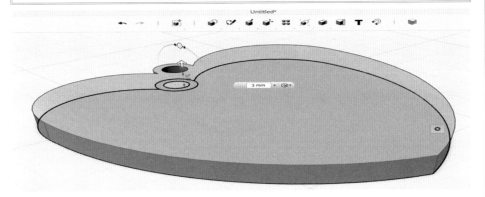

8) 작은 원 옆에서 Modify - Fillet(0.5)을 한다.

9) Modify에서 Fillet(0.5)을 한다.

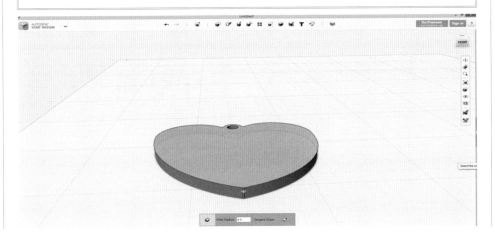

10) Modify에서 바깥 부분 전체를 Fillet(0.5)을 한다.

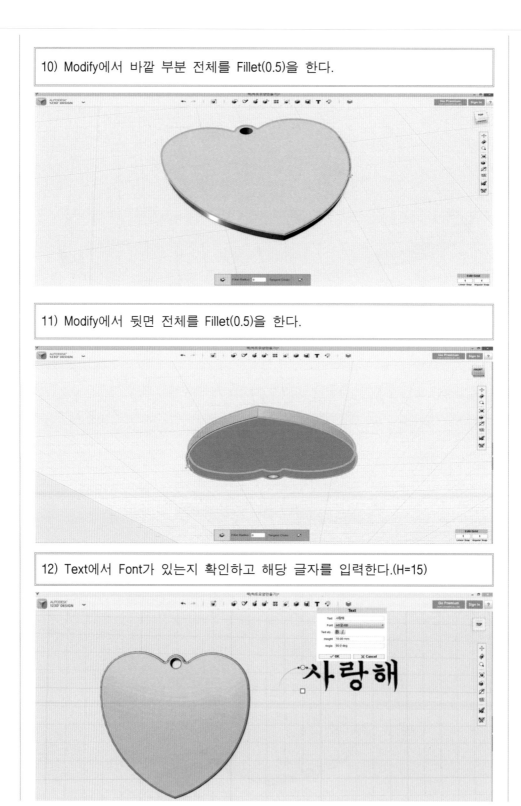

11) Modify에서 뒷면 전체를 Fillet(0.5)을 한다.

12) Text에서 Font가 있는지 확인하고 해당 글자를 입력한다.(H=15)

13) '사랑해'를 Extrude(H=2)한다.

14) 중앙으로 이동시키고 Z축으로 Move(z축=2)한다.

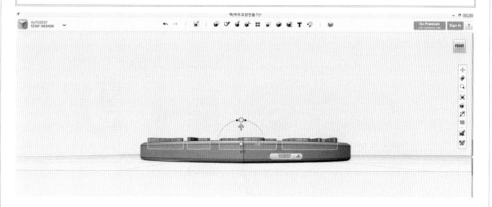

15) Combine에서 Subtract를 시킨다.(Target Solid: 하트모양, Source Solid: 글자)

16) 측면의 보기에서 Outlines Only를 선택한다. → (참고) 솔리드의 구성형태를 확인한다.

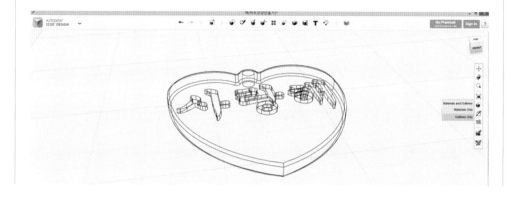

17) Material에서 물체의 색상과 질감을 선택한다.

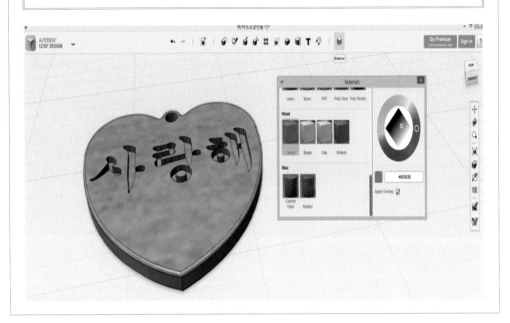

■ 사용 명령

- [Sketch] - [Polygon], [Sketch Circle], [Three Point Arc], [Offset], [Trim]
- [Construct] - [Extrude]
- [Modify] - [Fillet]
- [Text]
- [Primitives] - [Cylinder]
- [Combine] - [Subject]
- [Material]

1) Sketch에서 Polygon을 그린다.(ψ=20, 다각형 개수=5) → (주의) Tab 키를 이용해 치수 기입

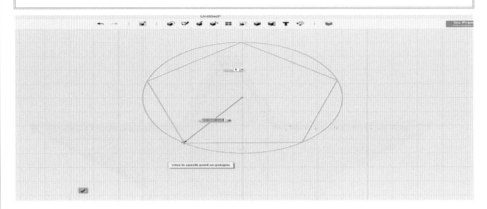

2) Sketch에서 Extend 선택 후 선을 확장시킨다. → Extend는 반드시 각도가 있어야 한다.
3) 모든 오각형 선을 Extend 시킨다.

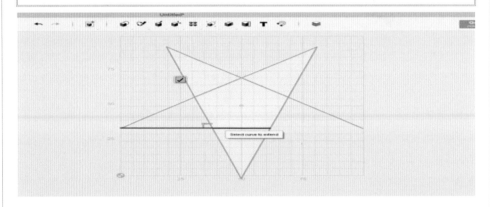

4) 같은 평면 상에서 Sketch - Circle(ψ25)을 그린다. → (참고) 같은 평면 상: 전체 외곽선이 녹색인 경우

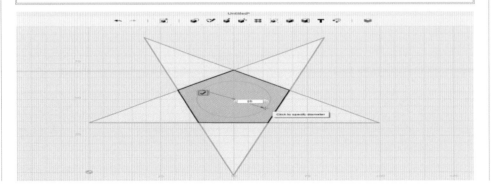

5) Sketch에서 Offset을 그린다.(간격=2)

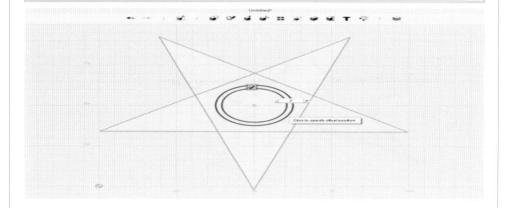

6) Sketch에서 Trim으로 불필요한 선을 모두 지운다.

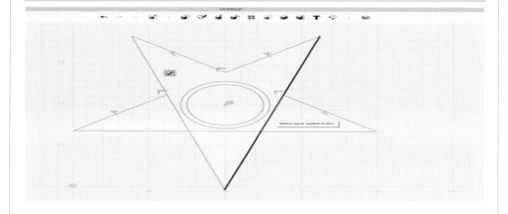

7) Sketch에서 Fillet(1.0) 시킨다.
8) Sketch에서 Offset(간격=2) 외부로 그린다.

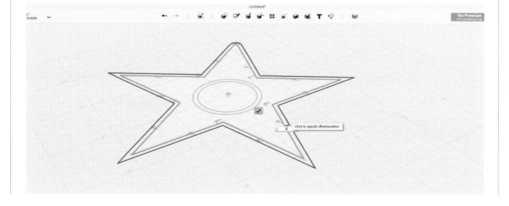

9) Construct에서 별 외곽 Extrude(H=3) 시킨다.

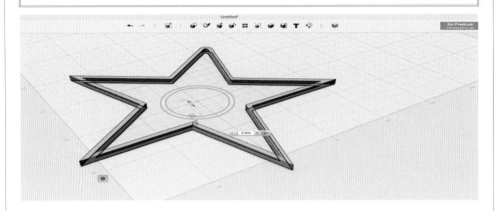

10) Construct에서 내부 Extrude(H=1) 시킨다. → (참고) 다중선택은 Shift, Ctrl 키를 이용한다.

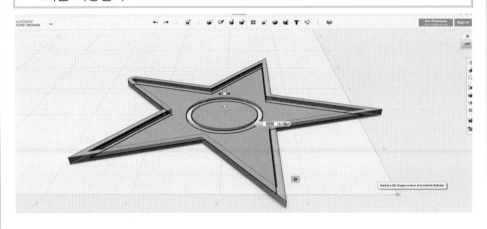

11) Construct에서 원 테두리 Extrude(H=2) 시킨다.

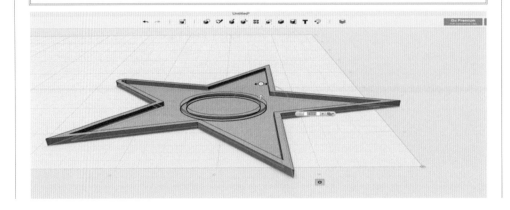

12) Modify에서 바깥 부분 전체를 Fillet(0.5)한다.

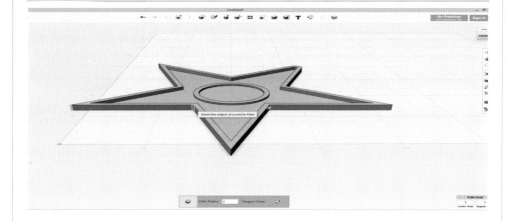

13) Modify에서 안쪽 면을 Fillet(0.5)한다.

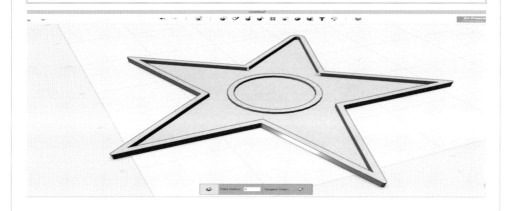

14) 안쪽 윗부분에 Fillet(0.5) 적용시킨다.

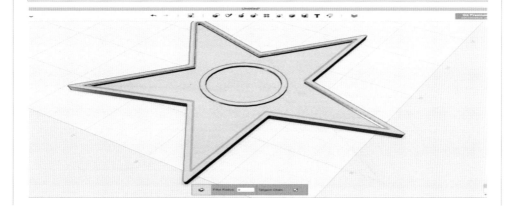

15) 바깥 윗부분에 Fillet(0.5) 적용시킨다.

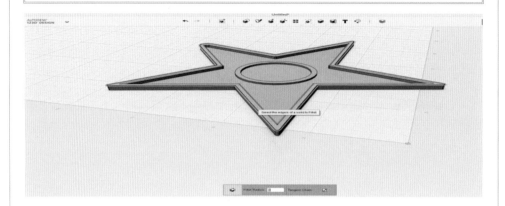

16) 뒷면에 Fillet(0.5) 적용시킨다.

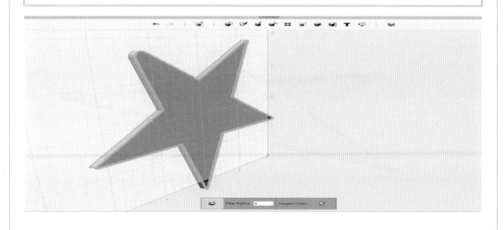

17) 내부 원 Fillet(0.5) 적용시킨다.

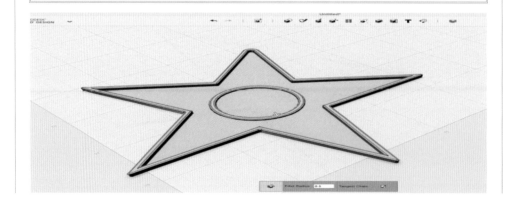

18) '사랑해'를 입력(H=10)한다.

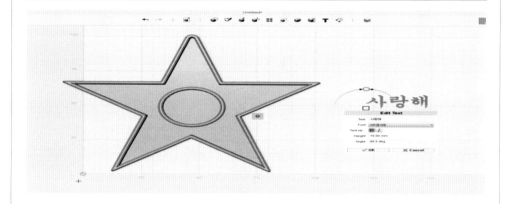

19) Explode한 다음 Polyline으로 연결시킨다.

20) Trim으로 불필요한 선을 제거한다.

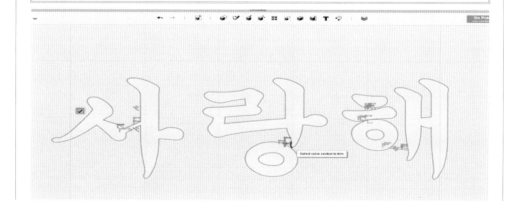

21) '사랑해'를 한 글자씩 한 덩어리로 만든다.

22) Extrude(H=2)한다.

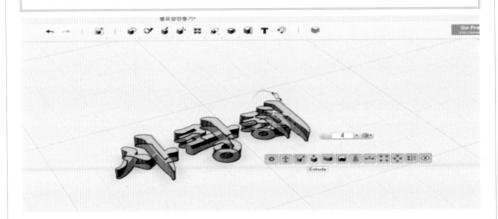

23) Scale(Uniform=0.5) 적게 글자를 만들어 Move를 통해 원의 중앙으로 이동시킨다.

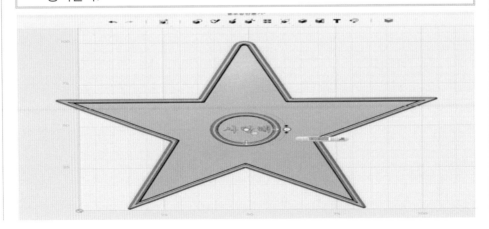

24) Cylinder(r=1.5, h=20)를 만든다.

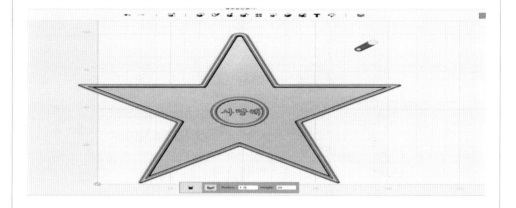

25) Cylinder로 구멍 뚫고자 하는 위치에 둔다.

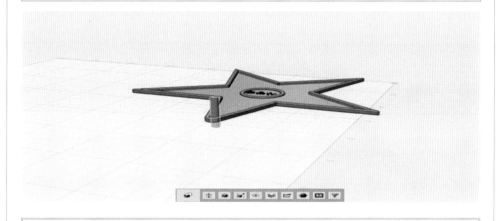

26) Combine에서 Subtract하여 구멍을 낸다.

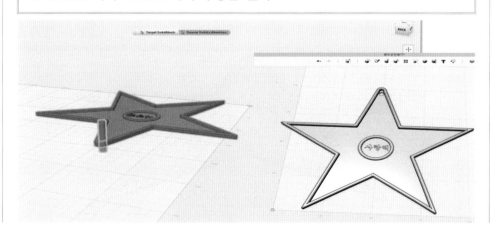

27) Material 선택하여 색상과 질감을 표현한다.

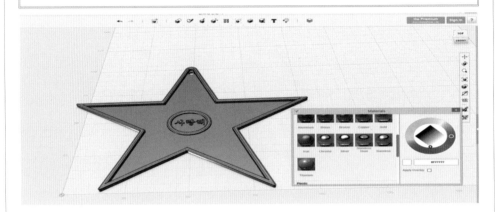

28) Combine에서 '사랑해'를 Merge 시킨다.

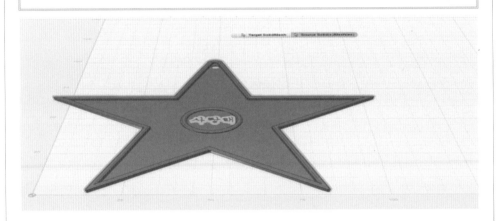

29) Combine을 통해 모두 Merge 시킨다.

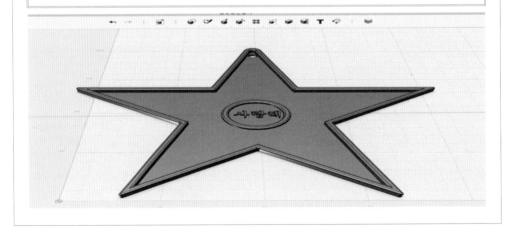

창원시 마스코트 고리 모델링 연습하기

■ 사용 명령

● [Sketch] - [Sketch Circle], [Offset], [Sketch Ellipse], [Trim], [Three Point Arc], [Polyline]

● [Construct] - [Extrude]

● [Primitive]-[Circle]

● [Hide Sketch]

● [Combine] - [Subject]

● [Grouping] - [Group]

1) Sketch - Sketch Circle로 원을 그려준다.(지름=60, Offset=3)
2) Construct - Extrude로 돌출(①: 1, ②: 2)

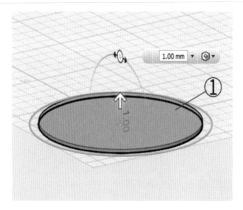

3) Sketch - Sketch Circle(지름=30)로 원을, 그리고 Sketch Ellipse(반지름=28, 15)으로 타원을 그려준다.

4) Sketch - Trim으로 불필요한 선을 제거한다.[③]

5) 우측에 Sketch - Sketch Ellipse(반지름=25, 15)으로 타원을 그려주고, 불필요한 선을 Sketch - Trim으로 제거한다.[④]

6) 좌측에 Sketch - Sketch Ellipse(반지름=25, 15)으로 타원을 그려주고, 불필요한 선을 Sketch - Trim으로 제거한다.[⑤]

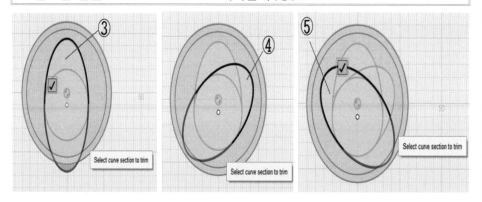

7) Sketch - Three Point Arc 사용하여 그림[⑥]과 같이 그려주고, 불필요한 선은 Sketch - Trim으로 제거한다.

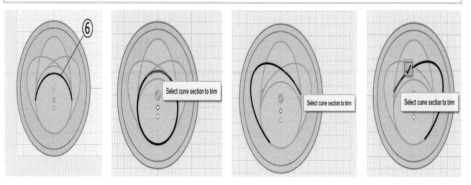

8) Construct - Extrude로 돌출시킨다.(⑦: 1.8, ⑧: 1, 그 외:2)

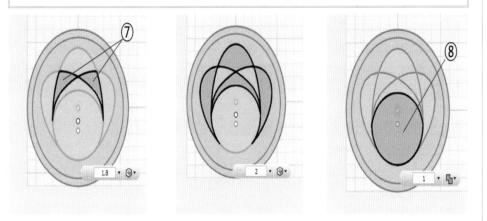

9) Sketch - Sketch Ellipse로 두 타원을 그려주고(반지름=3, 2와 반지름=2.5, 1.5) Polyline으로 직선을 그려 불필요한 선을 Trim으로 제거하여 그림과 같은 모양이 되도록 한다.

10) Construct - Extrude로 돌출(H=1)한다.

11) 돌출한 도형을 Copy하여 이동한다.[⑨]

12) Sketch - Sketch Ellipse으로 타원을 그려주고(반지름=3, 1.3) Construct - Extrude로 돌출(H=1)한다.

13) 돌출한 도형을 Copy하여 이동한다.[⑩]

14) Sketch - Sketch Ellipse으로 타원을 그려주고(반지름=5, 3) Polyline으로 직선을 그려 불필요한 선을 Trim으로 제거하여 그림과 같은 모양[⑪]이 되도록 하고, Construct - Extrude로 돌출(H=1)하여 해당 위치로 Transform - Move한다.

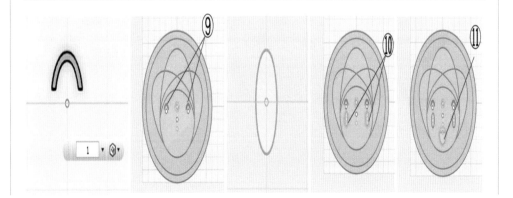

15) Primitive - Circle로 원을 그리고(반지름=10) Sketch - Offset한다.(간격=3)
16) Construct - Extrude로 돌출(H=2)하여 해당 위치로 Transform - Move하고 Hide Sketch로 스케치를 숨긴다.
17) 펜던트 본체를 copy한다.[⑫]
18) Combine - Subject 클릭하여 불필요한 부분 제거한다.[⑮, Target Solid: 고리⑬, Source Solid: 펜던트 본체⑭]
19) Grouping - Group하여 그룹 한다.

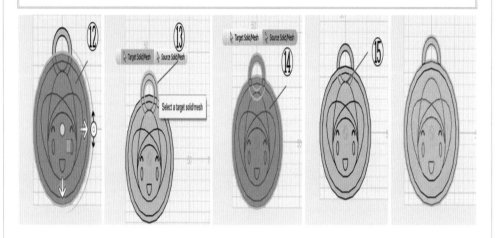

20) 완성한다.

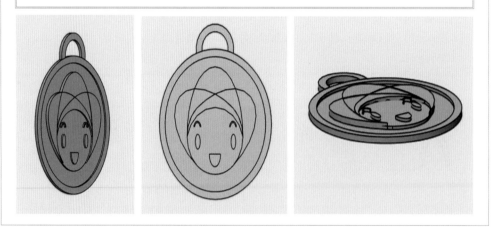

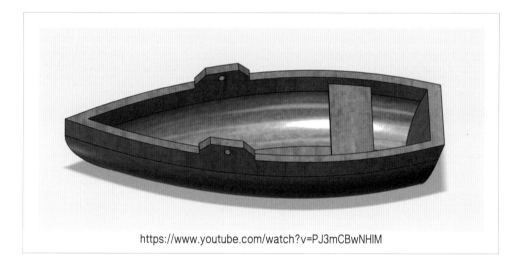

https://www.youtube.com/watch?v=PJ3mCBwNHlM

■ 사용 명령

- [Sketch] - [Polyline], [Spline], [Rectangle]
- [Construct] - [Extrude]
- [Modify] - [Tweak], [Fillet], [Shell], [Split Face], [Chamber]
- [Primitive] - [Cylinder]
- [Snap]
- [Combine] - [Merge], [Subtracter]
- [Material]

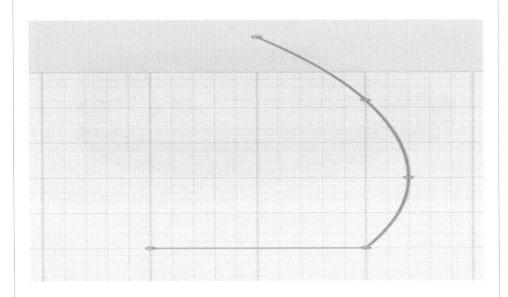

2) Spline으로 좌측도 똑같이 그린다.

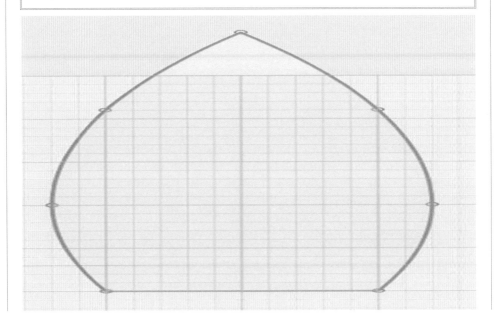

3) Extrude 명령을 실행시켜 위의 방향으로 돌출시킨다.(H=30)

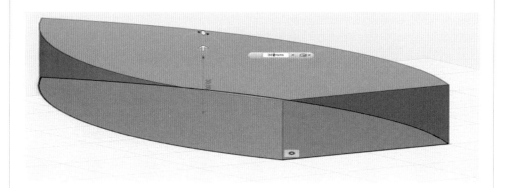

4) 배의 뒷면을 선택 후 Tweak 시킨다. → degree=20

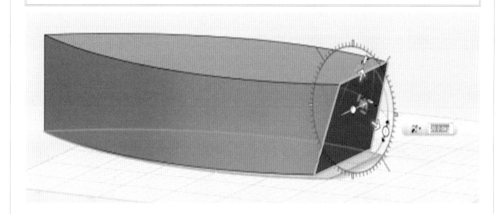

5) 배의 뒷면을 회전한 후 양쪽 밑면을 Fillet을 시킨다. → radius=20

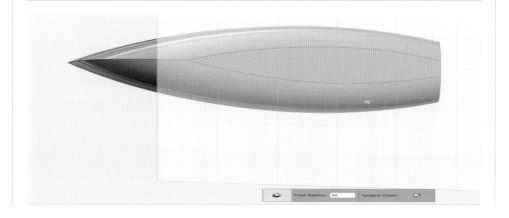

6) 윗면을 선택한 후 Shell 시킨다. → thickness outside=6

7) 노를 젓는 면에 돌출시키기 위해서 임의의 스케치 사각박스를 그린다.

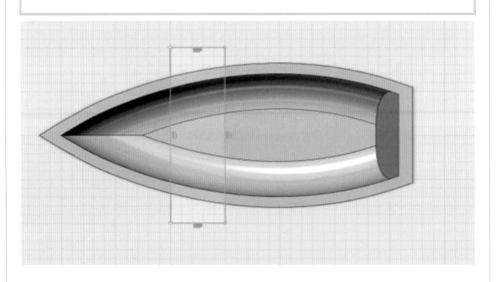

8) Split Face를 실행시킨다. → Faces to split=윗면, splitting entity=사각

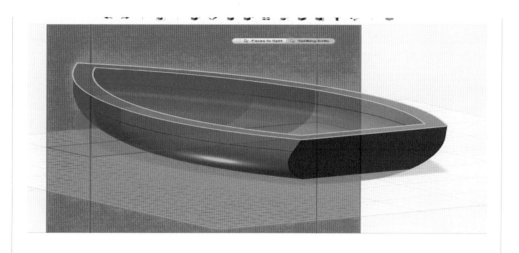

9) Extrude를 실행시켜 위 방향으로 돌출시킨다.(H=6)

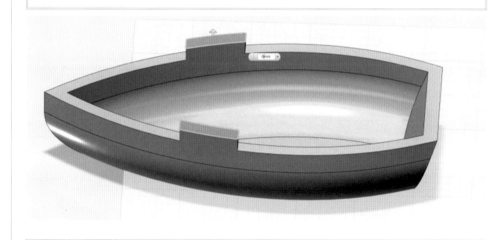

10) 4면 모서리를 chamber 한다. → distance=3

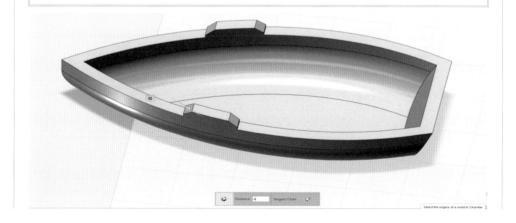

11) 구멍을 뚫기 위해 cylinder를 실행시킨다. → radius=1.5, height=100

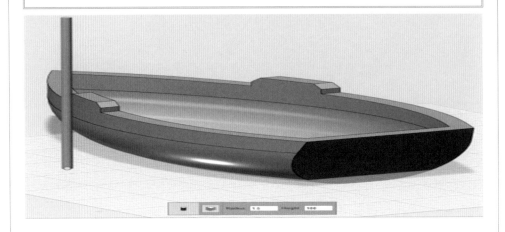

12) snap 기능을 사용하여 원기둥을 윗면에 붙인다. → (참고) 원기둥 옆면을 선택한 후 윗면 클릭

13) move로 실린더를 밑으로 이동(H=-5)시킨 뒤, Subtrater(뺄셈)를 통하여 구멍을 뚫는다. → target=배, source=실린더

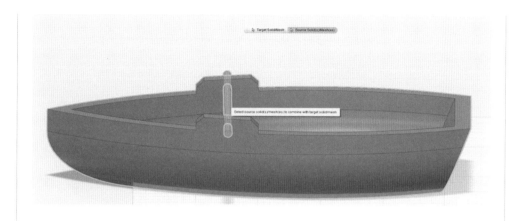

14) polyline으로 윗면과 같은 평면 상에서 사각형을 그린다.

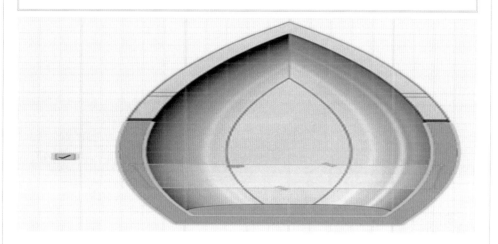

15) 옵션=new solid로 하여 아래 방향으로 Extrude한다.(H=-5)

16) 앉는 자리를 move로 이동시켜(H=-3), 배와 Merge(합병) 시킨다.

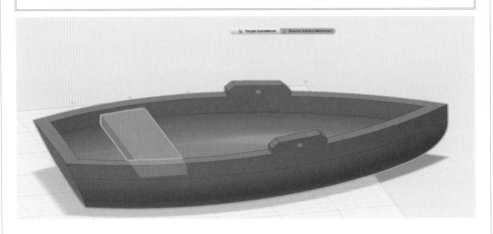

17) Material로 재질감을 표현한다.

18) 그리드를 숨기고 STL 파일로 저장한다.

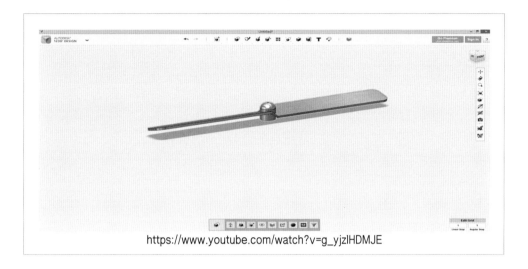

https://www.youtube.com/watch?v=g_yjzlHDMJE

■ 사용 명령

- [Primitive] - [Box], [Cylinder]
- [Modify] - [Fillet]
- [Pattern] - [Mirror]
- [Construct] - [Loft], [Extrude]
- [Combine] - [Merge]
- [Material]

제2장

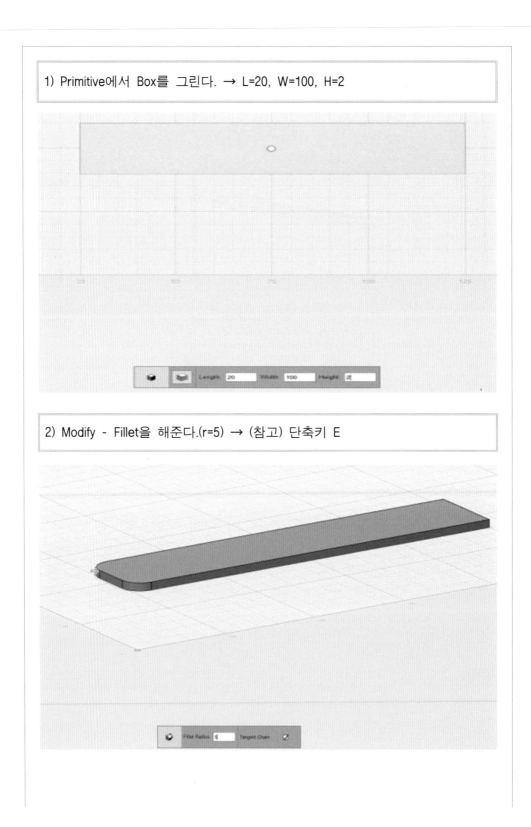

1) Primitive에서 Box를 그린다. → L=20, W=100, H=2

2) Modify - Fillet을 해준다.(r=5) → (참고) 단축키 E

3) Pattern - Mirror를 시킨다.

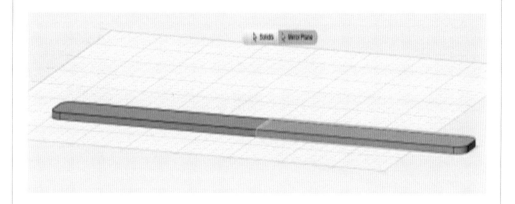

4) 좌측 날개를 Move 시킨다.(d=5) → (참고) CTRL + T

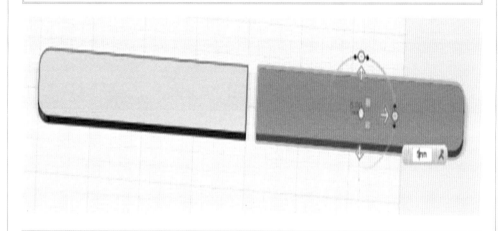

5) Primitive에서 Cylinder를 그린다. → r=6, h=16 그린 후 move=2.5

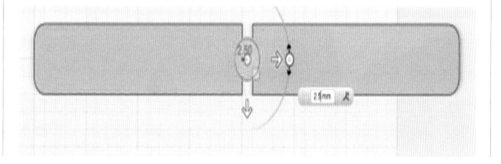

6) 위쪽 실린더를 Fillet를 해준다.(r=5.5)

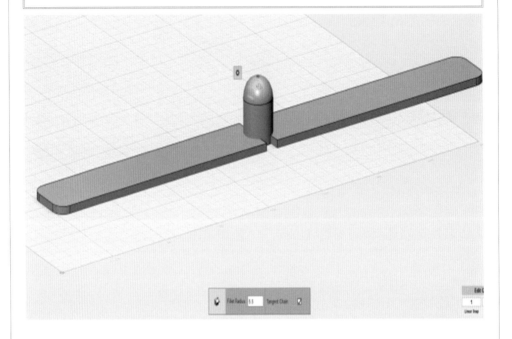

7) 양쪽 날개를 위로 move 시킨다.(d=5.5)

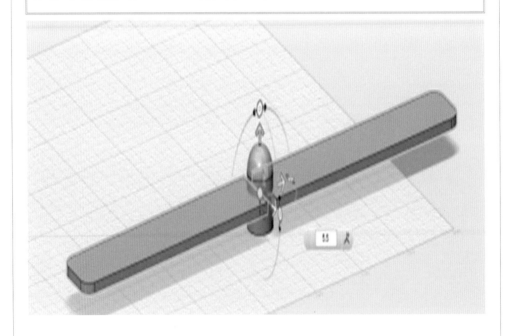

8) 한쪽 날개를 Move로 15도 회전시킨다.

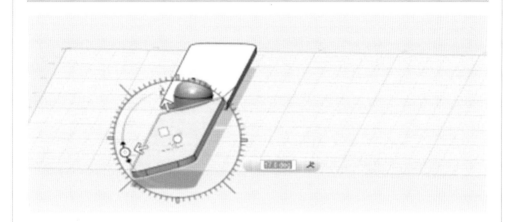

9) 다른 쪽 날개를 반대방향으로 -15도 회전시킨다.

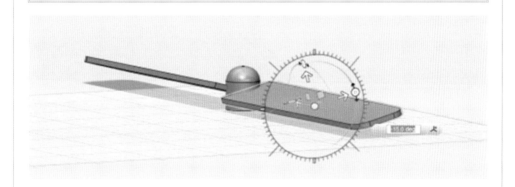

10) 가운데 두 날개의 접합면을 Loft 시킨다. → (참고) loft한 다음 각 면을 선택

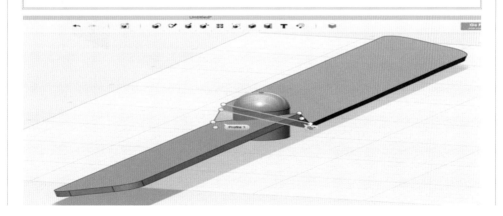

11) Combine - Merge 시킨다. → (참고) source=실린더, 날개는 드래그하여 선정

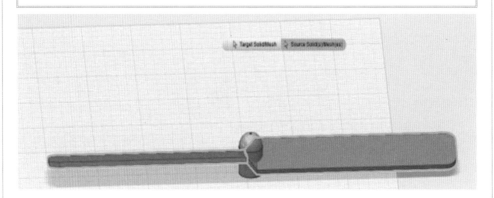

12) 아랫면 실린더 속에 작은 원을 그린다.(지름=8)

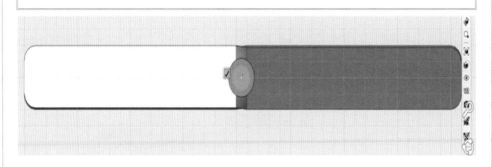

13) Extrude 시킨 후 조건=subtract하여 구멍을 낸다(H=-11)

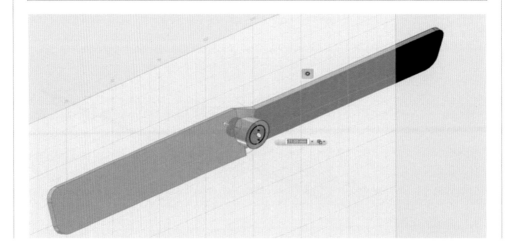

14) Move로 90도 회전시킨다.

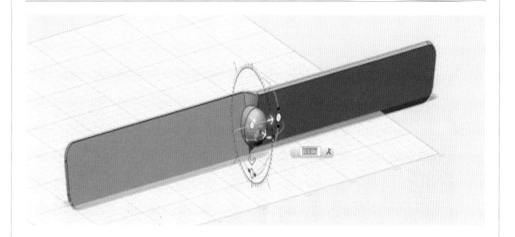

15) Material을 이용해 질감표현을 한다.

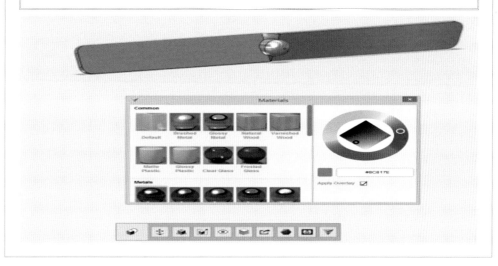

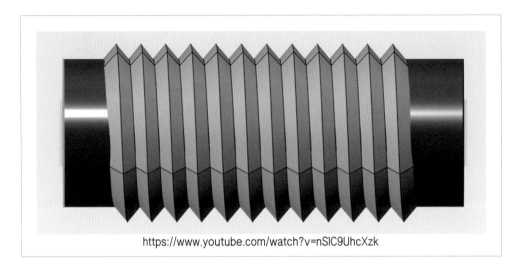

https://www.youtube.com/watch?v=nSlC9UhcXzk

■ 사용 명령

- [Primitive] - [Rectangular], [Wedge], [Circular]
- [Pattern] - [Circular], [Rectangular]
- [Snap]
- [Combine] - [Merge]
- [Construct] - [Extrude]
- [Material]

1) Primitive - rectangular, wedge를 그린다. → rectangular(L, W, H=20), wedge(R=10, H=20)

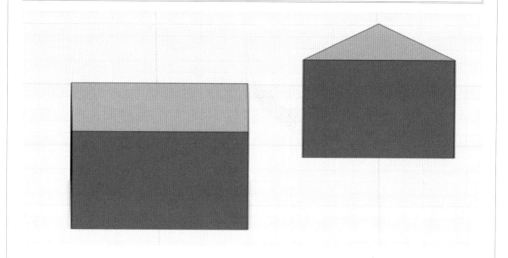

2) Pattern - circular를 실행시킨다. → solid=wedge, axis=box 밑면, 옵션=angle, 각도=-90도, 개수=4(참고: 각도는 원형패턴의 화살표 클릭, 개수는 양방향 화살표 클릭)

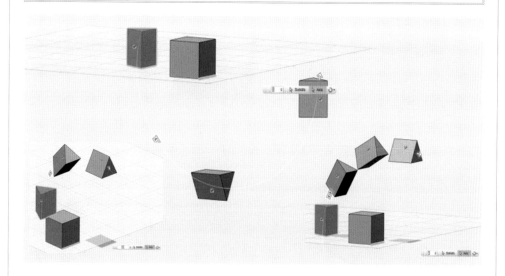

3) 각 wedge를 어긋나게 이동시킨다. → wedge 2번=1, 3번=2, 4번=3 y축 방향으로 이동

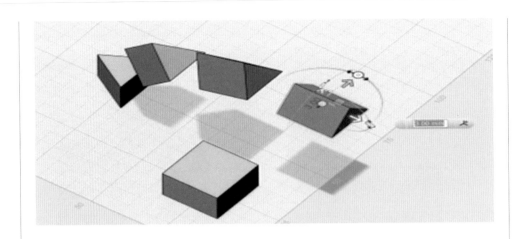

4) 각 wedge의 한 면을 모두 선택해서 Loft 시킨다. → (참고) 다중선택
   CTRL 또는 Shift+, 조건=new solid

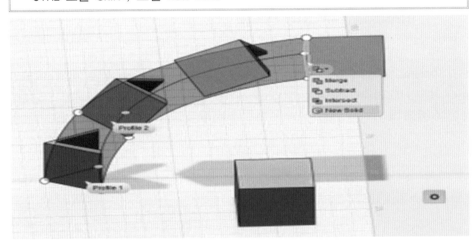

5) 기존의 wedge 4개를 모두 delete 시킨다.

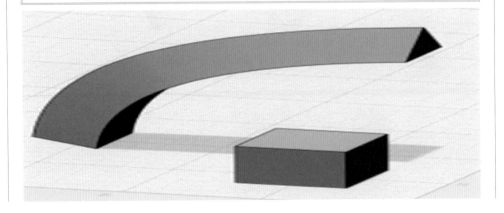

6) Pattern - circular를 실행시킨다. → solids=wedge, axis=box 밑면, count=4

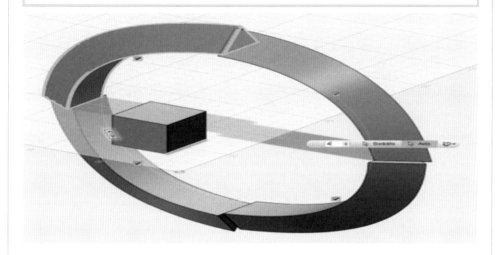

7) Snap을 4번 실행시킨다. → snap면 기준을 맨 처음 것으로 하고(wedge 2번을 1번에 붙임) 나사산 방향으로 면을 부치어 나간다.

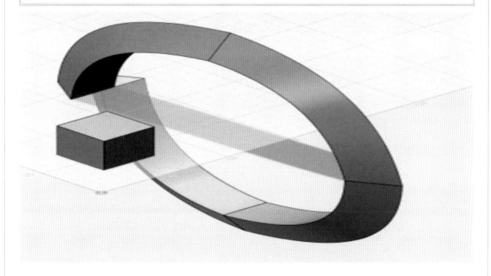

8) Combine - merge로 4개의 wedge를 병합시킨다.

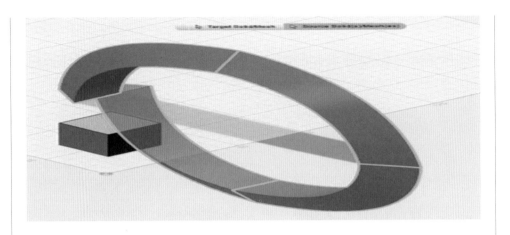

9) Pattern - rectangular를 실행시킨다. → solids=wedge, directions=box 밑면, 개수=12

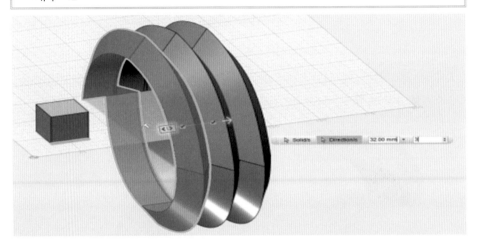

10) solid 형태로 만들어 주기 위해 12개 wedge면을 Combine - Merge 시킨다.

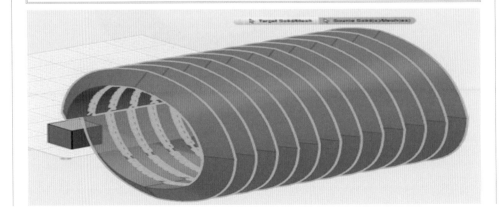

11) 작업 공간 뷰를 Right로 하고 box의 모서리 원점을 기준으로 하여 circular를 그린다.

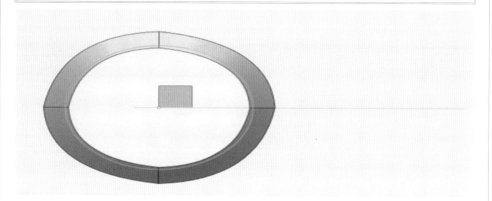

12) 옵션=new solid로 하여 Circular를 extrude 시킨다.

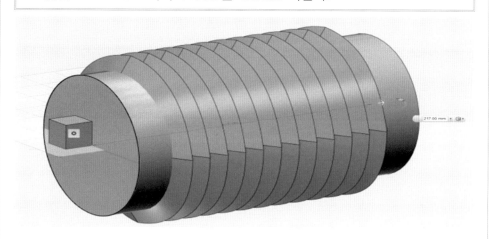

13) box는 삭제하고 Material로 색상을 입힌다.

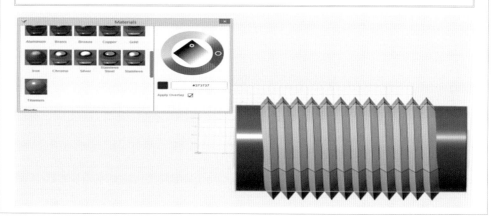

https://www.youtube.com/watch?v=2Uod1Vn3WhU

■ 사용 명령

⚙ [Sketch] - [Two Point ARC], [Polyline], [Box], [Project], [Sketch Circle]

⚙ [Construct] - [Sweep], [Extrude]

⚙ [Pattern] - [Circular Pattern]

⚙ [Modify] - [Chamber]

⚙ [Material]

1) Sketch - Two Point ARC를 사용한다. → 원점에서 30㎜ 떨어진 곳에서 45도 원호

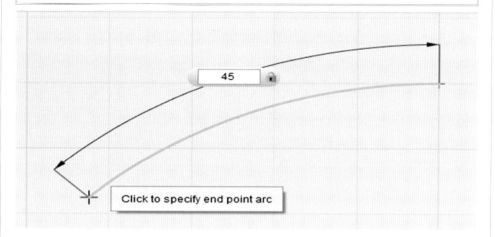

2) Sketch - Polyline으로 원 호와 같은 평면 상에서 직선을 긋는다. → 참고) 원호를 선택한 다음 직선 L=20

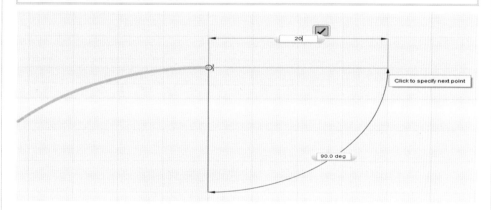

3) Sketch - Polyline으로 원 호와 같은 평면 상에서 직선을 긋는다. → L=30, 45도

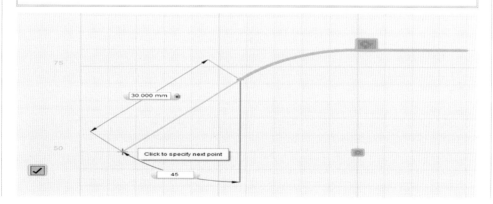

4) Sketch에서 Box(10*10)를 선과 같은 평면 상에서 그린다. → (참고) 선을
선택한 다음(같은 평면 상) 사각박스

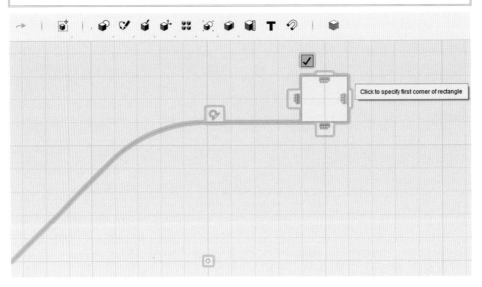

5) 사각박스를 Extrude 시킨다.(H=10)

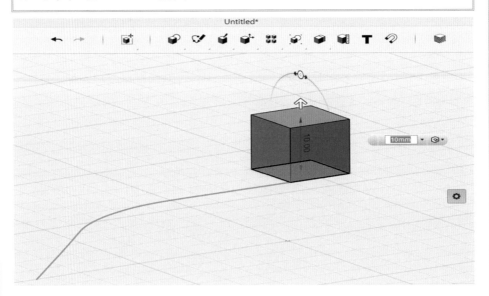

6) Sketch에서 Project로 선과 직선이 된 면을 지정한다.

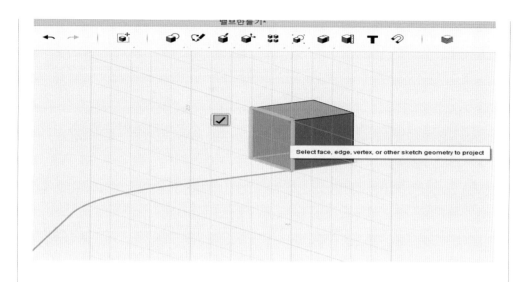

7) Circle을 같은 평면 상에 그린다.(지름=15, 25)

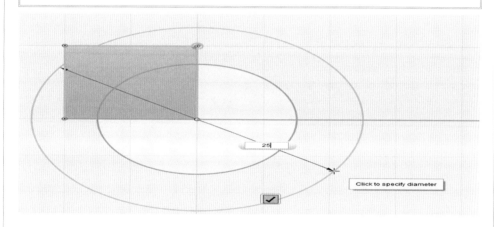

8) 불필요한 사각박스나 스케치 선을 지운다.

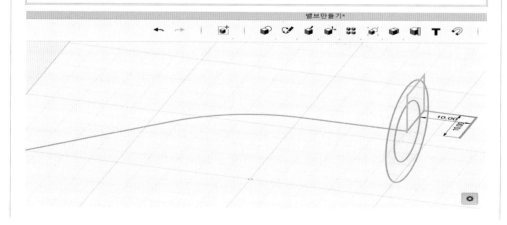

9) Construct에서 Sweep를 적용시킨다. → Profile=원, Path=라인

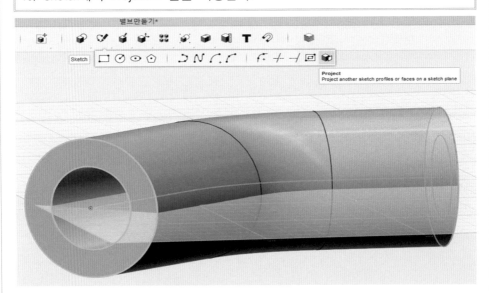

10) Sketch에서 Project로 원을 지정한다.

11) Circle을 같은 평면 상에서 그린다. → 지름=45, 35

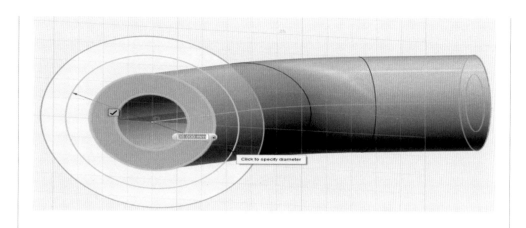

12) 작은 Circle을 같은 평면 상에서 그린다.(지름=5)

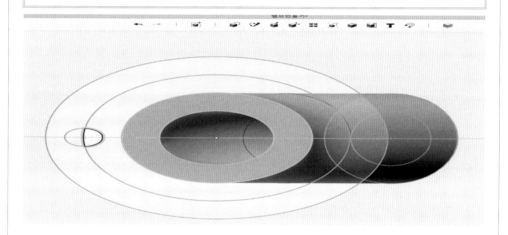

13) 작은 원을 선택하고 바깥 선을 선택할 시 치수 수정선이 나오면 Circular Pattern을 선택한다.

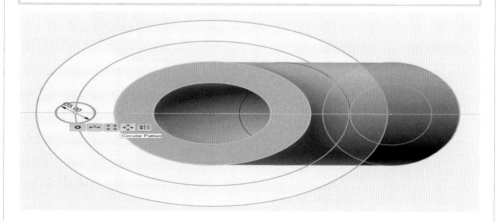

14) Circular Pattern을 실행한다. → Profile=작은 원, Center Point=ψ35, (원) 개수=6

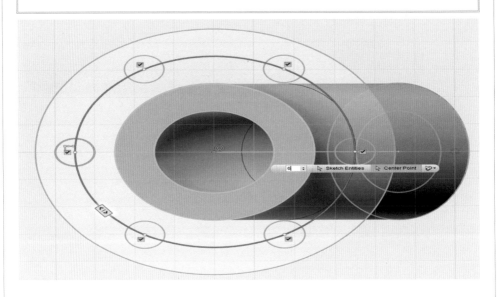

15) 돌출시키기 위해 불필요한 원(ψ35, ψ25) 선을 제거한다.

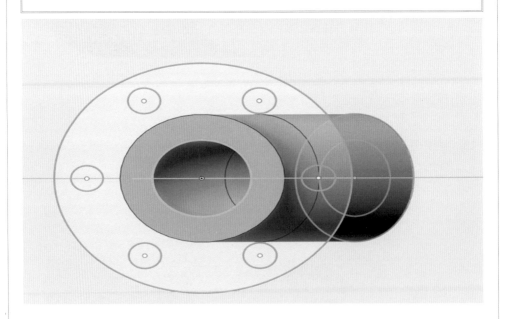

16) 앞쪽으로 Extrude 시킨다.(H=7)

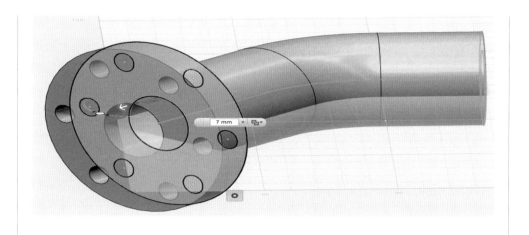

17) Sketch에서 Project로 우측 원을 지정한다.

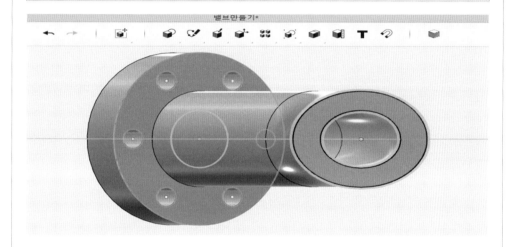

18) Circle을 같은 평면 상에서 그린다.(지름=30)

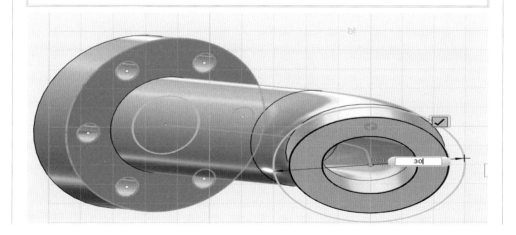

19) 불필요한 원(ψ25) 선을 제거한다.

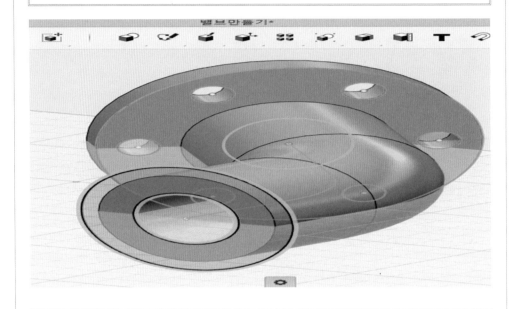

20) 뒤쪽으로 Extrude 시킨다.(H=-3)

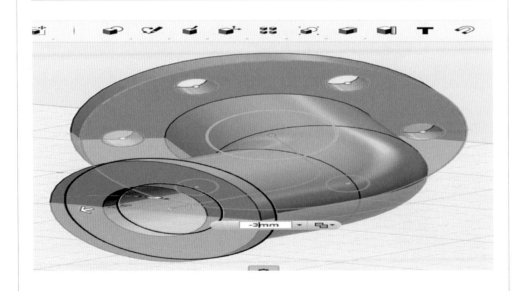

21) 화면 표시 바에서 Hide Sketch를 사용하여 스케치 선을 보이지 않게 한다.

22) Modify - Chamber한다.(distance=1)

23) Chamber한다.(distance=1.5)

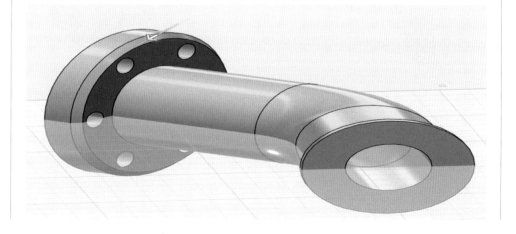

24) Circle을 Chamber(L=1)로 준다.(지름=5, 개수=6)

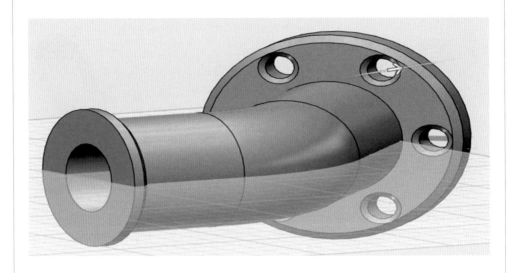

25) Material을 이용하여 질감을 표현한다.

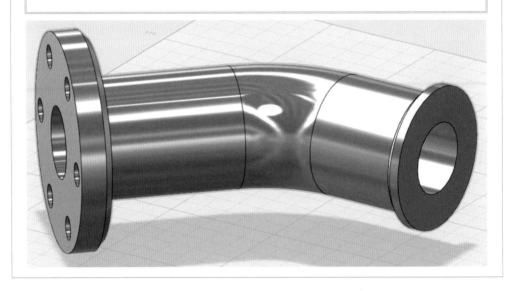

■ 사용 명령

- [Sketch] - [Sketch Circle], [Polyline]
- [Construct] - [Extrude]
- [Modify] - [Split Solid]
- [Combine] - [Subtract]
- [Pattern] - [Circular], [Merge]

1) 같은 평면 상에서 Sketch - Circle을 실행시켜 두 원을 그린다.(지름=50, 40)
→ 두 번째 원을 그릴 때 먼저 처음 원을 찍어야 같은 평면 상이 된다.

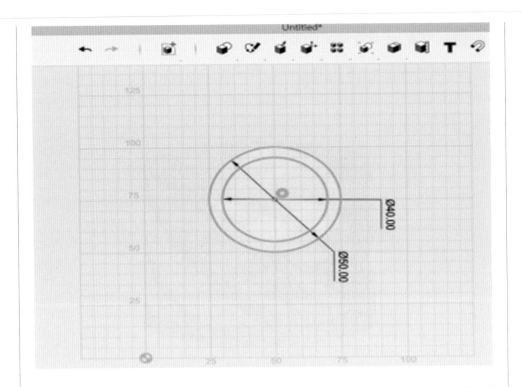

2) 직선은 다른 평면 상에서 Sketch - Polyline을 실행시켜 직선이 원의 중앙을 지나게 한다. → 모눈종이를 먼저 찍고 그려야 다른 평면 상이 된다.

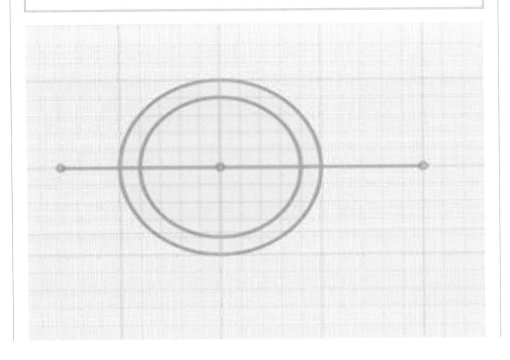

3) 바깥 Circle과 내부 Circle을 각각 Extrude(H=50, 70) 시킨다.

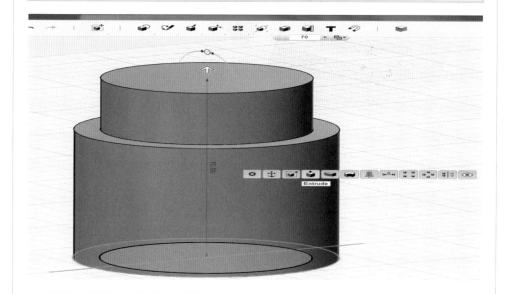

4) Modify - Split Solid를 실행시킨다.

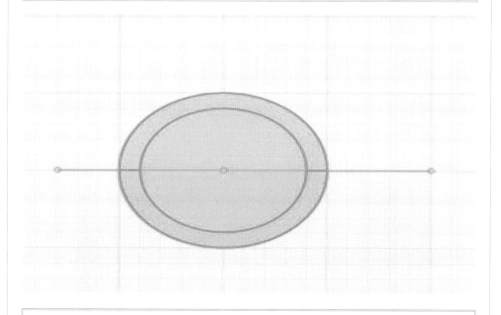

5) 잘린 부분의 solid를 없앤다.

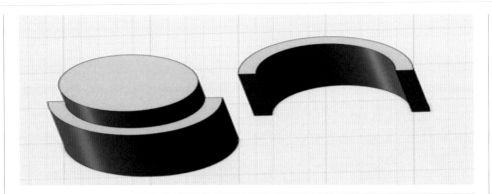

6) Combine - Subtract를 한다.(target=바깥 원, source=내부 원) → Subtract 한 결과 바깥 타원형만 남는다.

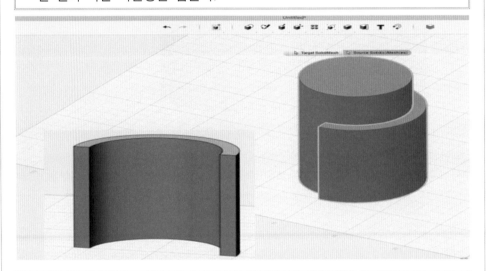

7) Sketch - Polyline을 긋는다. → (참고) 측면을 선택한 다음 선을 꼭짓점에서 다음 꼭짓점을 지나는 선을 긋는다.(윗선도 마찬가지)

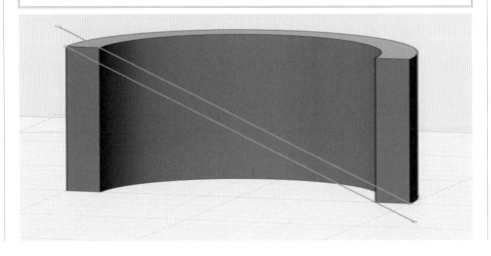

8) Modify - Split Solid를 실행시켜 선을 중심으로 윗면과 아랫면을 자른다.
→ split한 결과 아랫면과 윗면이 절단된다.

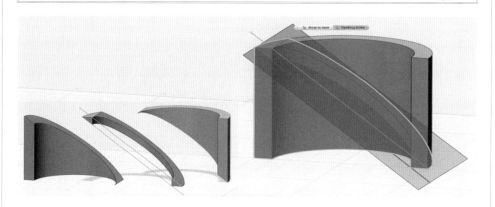

9) Pattern - circular를 실행시킨다. → solid=잘린 모양, Axis=원의 중심, 개
수=8개

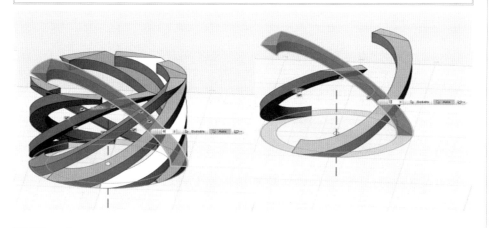

10) Combine - Merge 시킨다.

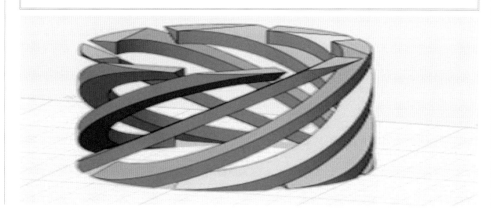

11) 원을 Extrude한다.(H=5)

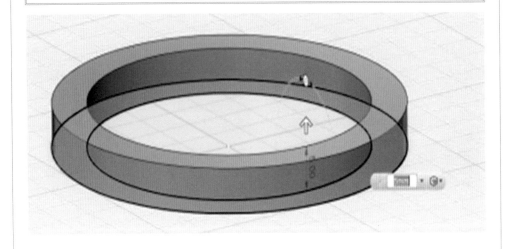

12) Combine - Merge 시켜 완성한다.

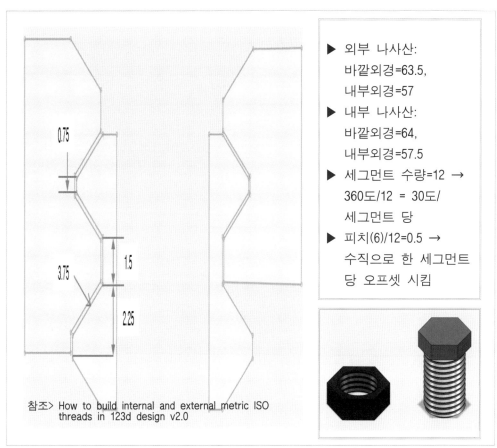

▶ 외부 나사산:
바깥외경=63.5,
내부외경=57

▶ 내부 나사산:
바깥외경=64,
내부외경=57.5

▶ 세그먼트 수량=12 →
360도/12 = 30도/
세그먼트 당

▶ 피치(6)/12=0.5 →
수직으로 한 세그먼트
당 오프셋 시킴

참조> How to build internal and external metric ISO threads in 123d design v2.0

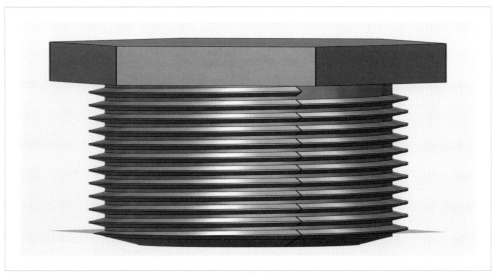

■ 사용 명령

◉ [Sketch] - [Sketch Circle], [Polygon]

◉ [Construct] - [Extrude], [Revolve]

◉ [Combine] - [merge]

◉ [Material]

1) Sketch - Sketch Circle 2개를 그린다.(지름=57, 63.5)

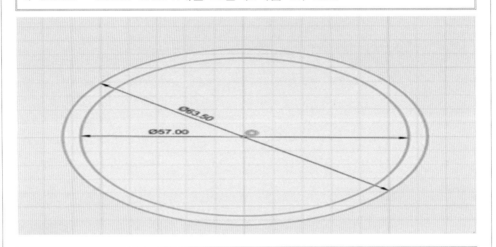

2) 나사산(작은 화살) 모양작업을 위해 작업 공간(Workspace)을 크게 확대
한다.

3) Polyline을 이용하여 **원과 작업 평면을 달리하여** 같은 평면 상에서 중심
선을 긋고 나사산 모양을 그린다. → Polylone - 원 이외의 평면에 클릭
- 내부 원 중심 클릭, 28.5(반지름), 2.25, 3.75(60도), 0.75, 3.75, 2.25 순
서로 그린다. ※ 만일 한 번에 그리지 못할 경우 중심선을 클릭하여 같
은 평면임을 만든 후에 선 긋기를 한다.

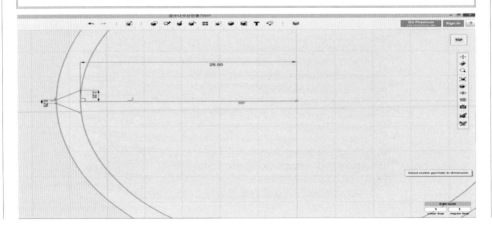

4) 나사산 모양을 90도 회전시킨다. → Y축 90회전

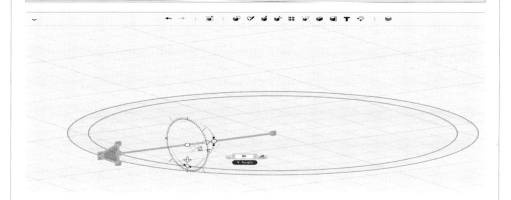

5) 나사산을 copy하여 X축 30각도 조정한 후 이동시킨다. → (참고) 회전 이동 시 중심선은 원의 중심으로 가져와야 한다.

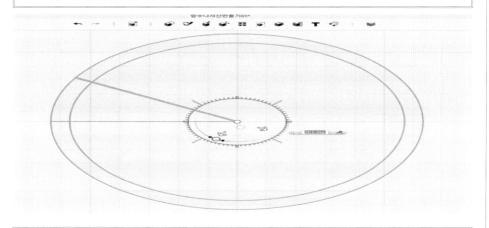

6) 나사산을 13개 만든다. → (참고) Top 화면공간에서 X축 30각도, Y축과 Z축 거리 이동

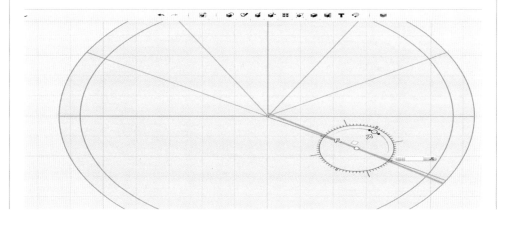

7) 나사산 모양을 선택하여 Loft 시킨다. → (참고) 다중선택: Ctrl 또는 Shift

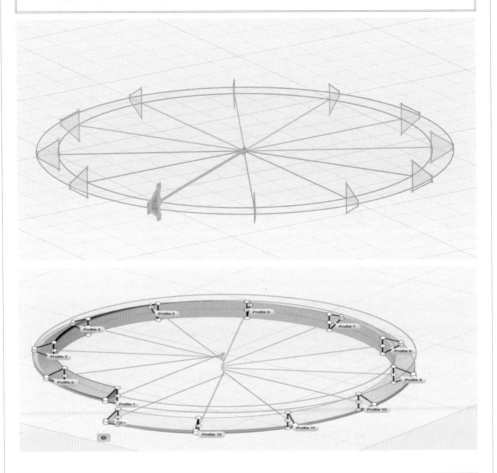

8) 솔리드 형태의 나사산을 copy하여 z축 방향으로 이동시킨다.(H=6)

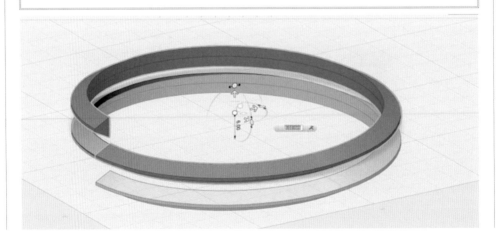

9) 솔리드형 나사산을 copy하여 이동시킨다.(총 12개)

10) 내부 원형을 Extrude(H=80) 시킨다. → (참고) hide solids한 다음 실행

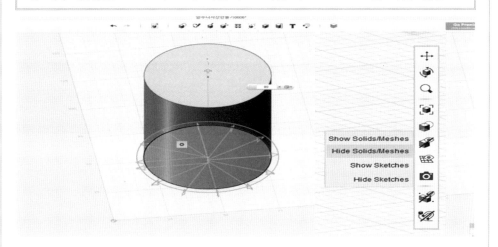

11) 아랫면도 내부 원형을 new solid로 Extrude(H=6) 시킨다.

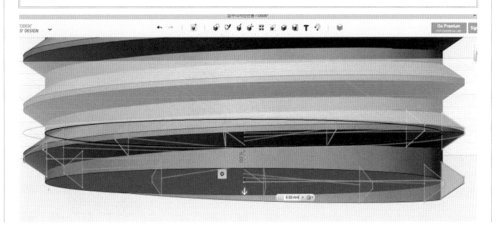

12) 아랫면을 나사산으로 만들기 위해 나사산 기울기(60도)로 직선을 그려
   자른다.

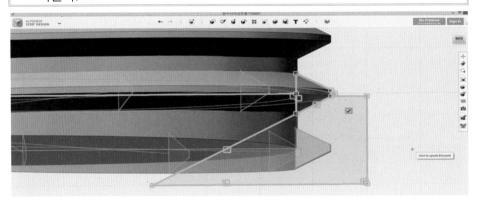

13) Revolve를 위해 hide solids한 다음 중심선을 긋고 직각으로 세운다.

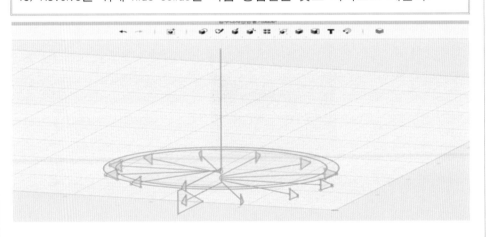

14) show solids한 다음 Revolve하여 아랫면 나사산을 자른다.

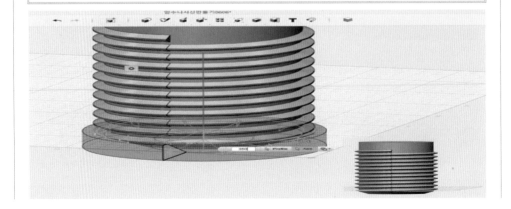

15) 머리 모양을 위해 Sketch - Polygon으로 윗면에 그린다.(반지름=47.5)

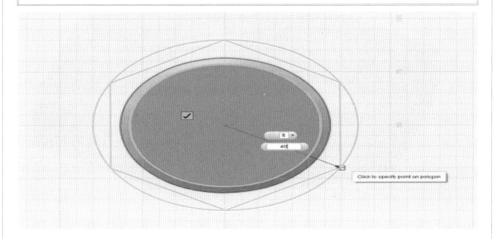

16) new solid 돌출조건으로 Extrude한다.

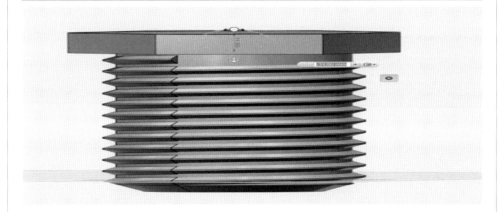

17) 전체를 merge한 후 Material로 색상을 입힌다.

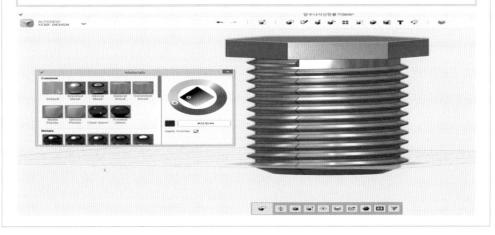

■ 사용 명령

⚙ [Sketch] - [Sketch Circle], [Polygon], [Project]

⚙ [Construct] - [Extrude], [Revolve]

⚙ [Combine] - [merge]

---

1) Sketch - Sketch Circle 2개를 그린다.(지름=57.5, 64)

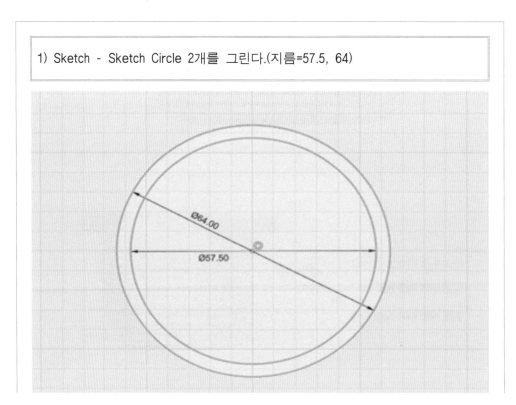

2) Polyline을 이용하여 원과 작업 평면을 달리하여 같은 평면 상에서 중심선을 긋고 나사산 모양을 그린다. → Polylone - 원 이외의 평면에 클릭 - 내부 원 중심 클릭, 28.75(반지름), 2.25, 3.75(60도), 0.75, 3.75, 2.25 순서로 그린다. ※ 만일 한 번에 그리지 못할 경우 중심선을 클릭하여 같은 평면임을 만든 후에 선 긋기를 한다.

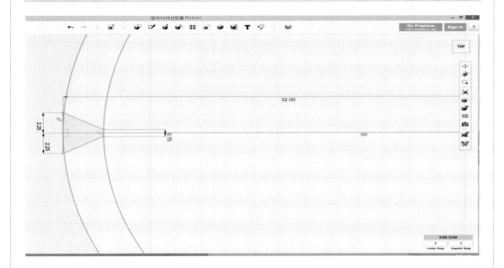

3) 나사산 모양을 90도 회전시킨다. → (참고) 내부 선을 제거한 후 중심선에 대해 90도 회전시킨다.

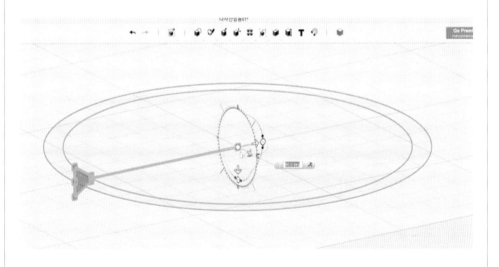

4) 나사산을 copy하여 X축 30각도 조정한 후 이동시킨다. → (참고) 회전 이동 시 중심선은 원의 중심으로 가져와야 한다. (Y, Z축 거리 이동)

5) 나사산을 13개 만든다.

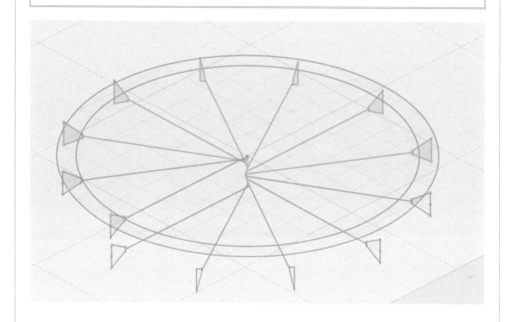

6) 나사산 모양을 선택하여 Loft 시킨다. → (참고) 다중선택: Ctrl 또는 Shift

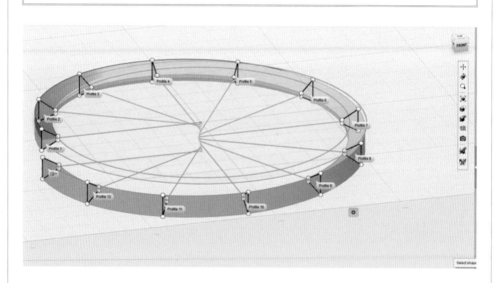

7) 솔리드형 나사산을 copy하여 이동시킨다.(총 12개)

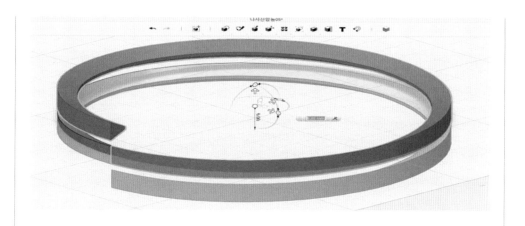

8) Combine - Merge 시킨다.

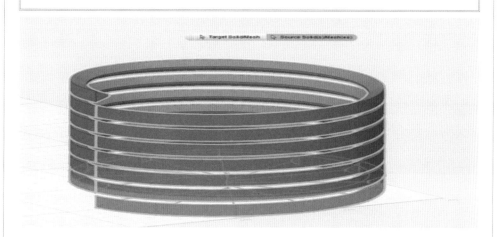

9) Sketch - Polygon(47.5)을 그린다. → (참고) 같은 평면 상에서 hide solids한 다음에 실행시킨다.

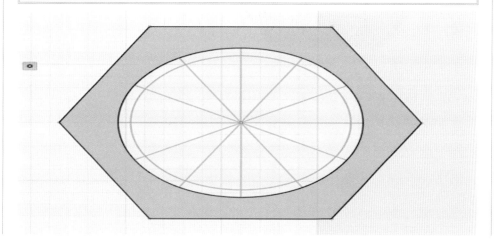

10) new solid 돌출조건으로 Extrude한다.

11) Sketch - Project를 이용하여 자른다. → project면=polygon, 나사산을 위로
돌출시킨다.

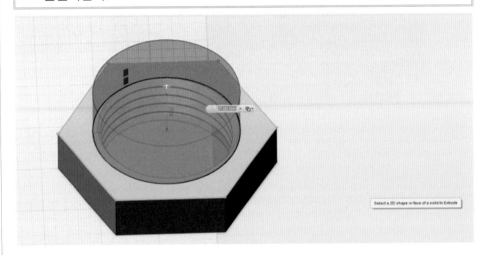

12) 아랫면에 대해서도 Sketch - Project를 이용하여 자른다. → project면
=polygon, 나사산을 밑으로 돌출시킨다.

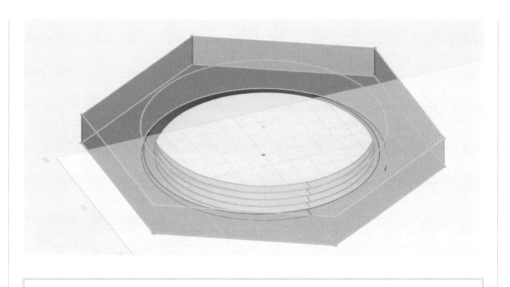

13) Combine - Merge 시켜 완성한다.

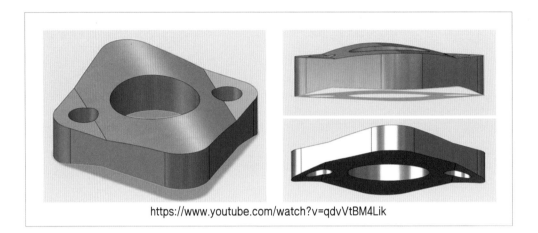

https://www.youtube.com/watch?v=qdvVtBM4Lik

■ 사용 명령

⚙ [Sketch] - [Sketch Circle], [Polyline], [Extend], [Trim], [Three Point Arc], [Offset],

⚙ [Pattern] - [Mirror]

⚙ [Modify] - [Fillet]

⚙ [Construct] - [Extrude]

⚙ [Combine] - [Intersect]

1) Sketch - Sketch Circle(지름=10), 직선을 그린다.

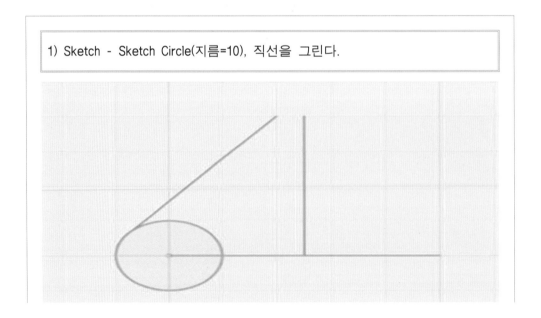

2) **Sketch 모형을 선택**하고 Mirror를 선택한다. → 메인 메뉴에 있는 Pattern의
Mirror는 솔리드 명령이므로 모형 먼저 선택하여 핫 메뉴를 이용한다.

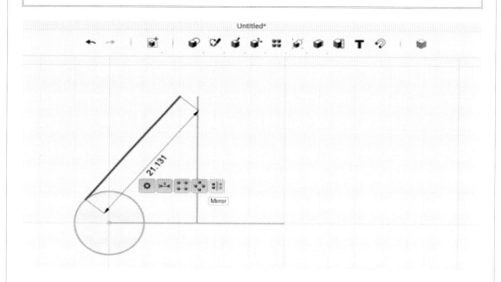

3) Sketch Entities=복사하고자 하는 원, 선 Mirror Lines=기준선(세로) 실행하고
Mirror Lines를 가로 선을 잡아 한 번 더 Mirror를 실행한다.

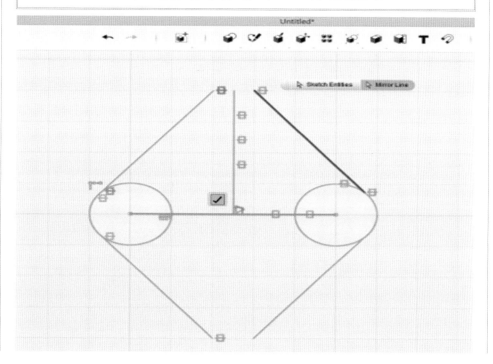

4) 닫힌 도형이 되게 Sketch - Extend로 선을 연장시키고, Trim으로 불필요한 선을 모두 지운다.

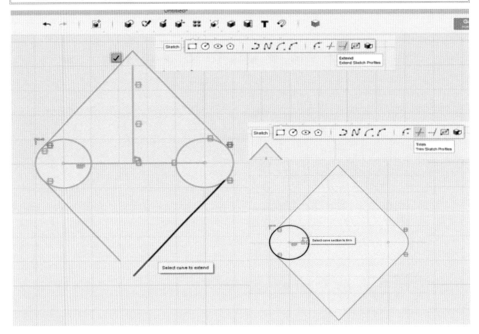

5) 아래, 위 모서리를 선택하여 Sketch - Fillet(r=5)을 적용시킨다.

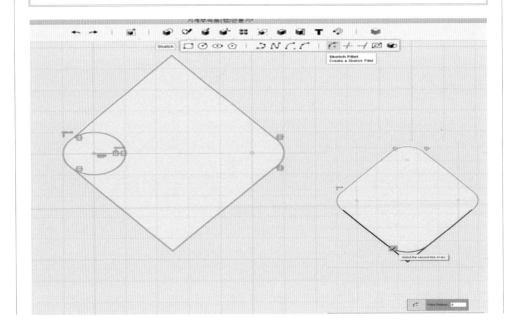

6) 기존의 원과 같은 평면 상에 원을 그리기 위해 Sketch - Circle 실행시켜 기존의 원을 클릭하여 그린다.(지름=5) → (참고) 중심을 알기 위해 직선을 그은 다음 원을 그린다.

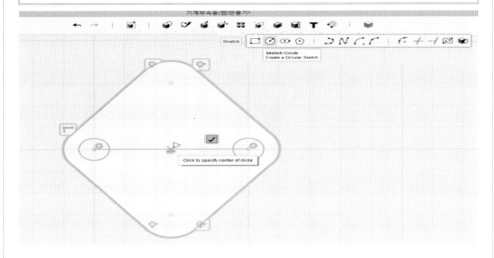

7) 돌출을 위해 기존 Sketch 모형보다 더 큰 임의의 사각박스를 그린다.

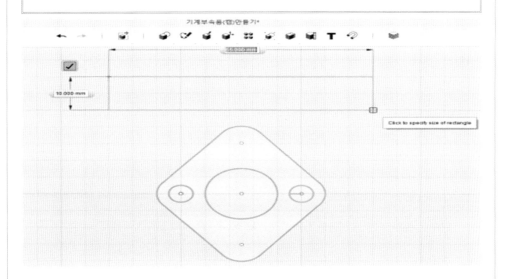

8) Extrude로 돌출(H=10)시키고 측면에 Sketch를 위해서 양측 면의 솔리드 선을 없앤다.

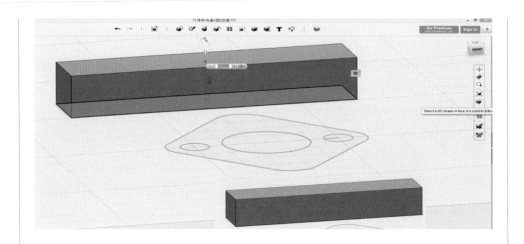

9) 측면에 Three Point Arc를 그린다.

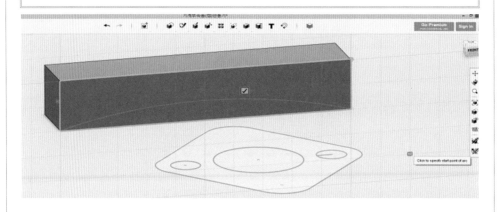

10) 측면의 원을 Offset 시킨다.(d=5)

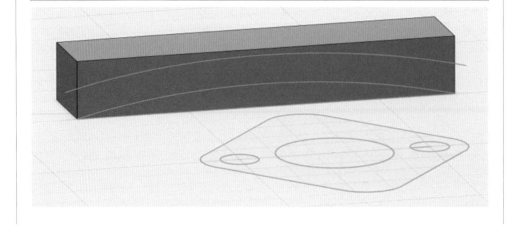

11) 원호와 같은 평면 상에 존재하는 직선을 긋는다. → (참고) 선을 중앙에 맞추어 그을 경우 작업 공간 뷰를 Front로 두고 작업해야 한다.

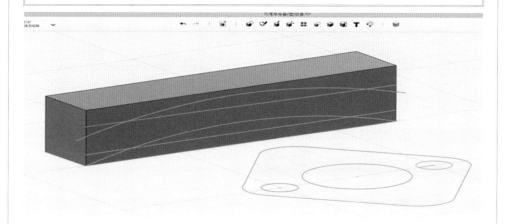

12) Trim을 사용하여 불필요한 선을 제거한다.

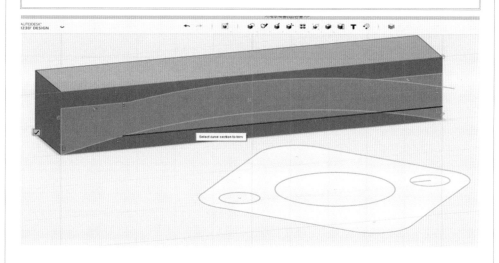

13) Extrude로 돌출시킨다.(H=7)

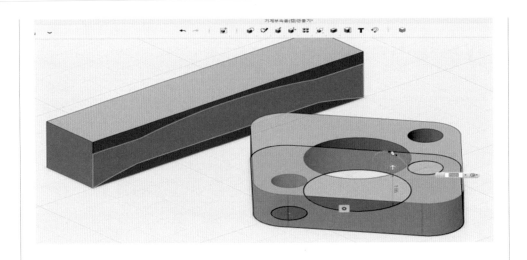

14) 솔리드를 숨기고, 스케치 모형을 Extrude로 돌출시킨다.(H=-50)

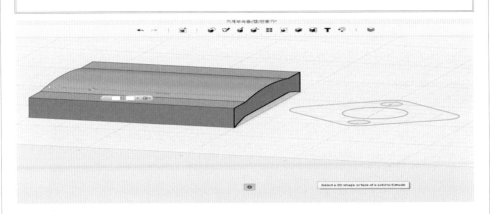

15) Move를 통하여 두 물체 높이를 일정하게 한 후 가져와서 덮어 씌워준다.

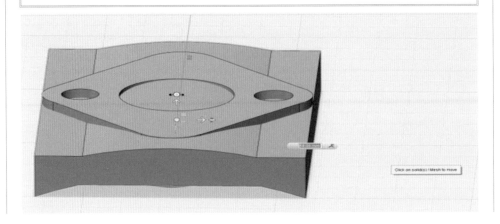

16) Combine - Intersect 시키면, 중첩된 부분만 남고 나머지는 사라진다.

5-16 힌지 모델링 연습하기

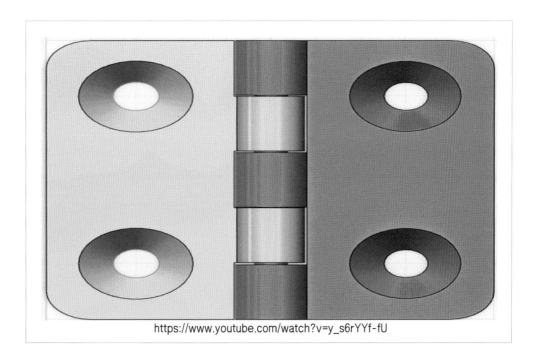

https://www.youtube.com/watch?v=y_s6rYYf-fU

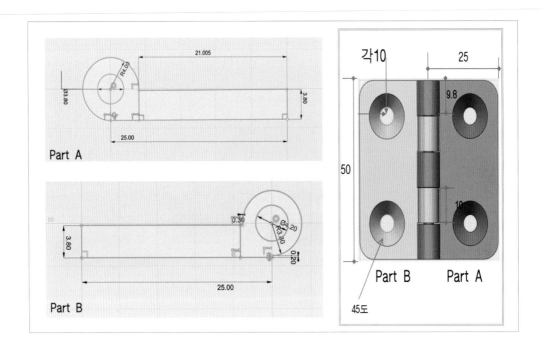

Part A

Part B

각10　　25

50

9.8

Part B　　Part A

45도

■ 사용 명령

⊕ [Sketch] - [Circle], [Polyline], [Trim], [Rectangle], [Project]

⊕ [Pattern] - [Rectangular]

⊕ [Construct] - [Extrude]

⊕ [Combine] - [Merge]

⊕ [Material]

PART A 스케치 모델링

1) Sketch에서 Circle을 실행시켜 같은 평면 상에 두 원을 그린다.(지름=8, 3.8)

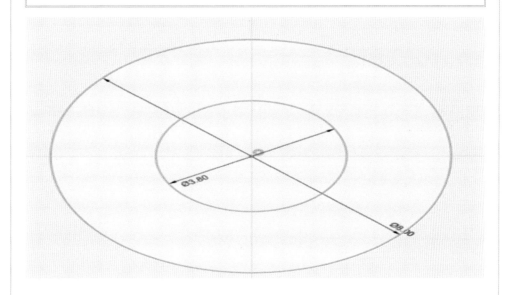

2) Sketch에서 Polyline(L=25)을 그린다.

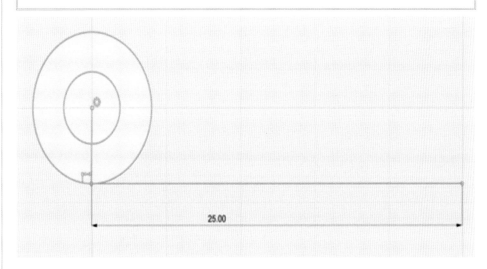

25.00

3) 선을 선택한 메뉴에서 Rectangular Pattern을 실행한다.(개수=2)

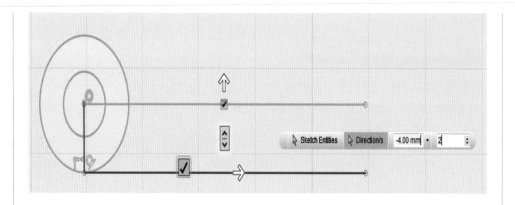

4) Sketch에서 Polyline(직선)을 기존의 선과 같은 평면 상에서 양쪽을 그린다.

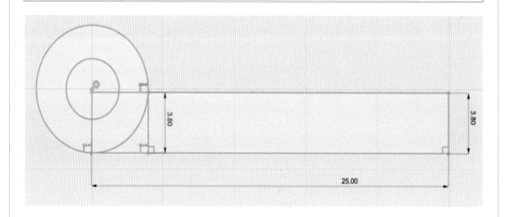

5) Sketch에서 Trim으로 필요 없는 선을 제거한다.

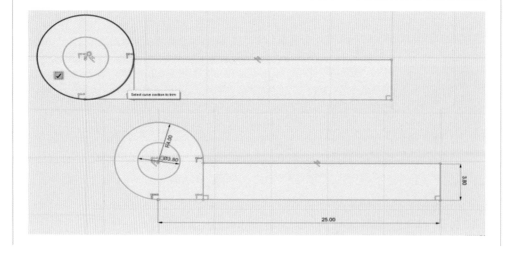

6) Sketch에서 Circle을 다른 평면 상에 같은 원의 중심을 가진 원을 그린다. →
참고) 모눈종이를 클릭, 지름=4.2

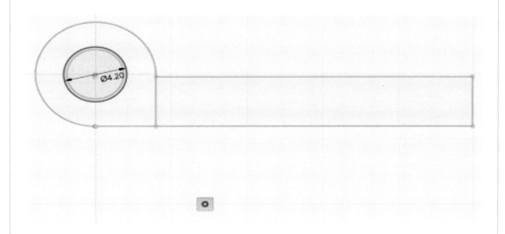

7) Box를 선택한 후 숨기기를 실행한다.

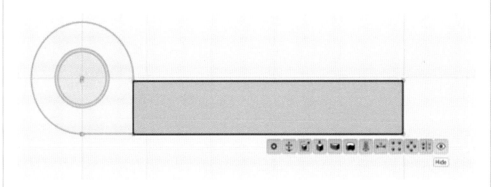

8) Sketch에서 Circle을 같은 평면 상에 그린다. → 지름=4.2, 7.6, 8, 8.2

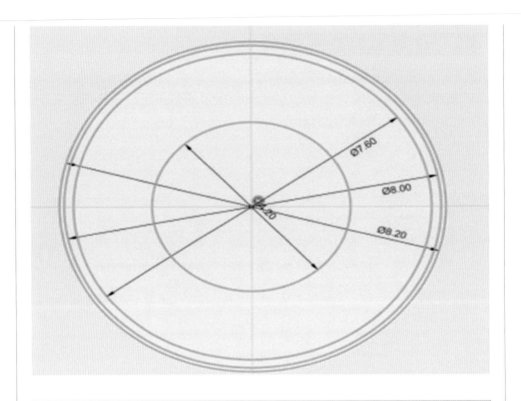

9) Sketch에서 Polyline(직선)을 같은 평면 상에 그린다.(L=25)

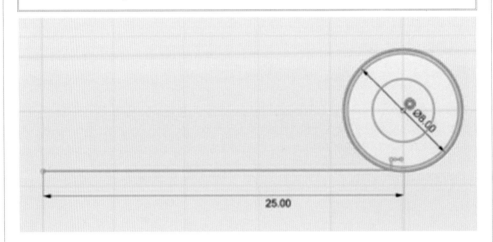

25.00

10) 선을 선택한 메뉴에서 Rectangular Pattern을 실행한다.(개수=2)

11) Sketch에서 Polyline(직선)을 기존의 선과 같은 평면 상에서 양쪽을 그린다.

12) Sketch에서 Trim으로 필요 없는 선을 제거한다.

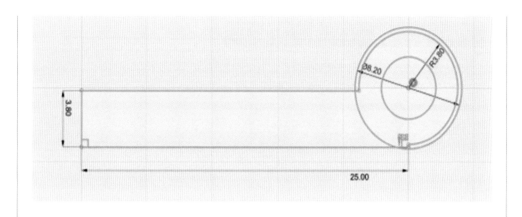

13) Sketch에서 지름=8.2 원과 같은 평면 상에 접하는 곳을 직선으로 그린다.

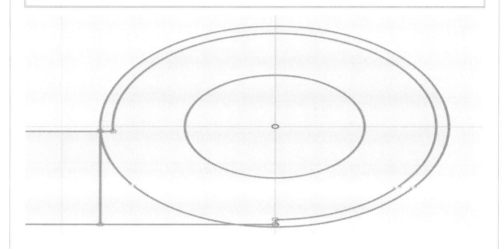

14) 지름=8.2 원을 Delete하여 지름=7.6인 원만 남긴다.

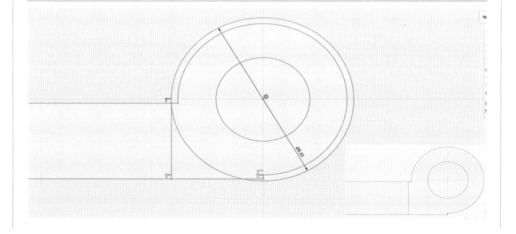

PART A 솔리드(부피) 모델링

15) Show Sketches를 선택하여 기존의 Part A까지도 다 보이게 한다.

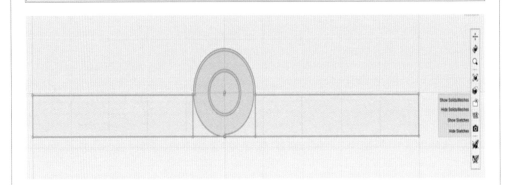

16) Part B의 Box를 선택하여 감추기를 실행한다.

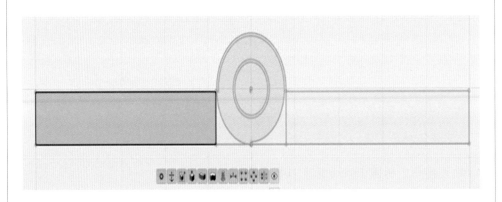

17) Extrude를 실행한다. → Box=50, 작은 원=50

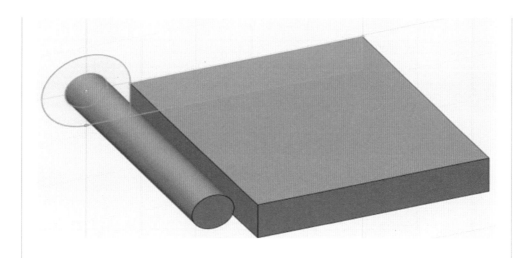

18) 큰 원을 Extrude를 시킨다.(H=9.8)

19) Pattern Rectangular를 실행한다. → 큰 원에 대해 길이=-40.8, 개수=3

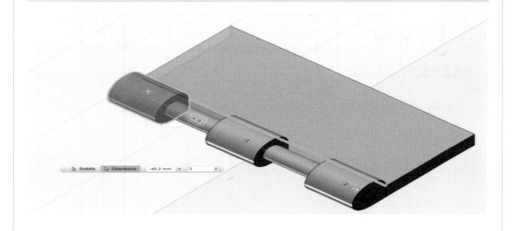

20) 전체부품을 Merge 시킨다.

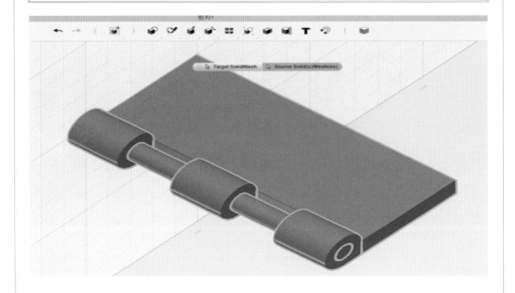

21) Material을 이용하여 색상을 입힌다.

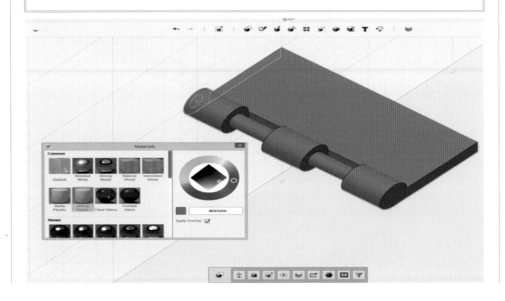

22) Show Sketches를 선택하여 기존의 Part A와 B를 확인한다.

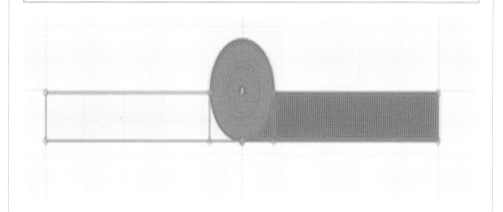

23) Part A의 Box를 선택한 후 감추기를 실행한다. → (설명) 솔리드, Part A
    스케치=감추기 실행

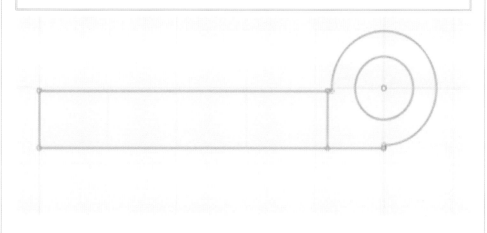

24) Extrude를 실행한다.(Box=50)

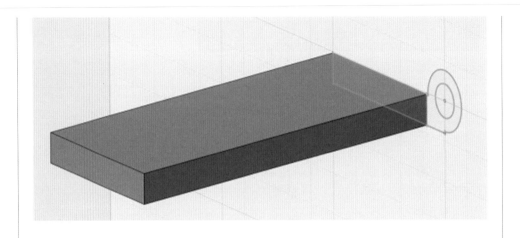

25) Extrude를 실행한다.(원통형=10)

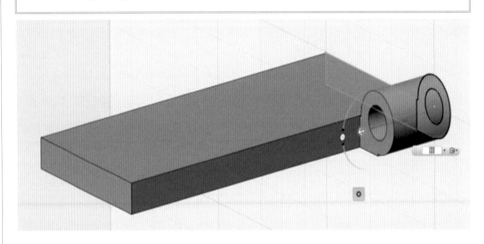

26) Move로 원통형을 이동한다.(L=10)

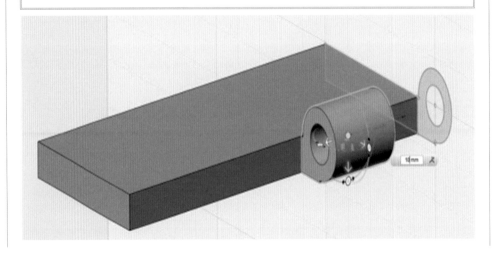

27) Pattern Rectangular를 실행한다. → 길이=-20, 개수=2

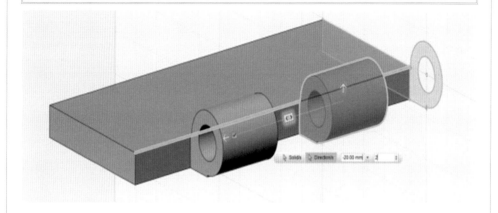

28) 전체부품을 Merge 시킨다.

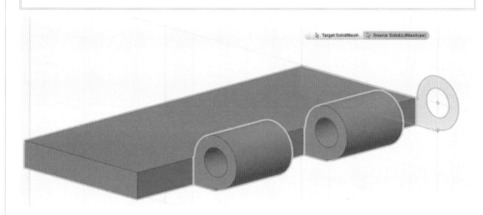

29) Material을 이용하여 색상을 입힌다.

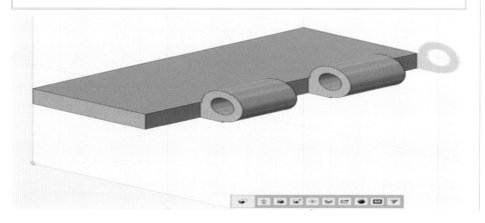

30) Show Solids를 선택하여 기존의 Part A, B를 다 보이도록 한다.

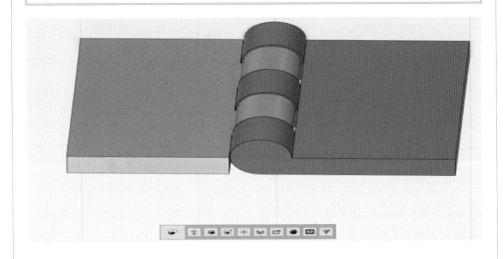

31) Part A, B 정면도를 모두 선택하여 Sketch - Project를 실행한다.

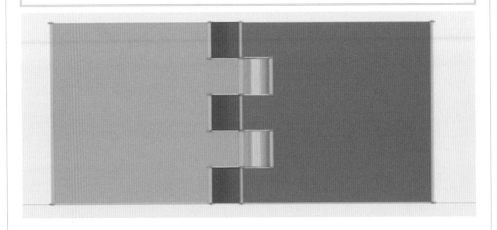

32) 선을 선택한 후 Rectangular Pattern 실행시킨다. → 길이=-10, 개수=2

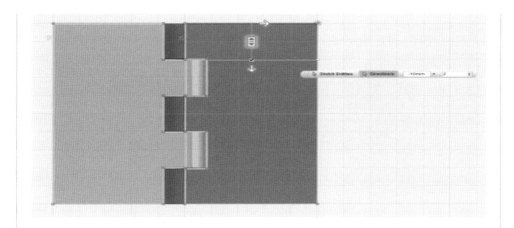

33) 선을 선택하여 실행하는 Rectangular Pattern을 8번 반복한다.

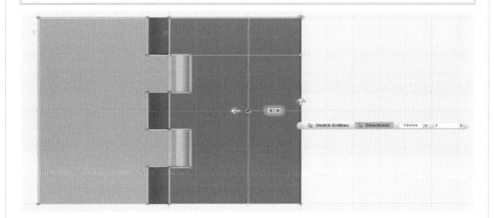

34) Rectangular Pattern으로 각각 L=10의 선을 긋는다.

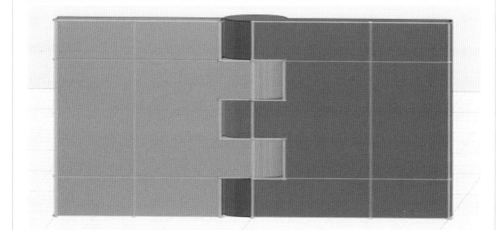

35) 선교차점 지점에 원을 그린다. → 지름=5인 4개의 원

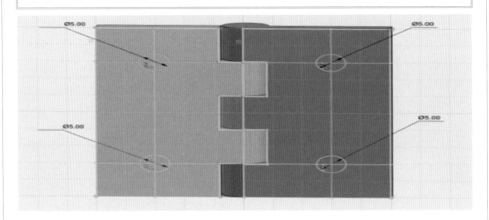

36) 불필요한 선을 모두 제거한다.

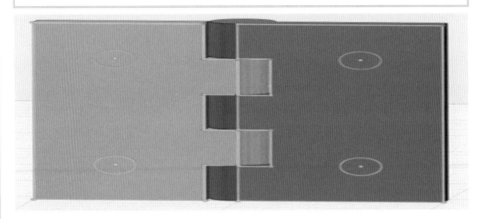

37) 원을 모두 Extrude하면서 45도 각을 준다.

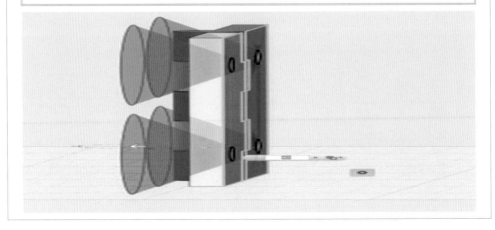

정십이면체(dodecahedron) 모델링 연습하기

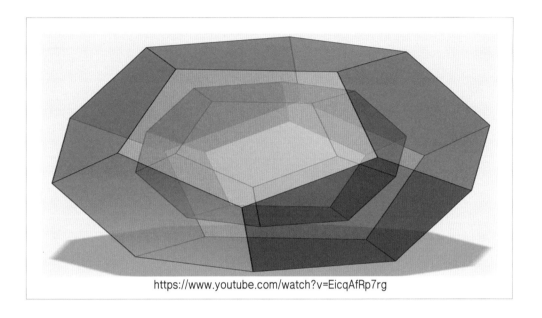

https://www.youtube.com/watch?v=EicqAfRp7rg

■ 사용 명령

🔹 [Primitive] - [Prism]

🔹 [Snap]

🔹 [Pattern] - [Rectangular Pattern]

🔹 [Modify] - [Fillet]

🔹 [Construct] - [Extrude]

🔹 [Combine] - [Intersect]

1) Primitive - Prism을 그린다. → radius=10, height=5, sides=5

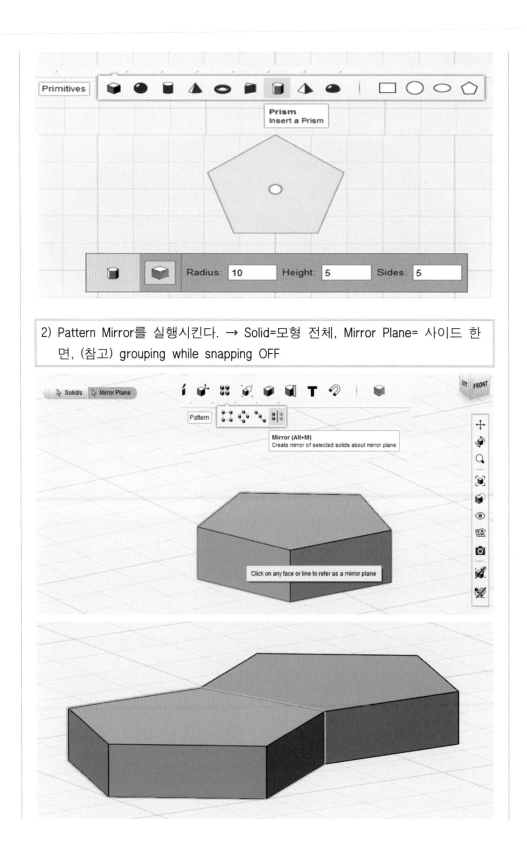

2) Pattern Mirror를 실행시킨다. → Solid=모형 전체, Mirror Plane= 사이드 한 면, (참고) grouping while snapping OFF

3) Pattern Mirror를 실행시킨다. → 한 Prism의 각 옆면이 다른 Prism으로 붙어 있는 모양

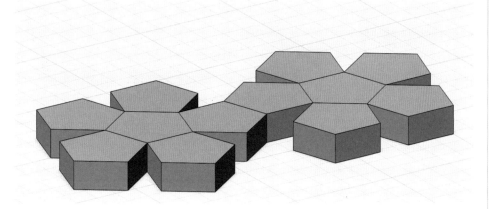

4) Move 회전중심을 옮긴다. → (참고) start reorient

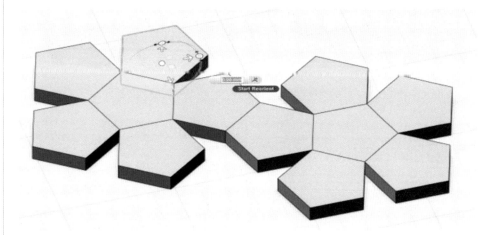

5) start reorient를 면의 중심에 놓고 회전시킨다. → (참고) 각도=63.43495

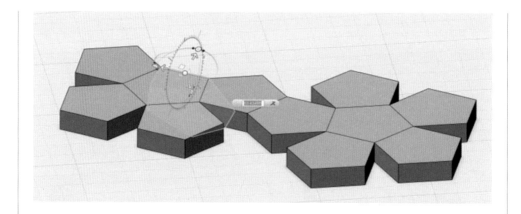

6) start reorient를 면의 중심에 놓고 회전시킨다. → (참고) start reorient 옮긴 후 stop reorient를 눌러야 한다.

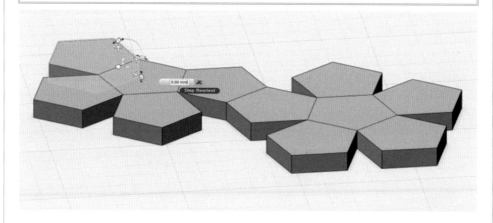

7) 반복하여 모두 이동시킨다. → (5번) 각도=±63.43495

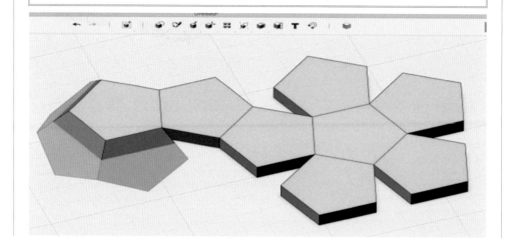

8) 나머지 좌측을 모두 선택하여 Move 시킨다. → (참고) 다중선택 CTRL+
또는 Shift+

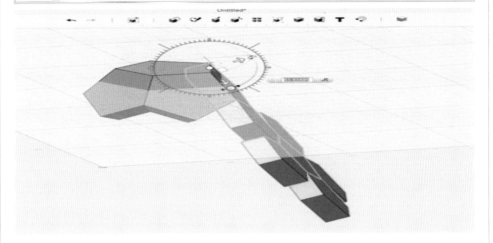

9) 나머지도 모두 선택하여 이동시킨다. → (참고) 회전각도=63.43495, start
reorient 옮긴 후 stop reorient를 눌러야 한다.

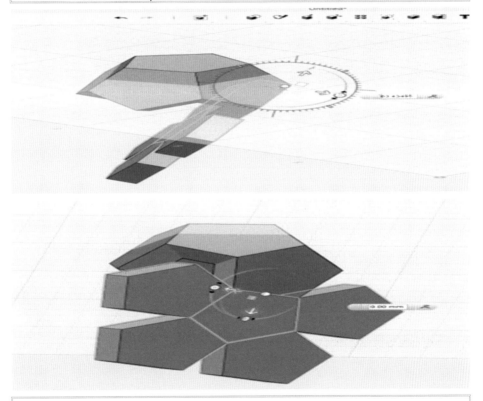

10) 반복 수행하여 닫힌 정십이면체가 되도록 한다.

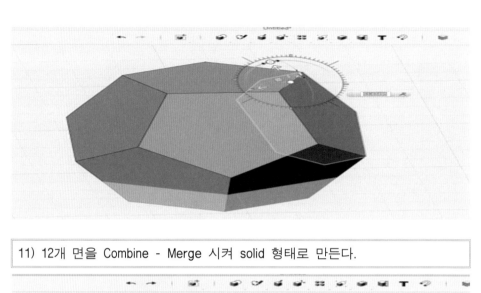

11) 12개 면을 Combine - Merge 시켜 solid 형태로 만든다.

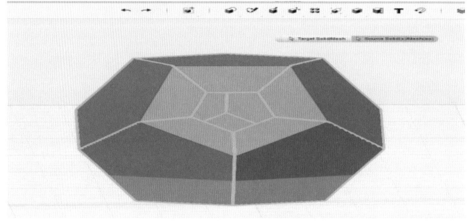

12) Material - glass를 선택한다.

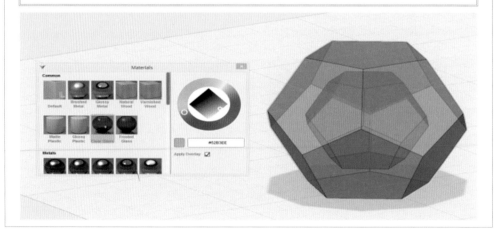

제4차 산업혁명, 프로슈머를 위한 **3D 프린팅**

제3장

3D 프린팅

3D 프린터를 이용한 작품 제작 3단계 중 3D 슬라이싱을 거쳐 G-Code로 변환, 3D 프린터로 제품을 출력하기까지의 단계인 프린팅 단계를 RepRap 오픈소스 계기로 보급 확대된 저가형 3D 프린터 중 넓게 보급된 FDM 방식의 개인용 3D 프린터 중심으로 다루고자 한다.

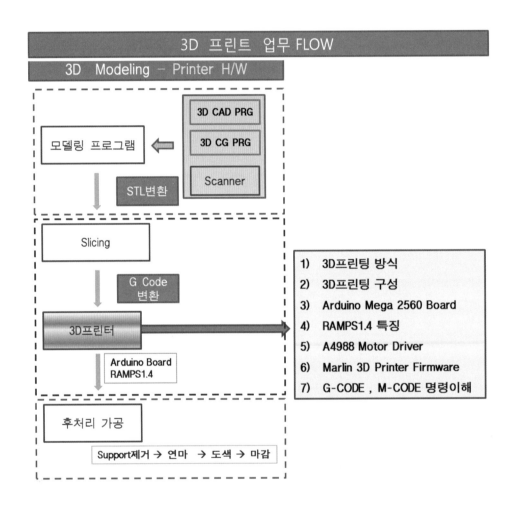

좋은 제품을 출력하기 위해서는 슬라이싱 프로그램에서 프린터의 기종, 슬라이스 프로그램 종류, 사용재료에 맞는 프린터 환경을 효율적으로 조정 세팅하여야 한다. 즉 슬라이스 프로그램 내부에서는 3D 모델을 2D 모델로 분할하는 알고리즘에 의해 모든 설정사항을 고려한다. 이때 단순히 3D 모델을 분할하는 작업뿐만 아니라 각각의 레이어를 정확하게 쌓기 위한 작업도 실행된다. 이러한 원하는 형태를 만들기 위해 필요한 프린터 헤드의 움직임이 결정되는데 이때 프린터 헤드의 이동 경로를 툴 패스(Tool

Path)라고 하며 프린트 헤드가 툴 패스에 따라 움직이는 동안 공급 장치(입력)를 통해 재료(필라멘트)가 투입되어 프린터 헤드 쪽으로 공급되고, 이 재료가 녹아 노즐을 통해 사출되는 것을 프린터가 인식(출력)하게 된다.

이번 장에서는 3D 프린팅 방식, 3D 프린팅 구성, Arduino Mega 2560 Board, RAMPS1.4 특징, A4988 Motor Driver, Marlin 3D Printer Firmware, G-CODE, M-CODE 명령 이해를 습득한다.

FDM 방식의 개인용 3D 프린터에서 축의 움직임, feeder와 extruder 위치 등으로 크게 카르테시안 방식과 보우덴 방식으로 구분된다. 그 외에도 Ultimaker 제품에서 적용한 H-Bot 방식도 있다.

1. **카르테시안**(cartecian)[=Direction **방식**, **직교**(Coordinate) **방식**, Hot end **방식**]
   - ☑ X, Y 또는 Z, X 등 2축이 90도로 움직임(Coordinate 방식)
   - ☑ Feeder가 Extruder와 함께 붙어있는 형식(Hot end 방식)
   - ☑ Z축에 Feeder Step Motor가 있어 무게중심이 가중되어 속도저하 현상 발생 → X축이 Z축에 올라타 있어 Extruder 무게가 Z축의 움직임에 부담을 주기 때문에 Z축에 모터가 2개
   - ☑ 출력속도가 FDM 방식 중 가장 느리며 모든 축이 운동하는 만큼 출력 안정성 저하

2. **보우덴**(bouden) **방식**[=**델타**(delta) **방식**, Cold end **방식**]
   - ☑ Feeder가 Extruder와 분리되어 있는 형식(Cold end 방식)
   - ☑ X, Y, Z 3축이 평행으로 움직임
   - ☑ 무게중심을 가볍게 하기 위해 설계(중력의 무게 최소화)
   - ☑ 이론상 출력속도가 FDM 방식 중 가장 빠르며 출력이 안정적이나 출력 사이즈가 적음.

3. H-Bot **방식**[=**멘델 방식**]
   - ☑ Extruder가 X, Y 축으로 운동하며, Bed가 Z축으로 운동
   - ☑ 2개의 축이 움직이므로 카르테시안 방식보다는 안정적
   - ☑ 오픈크리에터즈 사의 ALMOND, 얼티메이커 사의 Ultimaker

3D 프린팅 방식

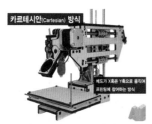

cartecian 방식

bouden 방식

H-Bot 방식

참조> http://blog.naver.com/82vincent/220289640144

1-2 3D 프린터 구성

기계부(Mechanical) ⇨
- ◆ 벨트와 풀리(Belt & Pulley)
- ◆ 전산볼트(Threaded rod, screw Bolt)
- ◆ 커플링커플러

전기부(Electrical) ⇨
- ◆ 아두이노 컨트롤러(Controller)
- ◆ 스텝모터(Stepper Motor)
- ◆ Stepper drivers
- ◆ 엔드스톱(End Stop) 스위치
- ◆ Heated Bed

익스트루더부
(Extruder) ⇨
- ◆ 핫엔드(Hot End)
- ◆ 콜드엔드(Cold End)
- ◆ 필라멘트(Filament)

S/W ⇨
- ◆ Slicing program → G Code 변환

펌웨어(Firmware) ⇨
- ◆ Marlin ← Sprinter(c언어로 구성)

벨트와 풀리(Belt & Pulley)	전산볼트(Threaded rod, screw Bolt)	커플링커플러

기계 본체는 일반적으로 X/Y/Z축의 선형 운동체 부분과 프린터 베드(인쇄판) 등 2 파트로 나눈다. 여러분이 렙랩 3D 프린터를 정면에서 마주할 때 X축은 좌우 이동이고 Y축은 전후 이동이며 Z축은 상하 이동이다. X, Y는 조형 너비 또는 면적을 나타내고 Z는 조형 높이를 나타낸다.

☑ X/Y/Z축의 선형 운동체
선형 운동은 일반적으로 다음의 2가지 방법 중 하나를 이용해 구축할 수 있는데 대부분의 렙랩은 X/Y축의 움직임에선 벨트를 이용하고 Z축에선 스레드 로드를 이용한 결합 방식을 채택해 사용하고 있다.

1. **벨트와 풀리**(Belt & Pulley) **모션 구동**
   - 벨트와 풀리를 이용한 방법은 빠르고 가벼운 움직임에 좋다.
   - 벨트의 이와 이 사이의 거리값을 피치라고 하는데 벨트에서 정한 직선운동 길이만큼 풀리가 모터의 원주운동을 직선운동으로 변환한다.
   - 구동부 타이밍벨트 조립 시 모터 풀리의 이빨에서 빠져나가지 않을 정도의 탄력을 유지할 수 있도록 장력을 유지한다.
   - 정확도를 고려할 때 벨트와 풀리 조합은 가장 중요하므로 스텝포터 직경과 정확히 일치하는 GT2 벨트 조합을 사용하여야 한다.

2. **전산볼트**(Threaded rod, screw Bolt) **모션 구동**
   - 스레드 로드를 이용한 방법은 다소 느리지만 강력한 힘을 필요로 할 때 좋다.
   - 전산볼트의 나사산의 간격으로 이동 거리를 계산한다.
   - 거의 모든 렙랩 기반의 모델들이 Z축을 움직이는데 스레드 로드를

사용하고 있다.

◆ Z축(조형 높이)는 한 번에 몇 ㎜ 정도밖에 움직이지 않기 때문에 빠른
속도보다는 정확도와 힘을 필요로 한다.

◆ 렙랩은 힘을 필요로 하지는 않지만 CNC 머신을 이용해 절단할 경우,
대체로 3개의 스레드 로드를 사용해 Z축을 구성한다.

반동 (Bounce)에서 유의할 점

▶반동(bounce)은 스레드 로드와 벨트/풀리의 방향 변경 시 느낄 수 있는 불안정함으
로 인쇄품질 영향을 미친다.

▶T5와 MXL 벨트는 원래 타이밍 벨트로 사용하도록 설계되어 있으며 일반적으로
타이밍 벨트는 단방향으로만 회전하기 때문에 반동이 크게 문제 되진 않는다. 특히
GT2 벨트는 방향을 바꿀 수 있도록 설계되었기 때문에 보다 더 정확도가 높다.

▶스레드 로드 반동에 대한 표준 해결 방안은 로드에 스프링을 끼우고 2개의 너트를
양쪽에 사용해 고정시킨다.

☑ 프린터 베드(인쇄판)

인쇄물을 올리는 곳으로 베드는 원래 렙랩 첫 번째 모델인 다윈처럼 고정되어 있을
수도 있고, X/Y/Z축을 따라 움직일 수도 있다. 대부분의 렙랩 기반 모델은 Y축을
따라 이동하는 모델이지만 Z축을 이동하는 모델도 있다.

베드는 보통 상판(Upper Plate)과 하판(Lower Plate)으로 겹쳐져 구성되어 있다.

1. **어퍼 플레이트**(Upper Plate, 상판)

◆ 상판은 하판 위에 붙어 있는 네 귀퉁이의 스프링 위에 고정되어 있다.

◆ 스프링은 조정 나사를 사용하여 베드 상판의 수평을 조절한다.

◆ 판이 가열되는 경우(히티드 베드), 일반적으로 그 위에 유리를 얹고 불독 클
립으로 고정하여 사용한다.

◆ 테이프는 압출된 플라스틱 필라멘트 막대가 베드에 잘 안착하도록 돕는 것
은 물론, 인쇄가 완료된 후에는 인쇄물을 상판에서 더 쉽게 떼어지도록 하
는 역할을 하는데 일반적으로 인쇄면으로 작용하는 상판에 붙인다.

◆ 테이프는 대체로 두 가지 유형이 사용되는데 '블루 페인터 테이프(Blue
painter's tape)'와 '캡톤 테이프(Kapton tape)'다.

2. 로어 플레이트(Lower Plate, 하판)

- 하판은 원래 초기 멘델에서 개구리처럼 보였기 때문에, '프로그 플레이트'라고도 불린다.
- 하판은 상판을 지지할 수 있는 기반을 제공하는 역할을 한다.
- 베드가 특정 축에 대한 이동하는 설계를 띠면, 바로 이 하판에 그 메커니즘이 연결된다. 이는 Y축일 경우, 벨트가 하판에 연결된다거나, Z축일 경우 스레드 로드가 연결됨을 의미한다.

■ H/W 구성표

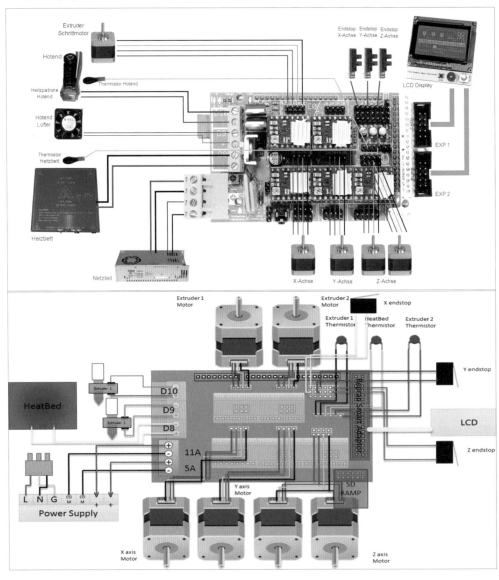

☑ X, Y축 스텝모터는 각 1개인데 Z축은 Extruder 무게 지탱을 위해 스텝모터 2개 장착

　　※ Extruder 2개 장착 가능하도록 스텝모터 2개 지원

☑ 열을 발산해야 하기 때문에 HeatBed(플라스틱계열 사용)에 11A 전류공급

　　※ 반도체 온도제어를 위해서 팬 출력에도 11A 사용

■ 전기(Electrical)부

일반적으로 컨트롤러, 스텝 드라이버, 스텝모터, 엔드스톱, 히티드 베드 등 5가지 분류로 구성된다.

　☑ 컨트롤러(Controller)

　◆ 렙랩의 창시자 '아드리언 보이어' 이름을 빌려와 '아두이노 컨트롤러'라고도 한다.

　◆ 대부분의 렙랩 컨트롤러는 아두이노 마이크로컨트롤러를 기반으로 한다.

　◆ 아두이노 또한 오픈소스 하드웨어이기 때문에 조금씩 응용에 의한 변화가 있지만, 거의 모든 동일한 작업을 수행한다.

　◆ 애드온 보드(실드라고도 불림)와 아두이노 메가를 사용한다.

　☑ 스텝 드라이버(Stepper drivers)

　◆ 스텝 드라이버는 스텝모터와 컨트롤러 사이에서 일종의 중개인 역할을 한다.

　◆ 스텝 드라이버는 케이블을 통해 컨트롤러에 연결되어 있는 별도의 회로 기판에 위치하기도 하는데 각 스텝모터를 위해 적어도 4개 정도가 마련되어 있다.

　◆ 이 칩은 스텝모터의 움직임을 위해 전송해야 하는 신호를 단순화시킨다.

　☑ 스텝모터(Stepper Motor)

　◆ 스텝모터는 전자 모터의 한 종류이며 컨트롤러에 의해 정밀한 컨트롤이 가능하다. [제어: A4988 Drive]

　◆ 대부분의 렙랩은 4~5개의 스텝모터를 사용하는데, 3~4개의 모터는 X/Y/Z 축의 움

직임을 위해 쓰이며 나머지 하나는 익스트루더(압출기)를 컨트롤하는 데 쓰인다.

※ 때때로 Z 축은 2개가 사용되기도 한다.

◆ 스텝모터는 step 단위로 모터를 제어한다. 펄스(Pulse)가 입력될 때마다, 일정한 각도씩 모터가 회전하도록 제어되는 모터다.

⚙ 스텝 각(degree of step)을 작게 하면 모터의 위치를 결정하는 정밀도가 향상된다.

⚙ 펄스(pulse) 속도를 빠르게 하면 스텝모터의 회전속도가 빨라진다.

⚙ 제품: NEMA17[스텝 수에 따라 5단(full, half, 4, 8, 16) 종류가 있으며, 전류 크기에 따라 1.2A /1.5A /1.7A가 있다]

⚙ 200 펄스[360도 회전←1 펄스 당 1.8도이므로 360/1.8=200]

◆ 스텝모터의 구동원리는 스텝(step) 상태의 펄스(pulse)에 순서를 부여함으로써 주어진 펄스 수에 비례한 각도만큼 회전을 시키는데, 펄스와 방향신호를 발생시키는 컨트롤러와 컨트롤러에서 받은 펄스 신호를 각 상으로 여자해주는 구동드라이버(Stepper Drive)가 역할을 수행한다.

PWM제어에 의한 펄스속도

100 Hz   모터회전속도 : 느림

PWM   ↓   CONTROL

2000 Hz   모터회전속도 : 빠름

※ PWM(pulse width modulation): 전압을 조절하여 속도 제어

참조> http://blog.naver.com/PostView.nhn?blogId=motorbank01&logNo=100164167469

☑ 엔드스톱(End Stop)

◆ X/Y/Z축의 길이를 한정하기 위해 사용하는 센서다.

◆ 3개의 엔드스톱 스위치가 있다.

☑ 히티드 베드(Heated Bed, 가열판)

◆ 프린트 베드(인쇄판)는 압출기에서 원료가 뽑혀 나와 인쇄물이 만들어져 놓이는 공간이다.

◆ 히티드 베드는 인쇄되는 동안에 일정 온도의 열을 인쇄물에 가해주면서 뒤틀림 현상을 미연에 방지해주는 역할을 한다.(예: 부엌의 토스터기와 같은 작동 원리)

◆ 히티드 베드는 온도 센서를 갖고 있는 큰 저항체이다.

Step Per Unit(모터의 단위 길이 스텝 수) 고려사항: 1)**스텝모터**의 기본 스텝
수, 2)**풀리**의 톱니 수, 3)**벨트**의 피치

■ 익스트루더(Extruder, 압출기)부

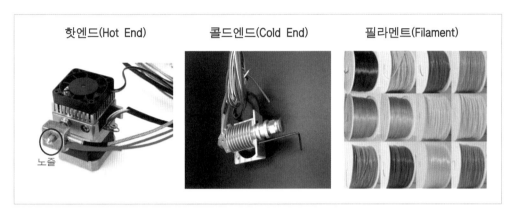

압출기는 원료 필라멘트를 노즐에 공급하고 베드에 필라멘트를 녹여 안착시키는 중요한
역할을 담당한다. 사실상 '압출 적층 조형 방식(FDM 또는 FDM)'의 핵심으로 핫엔드(뜨거
운 끝부분)와 콜드엔드(차가운 끝부분) 등 두 부분으로 구성된다.

일반적으로 콜드엔드는 절연체 또는 서멀 브레이크(열 틈)를 통해 핫엔드로 연결되어 있으며,
아주 엄밀하고 안정적으로 한쪽에서 다른 쪽으로 필라멘트를 통과시킬 수 있을 만큼 정확도를
요구한다. 많은 열전달 방지를 위해 일반적으로 PEEK 플라스틱이 들어간 PTFE 강선을 사용한다.

☑ 콜드엔드(Cold End)
◆ 필라멘트를 녹여 핫엔드에 보내는 역할을 한다.
☑ 핫엔드(Hot End)
◆ 핫엔드는 압출기에서 원료 필라멘트를 가열해 녹여내는 부분의 일부다.
◆ 최고로 녹는 온도는 노즐 부분이 되어야 되기 때문에 Hot End에서 온도제어가 일어난다.
　　→ FAN 설치
💠 재료가 Hot End에서 녹을 수 있도록 열전달을 차단한다.
💠 재료 투입구와 재료가 녹는점 사이를 향하게 해서 재료가 미리 녹는 것을
　　방지한다.
◆ 핫엔드 속성(일반적으로 금속 케이스와 함께 다음과 같은 속성을 가진다.)
💠 플라스틱을 녹여낼 정도의 고온(대게 180도 이상)이 필요하기 때문에 높은 온도에
　　견딜 수 있는 레지스터(저항체)다.

💠 금속관의 온도를 측정하는 서미스터다.

※ 서미스터(thermistor): 온도에 따라 전기 저항치가 달라지는 반도체 회로 소자는 기본적으로 레지스터를 통과하여 녹인 원료의 양을 변화시킴으로써 온도를 올리거나 낮춘 다음, 서미스터를 통해 온도를 모니터링하게 된다.

☑ Extruder 세부 구조

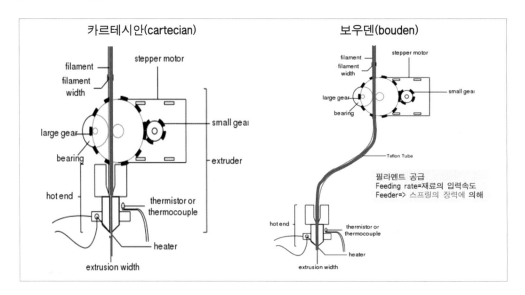

▶ 픽(PEEK): PolyEther Ether Ketone(폴리에테르 에테르 케톤)의 약자로 **고온의 열가소성 수지로 압출기(익스트루더)의 서멀 배리어(열 장벽)로 사용**된다.

▶ PTFE: 폴리테트라플루오로에틸렌(Polytetrafluoroethylene 또는 테플론_Teflon)의 약자로 **미끄러운 열가소성 수지로 종종 원료 필라멘트와 압출기(익스트루더)** 베어링과의 마찰을 최소화하기 위해 사용된다.

☑ 필라멘트(Filament)

대게 ABS와 PLA, 두 가지 유형의 원료를 사용한다.

ABS는 휘어짐과 냄새가 고약하다는 문제가 있지만 레고 블록처럼 강도가 좋으며, PLA는 와플 향처럼 고약한 냄새가 나지 않는 생분해성 친환경 원료이지만 강도는 강하지 않은 소재다.

◆ PLA: 'Polylactic acid(폴리 유산)'의 약자로, 옥수수와 같은 작물에서 발효 가능한 유산균으로 생성할 수 있는 생물 분해성 고분자로 친환경적인 소재라고 이야기되는 것이 이 때문이다. 또한, 작물만 있다면 만들 수 있기 때문에 경제적으로 취약하지만, 천연자원이 풍부한 개발도상국이나 제3세계 국가들에게서 사용되기에 이상적인 원료로 평가받고 있다. 현재 거의 모든 FDM 방식 3D 프린터에서 가장 기본적으로 사용되고 있다.

💠 가열 시 옥수수 타는 듯 달달하며 구수한 냄새

◉ 강도 단단

※ PTFE보다 단단함, 보통 렙랩 부품을 인쇄하고자 할 때 ABS가 이론 상 더 단단하여 선호하였지만, 3D 프린팅 시에는 PLA가 ABS보다 층(Layer by Layer)간 접지력이 보다 우수하여 실제 결과물은 모든 축 방향에서 더 단단하다는 판단이 우세하다.

◉ 표면에 광택이 있다.

◉ 가열판(HBP)이 없어도 인쇄 가능(가열판 50도 사용 시 조형판에 더 잘 붙어 있다.)

◉ 서포트로 활용 시 제거하기가 다소 어렵다.(서포트가 제거된 부분도 깔끔하지 못하다.)

◉ 인쇄물이 약 55도 이상의 온도에서 변형 시작

◉ 수축 다소 발생

◉ 권장 운용온도: 1) Hot-end 180~230℃, 2) Heat Bed 0~60℃

◆ ABS: 'Acrylonitrile Butadiene Styrene(경량 아크로니트릴 부타디엔 스티렌)'의 약자로, 제품 생산 시 가장 일반적으로 사용되는 열가소성 플라스틱이다.

◉ 비교적 저렴하고 구입 용이

◉ PLA보다 낮은 마찰계수로 압출 시 더 낮은 힘이 필요하기 때문에 더 작은 조형을 할 때 유리

◉ 가열 시 냄새가 심하고 인체에 해로울 수 있어 반드시 실내 환기 필요

◉ 서포트 제거가 PLA보다 쉽다.

◉ 인쇄물이 PLA보다 고온에서도 잘 견딘다.

◉ 수축열이 발생하기 때문에 가열판 필요

◉ 용매: 아세톤(Acetone)

◉ 권장 운용온도: 1) Hot-end 230±10℃, 2) Heat Bed 100±10℃

■ Arduino Mega 2560 Board

☑ ATMEGA2560칩을 이용하여 프린터 Controller 사용

　[ATMega2560: 5V 전원 /256KB 플래시 메모리 /8KB SRAM /4KB EEPROM /Firmware 저장(OS) /PC 간 USB 통신]

☑ 저렴하고 단순하며 뛰어난 호환성

☑ 현존하는 AVR 제품군 중 뛰어난 기능과 저렴한 공급으로 교육용, 예술가용으로 많이 사용 (※ AVR: ATMEL사에 제작된 진보된 RISC구조의 마이크로프로세서로 Alf-Egil Bogen과 Vergard Wollan 가 설계한 RISC 기반기술이라 하여 첫자를 따서 또는 Advanced RISC 약어로 AVR이라 한다.)

☑ 54핀 디지털 입력/출력용 16개의 아날로그 입력

☑ 4개의 UART(통신연결), USB 연결

　[UART: Universal asynchronous receiver/transmitter, 범용 비동기화 송수신기는 병렬 데이터의 형태를 직렬 방식으로 전환하여 데이터를 전송하는 컴퓨터 하드웨어]

Arduino (http://arduino.cc)

▶아두이노는 좋은 친구 라는 이탈리아어이며 **오픈 하드웨어**

▶아두이노는 AVR이라는 마이크로 컨트롤러 기반으로 한 **오픈소스 원보드 마이컴이며**, 이는 누구나 전기/전자 회로를 몰라도 쉽게 익히도록 한 보드

▶Arduino Library: EEPROM/Ethernet/SD/LCD/Stepper/WiFi

▶아두이노 이력

　◆ 2005년 이태리 Ivrea에서 초기 프로젝트 출범

　◆ 2008년 10월 Arduino Duemilanove 출시

　◆ 2009년 3월 Arduino Mega 출시

　◆ 2011년 3월 전 세계적으로 300,000개 이상 유닛사용

▶아두이노 특징

　◆ 오픈소스 기반 마이크로 컨트롤러(H/W)

　◆ 윈도, 맥 OS X, 리눅스 등 여러 OS 지원 가능

　◆ 모든 보드의 회로도는 공개되어 누구나 직접 보드를 만들고 수정 가능

GPL(General Public Licence)

> **Open Source → GPL(General Public Licence):** Free
> 소프트웨어 라이선스

▶ 기본적으로 어떤 프로그램을 개발할 때, **GPL 코드를 일부라도 사용하게 되면**
그 프로그램은 GPL이 됩니다.

▶ GPL을 가진 프로그램을 유료로 판매하는 것은 가능하지만, 반드시 전체 소스코드
는 무료로 공개해야 합니다.

Arduino Board 종류

Name	Processor	OperatingVoltage/ Input Voltage	CPU Speed	Analog In/Out	Digital IO/PWM	EEPROM [KB]	SRAM [KB]	Flash [KB]	USB	UART
Uno	ATmega328	5 V/7-12 V	16 Mhz	6/0	14/6	1	2	32	Regular	1
Due	AT91SAM3X8E	3.3 V/7-12 V	84 Mhz	12/2	54/12	-	96	512	2 Micro	4
Leonardo	ATmega32u4	5 V/7-12 V	16 Mhz	12/0	20/7	1	2.5	32	Micro	1
Mega 2560	ATmega2560	5 V/7-12 V	16 Mhz	16/0	54/15	4	8	256	Regular	4
Mega ADK	ATmega2560	5 V/7-12 V	16 Mhz	16/0	54/15	4	8	256	Regular	4
Micro	ATmega32u4	5 V/7-12 V	16 Mhz	12/0	20/7	1	2.5	32	Micro	1
Mini	ATmega328	5 V/7-9 V	16 Mhz	8/0	14/6	1	2	32	-	1
Nano	ATmega168	5 V/7-9 V	16 Mhz	8/0	14/6	0.512	1	16	Mini-B	1
Nano	ATmega328	5 V/7-9 V	16 Mhz	14/6		1	2	32		
Ethernet	ATmega328	5 V/7-12 V	16 Mhz	6/0	42108	1	2	32	Regular	-
Esplora	ATmega32u4	5 V/7-12 V	16 Mhz	-	-	1	2.5	32	Micro	-
ArduinoBT	ATmega328	5 V/2.5-12 V	16 Mhz	6/0	42169	1	2	32	-	1
Fio	ATmega328P	3.3 V/3.7-7 V	8 Mhz	8/0	42169	1	2	32	Mini	1
Pro (168)	ATmega168	3.3 V/3.35-12 V	8 Mhz	6/0	42169	0.512	1	16	-	1
Pro (328)	ATmega328	5 V/5-12 V	16 Mhz	6/0	42169	1	2	32	-	1
Pro Mini	ATmega168	3.3 V/3.35-12 V	8 Mhz	6/0	14/6	0.512	1	16		1
LilyPad	ATmega168V	2.7-5.5 V/2.7-5.5 V	8 Mhz	6/0	0.512	1	16			
LilyPad USB	ATmega32u4	3.3 V/3.8-5V	8 Mhz	4/0	42251	1	2.5	32	Micro	-
Simple	ATmega328	2.7-5.5 V/2.7-5.5 V	8 Mhz	4/0	42251	1	2	32	-	-
LilyPad SimpleSnap	ATmega328	2.7-5.5 V/2.7-5.5 V	8 Mhz	4/0	42251	1	2	32	-	-

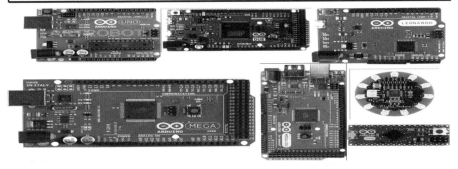

■ RAMPS 1.4

☑ RepRap Arduino Mega Pololu Shield

　※ Pololu: 스텝모터 제조사명

☑ 아두이노의 확장보드

☑ 3D 프린터 확장성 → 3D 프린터와 기능적인 유사성을 가진 기구에 적용 가능

☑ 저렴한 비용으로 구동시스템 구현

☑ 오픈소스와 오픈하드웨어로 저작권 문제없다.

☑ 특징

⊕ **아두이노의 입출력 게이트**(Extruder 2개, 유입전류 11A, 5A, 5V LCD, 열선3)

⊕ 다양한 확장성 제어

⊕ SRAM 8KB, EEPROM 4KB(SRAM: Static Random Access Memory, EEPROM: Dynamic Electrically Erasable Programmable Read-Only Memory)

⊕ 히터/팬 출력 등 3개의 반도체 온도제어회로와 Heated Bed를 위한 11A 휴즈 내장

⊕ 5개의 Polou Stepper Driver Board

⊕ 반도체 범용성을 위한 PWM 적용(**PWM: Pulse Width Modulation**)

⊕ USB 및 SD카드 사용 가능을 위해 5A 휴즈 내장으로 부품보호 및 안전성 확보(USB: Universal Serial Bus, SD: Secure Digital Memory Card)

RepRap프로젝트

3D 프린터 오픈소스 하드웨어 공개(www.RepRap.org)

▶2005년 영국 바스대학 기계공학과 **아드리안 보이어**(Adrian Bowyer) 교수

▶ '누구라도 3D 프린터 만들어 사용하도록 하자' 슬로건

▶자신의 설계내용을 모두 오픈소스로 공개

▶스스로 복제 가능(멘델) → 자신의 부품을 **최대 60%까지 자체복사** 가능

▶RepRap 3D Printer

Darwin   Mendal   Prusa Mendal   Prusa Mendal i3

참조> http://RepRap.org/

렙랩(RepRap, Replication Rapid Prototyping) 특징

▶오픈소스 하드웨어 형태로 대중 참여 유도[Open Source → GPL(General Public Licence): Free 소프트웨어 라이선스]

▶**대부분 3D 프린터는 랩랩 영향**[시장에서 오픈소스계열의 프린터 차지하는 비중 40% = 렙랩 21.9%+Other 23.4%]

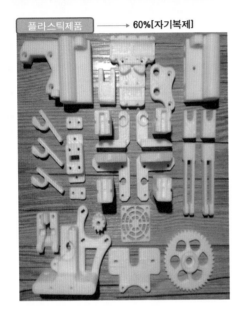

■ A4988 Motor Driver

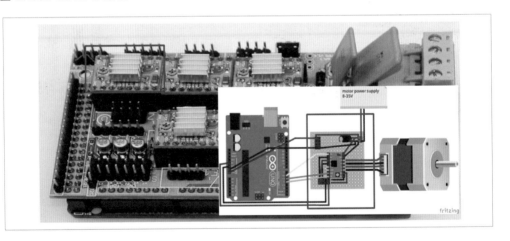

☑ 3D 프린터의 스테핑 모터를 제어하는 데 유용하게 사용

☑ **간단한 스텝 및 방향제어** 인터페이스

☑ 5개의 스텝설정 가능: Full/half/quarter/eighth/sixteenth-step

☑ **전압조절용 가변저항**이 있어서 조절이 가능

☑ Chopping control → 적정 전류를 자동으로 선택 가능한 지능적 제어

☑ 스텝모터의 적정 전압은 => 0.9~1.1V

■ Marlin 3D Printer Firmware

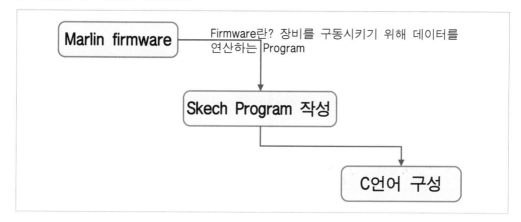

☑ 펌웨어 역할

🌐 G-Code 해석

🌐 X/Y/Z축을 담당하는 모터 및 필라멘트 재료를 사출할 익스트루러 모터 운용

🌐 익스트루더의 히터와 온도 센서를 이용해서 재료를 녹일 적정온도 유지(PID 제어)

🌐 온도 센서를 이용하여 베드의 온도유지(PID 제어)

🌐 Fan 가동

🌐 PC와 데이터 통신

🌐 SD카드

🌐 LCD

※ LCD 화면에서 설정 가능 제어: 1)프린터의 출력속도, 2)노즐 온도(Hot Bed와 Extruder), 3)냉각판 속도(Fan 속도)

PID(Proportional: 비례, Integral: 적분, Differential: 미분)

☑ Skech Program 작성

Marlin firmware

Skech Program 작성

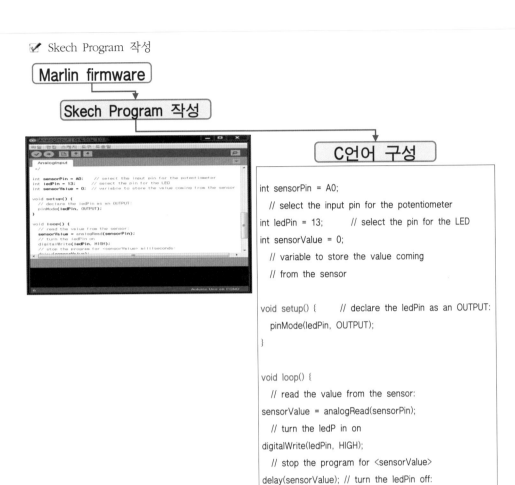

C언어 구성

```
int sensorPin = A0;
  // select the input pin for the potentiometer
int ledPin = 13;        // select the pin for the LED
int sensorValue = 0;
  // variable to store the value coming
  // from the sensor

void setup() {        // declare the ledPin as an OUTPUT:
  pinMode(ledPin, OUTPUT);
}

void loop() {
  // read the value from the sensor:
sensorValue = analogRead(sensorPin);
  // turn the ledP in on
digitalWrite(ledPin, HIGH);
  // stop the program for <sensorValue>
delay(sensorValue); // turn the ledPin off:
digitalWrite(ledPin, LOW);
  // stop the program for for <sensorValue>
delay(sensorValue);
```

☑ Marlin → Configuration.h

⚙ Mother Board type, Extruder 개수, Power Supply 종류 등 Configuration.h에서
기본 세팅

```
#ifndef CONFIGURATION_H
#define CONFIGURATION_H
#include "boards.h"          // This configuration file contains the basic settings.

 // Advanced settings can be found in Configuration_adv.h
 // BASIC SETTINGS: select your board type, temperature sensor type, axis scaling,
 // and endstop configuration
 //#define STRING_VERSION "1.0.2"
#define STRING_VERSION_CONFIG_HZ__DATE__ __TIME__   // build date and time
#define STRING_CONFIG_H_AUTHOR "(none, default config)"
 // Who made the changes.
 // SERIAL_PORT selects which serial port should be used for communication with the host.
 // This allows the connection of wireless adapters(for instance) to non-default port pins.
 // Serial port 0 is still used by the Arduino bootloader regardless of this setting.
#define SERIAL_PORT 0        // This determines the communication speed of the printer
#define BAUDRATE 250000      // This enables the serial port associated to the Bluetooth interface
#define BTENABLED            // Enable BT interface on AT90USB devices
 // The following define selects which electronics board you have.
 // Please choose the name from boards.h that matches your setup
#ifndef MOTHERBOARD
#define MOTHERBOARD BOARD_ULTIMAKER
#endif
```

```
#define TEMP_SENSOR_0 -1
#define TEMP_SENSOR_1 -1
#define TEMP_SENSOR_2 0

#define HEATER_0_MINTEMP 5
#define HEATER_1_MINTEMP 5
#define HEATER_2_MINTEMP 5

#define HEATER_0_MAXTEMP 275
#define HEATER_1_MAXTEMP 275
#define HEATER_2_MAXTEMP 275
```

```
#define DEFAULT_Kp 22.2
#define DEFAULT_Ki 1.08
#define DEFAULT_Kd 114

#define ENDSTOPPULLUP_XMAX
#define ENDSTOPPULLUP_YMAX
#define ENDSTOPPULLUP_ZMAX
#define ENDSTOPPULLUP_XMIN
#define ENDSTOPPULLUP_YMIN
#define ENDSTOPPULLUP_ZMIN
```

제3장

```
#define X_MAX_POS 205              #define Z_MAX_LENGTH(Z_MAX_POS -
#define X_MIN_POS 0                Z_MIN_POS)
#define Y_MAX_POS 205              #define MANUAL_X_HOME_POS 0
#define Y_MIN_POS 0                #define MANUAL_Y_HOME_POS 0
#define Z_MAX_POS 200              #define MANUAL_Z_HOME_POS 0
#define Z_MIN_POS 0
                                   #define
#define X_MAX_LENGTH(X_MAX_POS -   FILAMENT_SENSOR_EXTRUDER_NUM
X_MIN_POS)
#define Y_MAX_LENGTH(Y_MAX_POS -   #define
Y_MIN_POS)                         DEFAULT_NOMINAL_FILAMENT_DIA
```

■ G_CODE 및 M_CODE 이해

☑ G_CODE(General Code)

G_CODE	의미	참고
G0	출력하지 않고 이동(이동 명령어)	속도 G0 > G1
G1	출력하면서 이동(이동 명령어) G1 Z50 → Z축으로 50만큼 출력하면서 이동	
G2/G3	호를 그리는 명령	
G4	일시 정지	
G28	설정된 Home 위치로 이동 G28 Y → X, Z는 가만있고 Y축 방향 Home 위치로 이동	컴퓨터의 엔터키
G90	절대 좌표계(Absolute Coordinates)	
G91	상대 좌표계(Relative Coordinates)	
G92	현재 위치 설정 G92 E0 → 현재 위치에 투입된 필라멘트 양을 0으로 설정 G92 X0 → 현재 위치를 X축 방향 0 위치로 설정	

☑ M_CODE(Miscellaneous Code)

M_CODE	의미	참고
M92	Step per unit 값 조정	
M104	노즐 온도 설정 M104 S240 → 노즐 온도 240도까지 올리도록 설정	
M105	현재 온도 읽어옴.	
M106	Fan on	
M107	Fan off	
M114	현재 위치 보여줌.(display current position)	
M119	현재 END STOP 위치 보여줌.	
M140	베드온도 설정	
M201	가속도(Acceleration)의 최댓값	
M203	이동속도의 최댓값(Maximum Feed rates)	
M204	가속도(Acceleration)	
M206	Home offset(노즐 크기 입력)	
M303	Auto Tune(PID) 온도 제어	PID: 비례, 적분, 미분
M500	EEPROM 저장	
M501	EEPROM에 저장된 값 보여줌.	
M666	End Stop 조정(Adjustment)	

G0 - Rapid Motion

G1 - Coordinated Motion

G2 - Arc - Clockwise

G3 - Arc - Counter Clockwise

G4 - Dwell

G10 - Create Coordinate System Offset from the Absolute one

G17 - Select XY plane(default)

G18 - Select XZ plane(not implemented)

G19 - Select YX plane(not implemented)

G20 - Inches as units

G21 - Millimeters as units

G28 - Home given Axes to maximum

G30 - Go Home via Intermediate Point(not implemented)

G31 - Single probe(not implemented)

G32 - Probe area(not implemented)

G53 - Set absolute coordinate system

G54-G59 - Use coordinate system from G10 P0-5

G90 - Absolute Positioning

G91 - Relative Positioning

G92 - Define current position on axes

G94 - Feed rate mode(not implemented)

G97 - Spindle speed rate

G161 - Home negative

G162 - Home positive

M101 Extruder on, fwd

M102 Extruder on, reverse

M103 Extruder off

M104 Snn set temperature in degrees Celsius

M105 get extruder temperature

M106 turn fan on

M107 turn fan off

M108 Set Extruder's Max Speed(Rnnn = RPM, Pnnn = PWM)

M109 Snnn set build platform temperature in degrees Celsuis

M110 Snnn set chamber temperature in degrees Celsius

※ M109 in Marlin, Sprinter(ATmega port)
예제: M109 S185
압출기 히터의 온도를 설정하고 해당 온도에 도달하기를 기다림.
단위는 섭씨

M120, M121, M122 Snnn set the PID gain for the temperature regulator(not currently supported by ReplicatorG)

M123, M124 Snnn set iMax and iMin windup guard for the PID controller(not currently supported by ReplicatorG)

M128 get position

M129 get range(not currently supported by ReplicatorG)

M130 set range(not currently supported by ReplicatorG)

M200 reset driver

M202 clear buffer(not currently supported by ReplicatorG)

M300 Snnn set servo 1 position

M301 Snnn set servo 2 position

Other examples

(run toolhead 0 for 5 seconds) ※ 5초 동안 헤드 0 운행

G21(set units to ㎜) ※ ㎜ 단위로 설정

G90(set positioning to absolute) ※ 절대좌표 설정

M108 T0 R1.98(set extruder speed) ※ 익스트루더 속도 설정

M103 T0(Make sure extruder is off) ※ 익스트루더 오프 상태 확인

M104 S225 T0(set extruder temperature) ※ 익스트루더 온도 설정

M6 T0(wait for toolhead parts, nozzle, HBP, etc., to reach temperature) ※ 헤더 부분, 노즐, 가열판 등 온도에 도달할 때까지 기다림.

M101 T0(Extruder on, forward) ※ 익스트루더 on하고 앞으로 진행

G04 P5000(Wait t/1000 seconds) ※ 천분의 1초 기다림.

M103 T0(Extruder off) ※ 익스트루더 off

M104 S0 T0(set extruder temperature) ※ 익스트루더 온도 설정

(run toolhead 1 for 6 seconds) ※ 6초 동안 헤드 1 운행

M108 T1 R1.98(set extruder speed)

M103 T1(Make sure extruder is off)

M104 S225 T1(set extruder temperature)

M6 T1(wait for toolhead parts, nozzle, HBP, etc., to reach temperature)

M101 T1(Extruder on, forward)

G04 P6000(Wait t/1000 seconds)

M103 T1(Extruder off)

M104 S0 T1(set extruder temperature)

☑ RepRep에서 G-Code / M-Code

● 버퍼링 되는 G 명령들

명령코드	의미	참고
G0	빠른 이동(rapid move)	
G1	제어된 이동(controlled move)	
G28	원점으로 이동	
G29-G32	Bed probing	

● 버퍼링 안되는 G 명령들

명령코드	의미	참고
G4	일시 정지(Dwell)	
G10	Head Offset	
G20	인치단위로 세팅(Set Units to Inches)	
G21	㎜단위로 세팅(Set Units to Millimeters)	
G90	절대좌표로 세팅(Set to Absolute Positioning)	
G91	상대좌표로 세팅(Set to Relative Positioning)	
G92	위치 세팅(Set Position)	

● 버퍼링 되지 않는 M과 T 명령

명령코드	의미	참고
M0	정지	
M1	휴면	
M3	스핀들 켜기, 시계방향(CNC 전용)	
M4	스핀들 켜기, 반시계방향(CNC 전용)	
M5	스핀들 끄기(CNC 전용)	
M7	미스트 냉각 on(Mist Coolant On(CNC specific))	
M8	Flood Coolant On(CNC specific)	
M9	Coolant Off(CNC specific)	
M10	Vacuum On(CNC specific)	
M11	Vacuum Off(CNC specific)	
M17	Enable/Power all stepper motors	
M18	Disable all stepper motors	

M20	List SD card
M21	Initialize SD card
M22	Release SD card
M23	Select SD file
M24	Start/resume SD print
M25	Pause SD print
M26	Set SD position
M27	Report SD print status
M28	Begin write to SD card
M29	Stop writing to SD card
M30	SD 카드에서 파일을 삭제
M40	Eject
M41	Loop
M42	소진된 재료 정지/IO 핀 스위치 정지
	(Stop on material exhausted/Switch I/O pin)
	M42 in ???(장치 도움말)
	M42 in Marlin/Sprinter
	M42 in Teacup
M43	Stand by on material exhausted
M80	ATX Power On
M81	ATX Power Off
M82	익스트루더 절대모드로 세팅
	(set extruder to absolute mode)
M83	set extruder to relative mode
M84	Stop idle hold
M92	단위당 축 스텝 수 세팅(Set axis_steps_per_unit)
M98	Get axis_hysteresis_mm
M99	Set axis_hysteresis_mm
M101	Turn extruder 1 on Forward/Undo Extruder Retraction
	M101 in Teacup firmware
	M101 in other firmware
M102	Turn extruder 1 on Reverse
M103	Turn all extruders off/Extruder Retraction

	M103 in Teacup firmware
	M103 in other firmwares
M104	압출기 온도 설정(Set Extruder Temperature)
	M104 in Teacup Firmware
M105	Get Extruder Temperature
M106	팬 ON
	M106 in Teacup Firmware Teacup 펌웨어에서의 M106
M107	Fan Off
M108	Set Extruder Speed
M109	압출기 온도 설정 후 대기(Set Extruder Temperature and Wait)
	M109 in Teacup
	M109 in Marlin, Sprinter(ATmega port)
	M109 in Sprinter(4pi port)
M110	현 라인 수 세팅(Set Current Line Number)
M111	Set Debug Level
M112	긴급 정지
M113	Set Extruder PWM
M114	Get Current Position
M115	Get Firmware Version and Capabilities
M116	대기
M117	Get Zero Position
	M117 in Marlin: 메시지 표시
M118	Negotiate Features
M119	Get Endstop Status
M120	Push
M121	Pop
M122	Diagnose
M126	밸브 열기(Open Valve)
M127	Close Valve
M128	압출기 내부 압력을 제어하기 위한 PWM 값(Extruder Pressure PWM)
M129	Extruder pressure off

M130	Set PID P value	
M131	Set PID I value	
M132	Set PID D value	
M133	Set PID I limit value	
M134	Write PID values to EEPROM	
M135	온도 측정과 파워계산을 하기 위해 히터기에 매 시간 전송하는 PID 설정(Set PID sample interval)	
M136	Print PID settings to host	
M140	베드 온도 설정(Bed Temperature)(Fast)	
M141	Chamber Temperature(Fast)	
M142	Holding Pressure	
M143	Maximum hot-end temperature	
M160	Number of mixed materials	
M190	베드 온도를 지정한 온도가 되기를 기다림(Wait for bed temperature to reach target temp)	
M200	Set filament diameter/Get Endstop Status	
M201	Set max printing acceleration	
M202	Set max travel acceleration	
M203	최대 재료 입력속도 설정(Set maximum feedrate)	
M204	Set default acceleration	
M205	advanced settings	
M206	set home offset	
M207	calibrate z axis by detecting z max length	
M208	set axis max travel	
M209	enable automatic retract	
M210	분당 ㎜ 값을 홈값으로 사용하기 위한 재료입력 속도 세팅(Set homing feedrates)	
M220	속도 보수 비율 세팅(set speed factor override percentage)	
M221	set extrude factor override percentage	
M226	Gcode Initiated Pause	
M227	압출 필라멘트 재흡입 거리(Enable Automatic Reverse and Prime)	

M228	Disable Automatic Reverse and Prime
M229	p와 s 값을 가지는 M227(Enable Automatic Reverse and Prime)
M230	Disable/Enable Wait for Temperature Change
M240	Start conveyor belt motor/Echo off
M241	Stop conveyor belt motor/echo on
M245	Start cooler
M246	Stop cooler
M300	'삐' 소리 재생
M301	Set PID parameters - Hot End
M302	Allow cold extrudes
M303	Run PID tuning
M304	Set PID parameters - Bed
M400	Wait for current moves to finish
M420	Set RGB Colors as PWM
M550	Set Name
M551	Set Password
M552	Set IP address
M553	Set Netmask
M554	Set Gateway
M555	Set compatibility
M556	Axis compensation
M557	Set Z probe point
M558	Set Z probe type
M559	Upload configuration file
M560	Upload web page file
M561	Set Identity Transform
M906	Set motor currents
M998	Request resend of line
M999	Restart after being stopped by error
	T: Select Tool

3D 프린터의 슬라이싱이란 3D 모델을 3D 프린터가 처리할 수 있도록 2차원의 레이어 데이터로 분할하는 작업으로 슬라이싱 설정을 잘하면 중저가(5백만 원 이하) 3D 프린터로도 훌륭한 결과를 얻을 수 있지만, 아무리 좋은 프린터도 슬라이싱에서 설정을 잘못하면 좋은 품질의 제품을 얻을 수 없다. 완벽한 프린팅 결과는 오로지 당신의 경험에 달린 문제임을 인식하고 항상 입력 = 출력, 그리고 'garbage in, garbage out'을 유념하자. 여기서는 여러 슬라이스 프로그램 중 프리웨어인 CURA 위주로 다루어 보고자 한다.

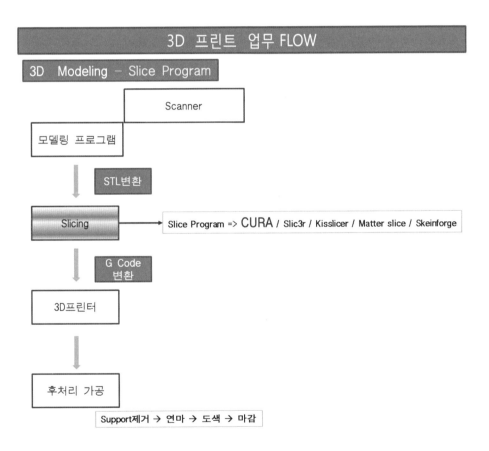

구글에서 'CURA'를 검색하여 윈도용 프로그램을 다운로드 후 실행시킨다.

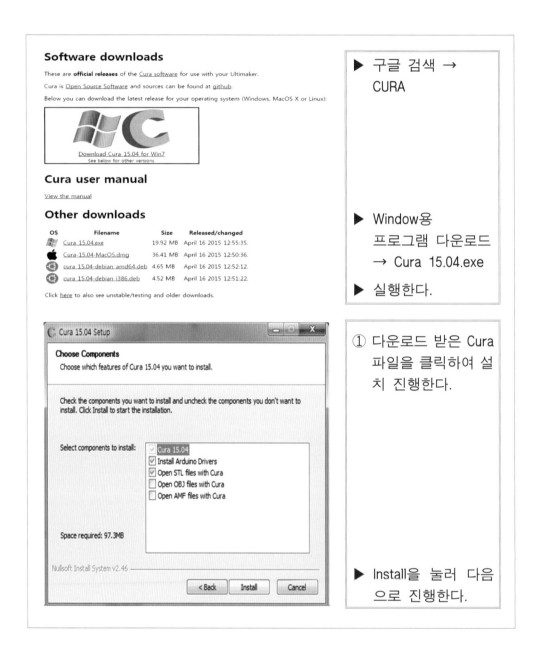

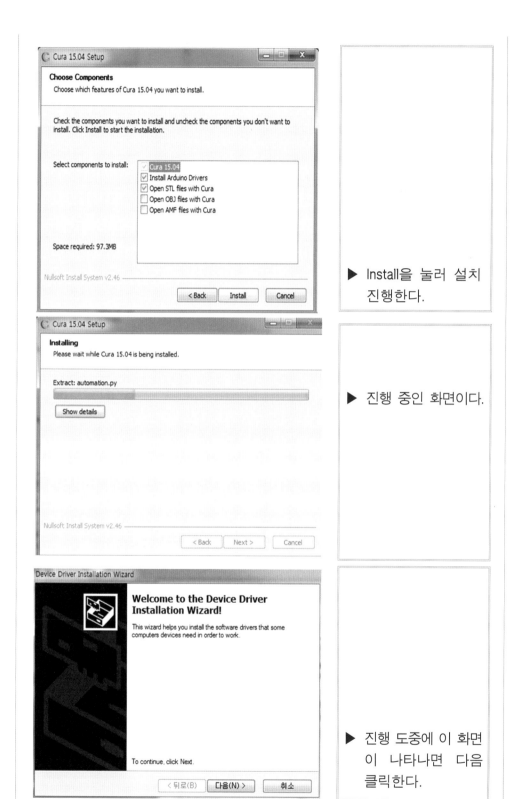

▶ Install을 눌러 설치 진행한다.

▶ 진행 중인 화면이다.

▶ 진행 도중에 이 화면이 나타나면 다음 클릭한다.

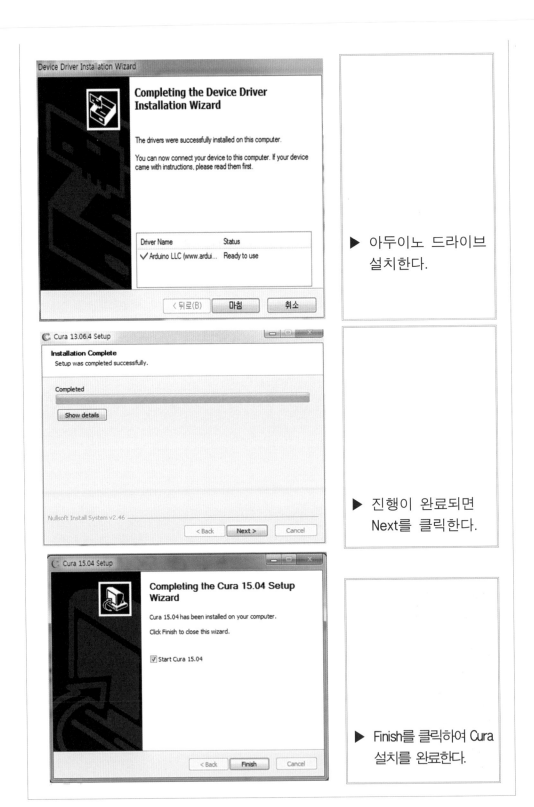

▶ 아두이노 드라이브 설치한다.

▶ 진행이 완료되면 Next를 클릭한다.

▶ Finish를 클릭하여 Cura 설치를 완료한다.

② 설치가 완료되고 Cura
가 실행된다.

▶ Next를 누른다.

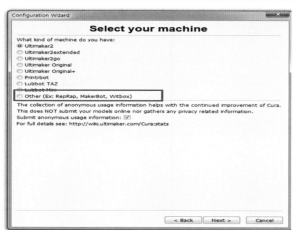

▶ 3D Printer 제조사
가 다르므로 Other
을 선택한 후 다음
으로 넘어간다.

▶ Custom을 선택한 후
Next를 클릭한다.

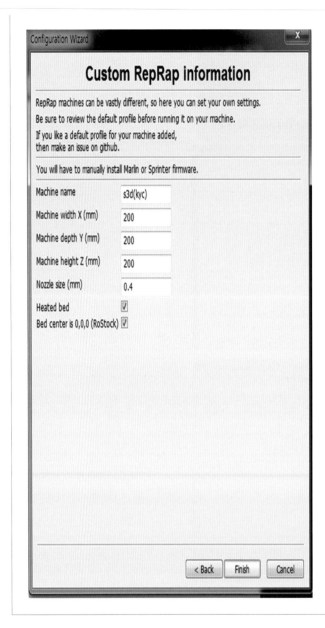

▶ 프린터의 출력 가능 크기 입력한다.
   <제품의 크기를 보고 입력>

   - width : 200㎜

   - depth : 200㎜

   - height : 250㎜

▶ 노즐의 크기 <Nozzle size> 0.4㎜

▶ Heat Bed 온도 사용 여부. <Heated bed> 체크로 사용 여부 표시

   ※ ABS=90도, PLA=60도

▶ Bed 중심 사용 여부 <Bed center is 0, 0, 0> 0점 사용 여부 체크

   ※ 델타봇 형태의 프린터의 경우에 체크한다.

▶ Finish를 클릭하여 세팅 완료한다.

CURA의 주요 메뉴 구성은 다음과 같다.

Machine settings

크기(x,y,z) /Extruder Count /Heated Bed /Machine Center0,0 /Build area shape /G-Code Flavor (marlin /sprinter) /Communication setting(serial port, baudrate)

preferences

Print window(Basic, Pronterface) /Colors /Language /Filament settings /sd card /cura setting

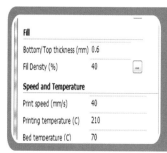

Basic

Quality /Fill /Speed&Temperature /Support /Filament (Diameter)

Advanced

Machine nozzle(0.4)

■ Cura Interface 상단 메뉴 설명

☑ File

- ◆ Load model file: 모델 불러오기
- ◆ Save model: 모델 저장하기
- ◆ Clear platform: 플랫폼 비우기

- ◆ Print: 프린트하기
- ◆ Save Gcode: 저장하기
- ◆ Show slice engine log: 로그 보기

- ◆ Open Profile: 설정값 불러오기
- ◆ Save Profile: 현재 설정값 저장하기
- ◆ Load Profile from GCode: GCode 설정 불러오기

- ◆ Reset Profile to default: 설정 초기화

- ◆ Preferences: 환경설정

- ◆ Recent Model Files: 최근 모델 파일

- ◆ Recent Profile Files: 최근 설정 파일

- ◆ Quit: 종료

☑ Tools

- ◆ Switch to quickprint: 빠른 세팅 설정 모드
- ◆ Switch to full settings: 전체 세팅 설정 모드

☑ Expert

- ◆ Open expert settings: 확장 설정 파일 열기

- ◆ Install custom firmware: 펌웨어 설치

- ◆ Run first run wizard: 초기 실행설정 마법사
- ◆ Run bed leveling wizard: 베드 수평조절 마법사

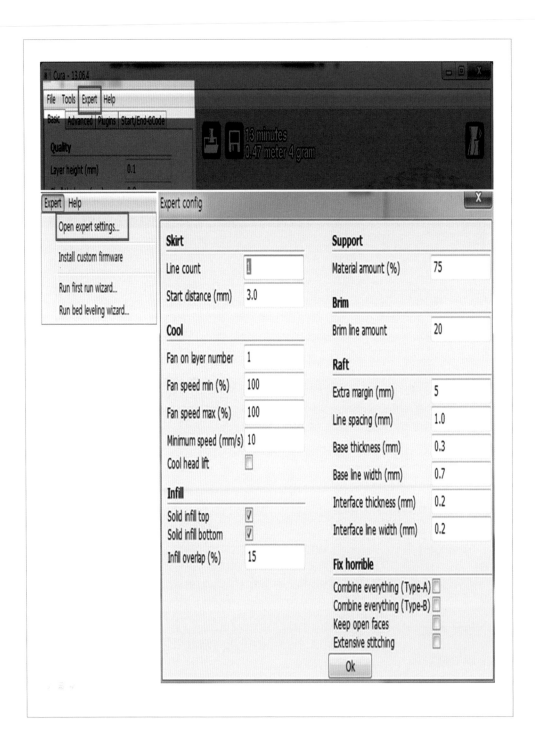

☑ Retraction

◆ 목적: 토출량을 빨아들이는 역할(한 층을 쌓는 것이 끝나면 잠시 토출량을 빨아들여 흘림 방지)

◆ Minimum Travel(㎜) 〈리트랙션 최소거리〉

◆ Enable combing 〈출력 중 구멍을 남겨두는 것〉

◆ Minimal extrusion before retracting (㎜) 〈리트랙션 전에 압출되는 최소 압출량〉

◆ **Z hop when retracting(㎜)** 〈리트랙션이 끝났을 때 이 값만큼 헤드가 올라간다.〉

※ **델타방식에 사용**

☑ Skirt

◆ 목적: 출력 전에 토출량 확인(일정한 토출량)

◆ Line count 〈물체 주위에 그려지는 선의 수〉

　※ 이것은 Extruder(압출기)가 준비하도록 도와주고 물체의 크기가 베드에 맞는지 보기 위함이다.

◆ Start distance(㎜) 〈스커트와 첫 번째 층 사이의 거리〉

◆ Minimal length(㎜) 〈스커트의 최소 길이〉

제 3 장

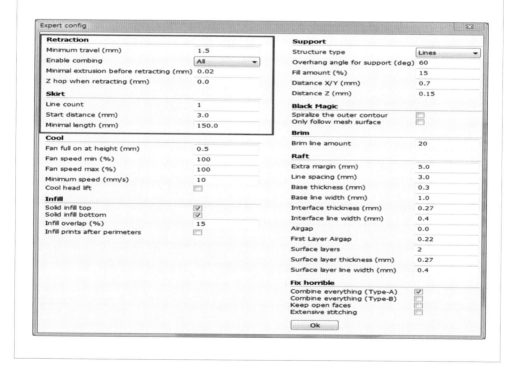

☑ Cool

- 목적: fan을 통하여 제품출력 시 냉각시켜준다.(filament가 녹아서 내릴 때 재료를 냉각시켜 굳게 해준다.)
- Fan full on at height(㎜) 〈팬이 켜지는 높이〉
- Fan speed min(%) 〈팬 최소 속도〉
  ※ 적층 속도가 빠를 때 설정
- Fan speed max(%) 〈팬 최대 속도〉
  ※ 적층 속도가 느릴 때 최대 200%
- Minimum speed(㎜/s) 〈한 층을 출력하는데 걸리는 최소 속도〉
- Cool head lift(Minimal layer time보다 minimal Speed가 빨라져 이미 한 바퀴를 돌았을 경우 → 헤드가 올라간다.)

☑ Infill

- 목적: 솔리드 내부 채움을 결정한다.(속의 채움 정도 결정)
- Solid Infill top 〈top 부분의 내부 채움〉
  ※ 체크하지 않으면 → 내부 채움 0%로 채워줌: 컵이나 꽃병 출력 시 내부 빈 곳으로 편리
- Solid Infill bottom 〈bottom 부분의 내부 채움〉
- Infill overlap(%) 〈내부와 외벽이 겹치는 부분〉
- Infill prints after perimeters

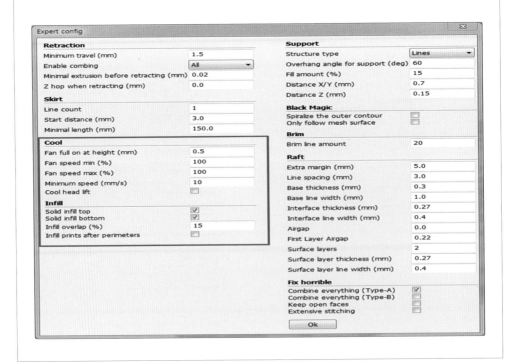

☑ Support

◆ 목적: 지지대 생성을 위한 환경설정

◆ Structure type → Grid / Lines[내부 채움은 그리드가 튼튼하다.]

◆ Overhang angle for Support(deg) 〈돌출부의 각도 정의〉

  ※ 바닥과 수평면의 각도가 이 정도 (각도) 되어야 서포트가 생성된다.

◆ Fill amount(%) 〈서포트 내부의 양〉

◆ Distance X/Y(㎜) 〈X/Y 방향으로 출력물과 서포트 사이의 거리〉

  ※ 이 거리만큼 출력물과 서포트 사이에 빈 공간이 있어 제거하기가 쉽다.

◆ Distance Z(㎜) 〈z 방향으로 출력물과 서포트 사이의 거리〉

☑ Black Magic

◆ 목적: 그물표면을 가진 모델일 경우 사용한다.

◆ Spiralize(나선형) the outer contour (등고선)

◆ Only follow mesh surface 〈체크를 하면 내부 채움이 없어진다.〉[top/bottom 도 하지 않아 출력시간이 단축된다.]

☑ Brim

◆ 목적: 솔리드를 바닥면에 고정시키기 위함이다.

◆ Brim line amount 〈솔리드 옆면에 띠 모양으로 출력되는 선의 양〉

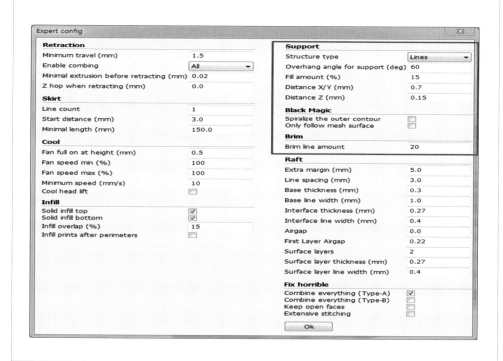

☑ Raft
- ◆ 목적: 열 수축현상이 많은 재료 출력 시에 사용하며, 물체의 바닥표면이 잘 밀착되도록 바닥에 그물 모양으로 출력시켜준다.
- ◆ Extra margin(㎜) 〈물체 가장자리의 추가 래프트 길이〉 [증가시키면 더 강한 래프트 만든다.]
- ◆ Line spacing(㎜) 〈래프트 선들 간의 폭〉
- ◆ Base thickness(㎜) 〈래프트 베이스 (첫 번째) 층의 두께〉
- ◆ Base line width(㎜) 〈래프트 베이스 층의 라인의 너비〉
- ◆ Interface thickness(㎜) 〈인터페이스 레이어의 두께〉
- ◆ Interface line width(㎜) 〈인터페이스 레이어의 라인의 너비〉
- ◆ Air gap 〈래프트의 마지막 층과 물체의 첫 번째 층 사이의 갭〉 [래프트가 쉽게 제거되도록 해준다.]

- ◆ First layer Airgap 〈첫 번째 층의 에어 갭〉
- ◆ Surface layer 〈래프트 위에 놓이는 층 수〉
- ◆ Surface layer thickness(㎜)
- ◆ Surface layer line width(㎜)

☑ Fix horrible
- ◆ 목적: 물체의 구멍을 그대로 유지할 것인가에 대한 결정
- ◆ Combine everything(type-A) 〈물체의 내부구멍을 유지한다.〉
- ◆ Combine everything(type-A) 〈물체의 내부구멍은 무시하고 각 층마다 외부 모양만 유지한다.〉
- ◆ Keep open faces 〈작은 구멍이 자동으로 막히는 것을 방지한다.〉
- ◆ Extensive stitching(꿰맴) 〈폴리곤의 구멍을 닫음으로써 모델의 열려있는 구멍을 모두 닫아준다.〉

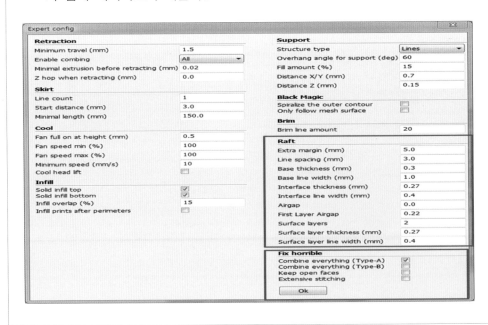

■ Menu 〉 File - Machine Settings

[기존의 Machine setting 값을 보여준다. → 단, 여기서 추가로 입력해야 할 부분이 있다.]

☑ Machine settings

◆ Build area shape 〈Hot bed모양을 결정한다.〉
 ⚙ Square
 ⚙ circle

◆ Gcode Flavor 〈프린터의 펌웨어 결정한다.〉
 ⚙ RepRap(Marlin/Sprinter)

☑ Communication settings

◆ Serial port 〈컴퓨터와 통신하기 위한 포트 연결〉

◆ Baudrate 〈통신 속도를 나타낸다.〉
 ⚙ 보통〉 256000

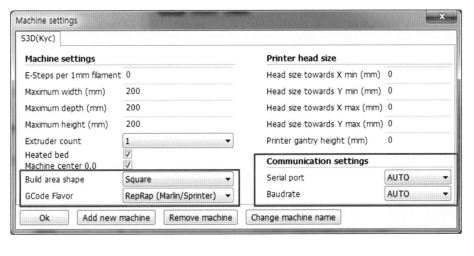

■ Menu 〉 File - Preferences

◆ Print windows 〈프린터와 연결프로그램〉
 ⚙ Basic/Pronterface UI

◆ Colors 〈모델의 색상을 정의함〉
 ⚙ 색상지정 가능함 〈RGB〉

◆ Filament settings 〈필라멘트 정보〉
 ⚙ 면적당 무게
 ⚙ 킬로당 가격
 ⚙ 미터당 가격

♦ Language 〈프로그램 언어 선택〉

　🌐 English

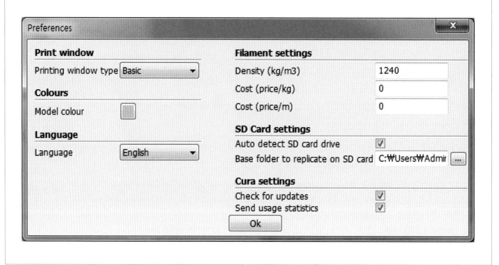

■ 탭 메뉴 [Basic Menu]

☑ Quality

　🌐 외벽 층의 두께를 결정하여 제품의 품질을 좌우함.

　🌐 층의 높이가 작을수록 품질은 좋으나 시간이 오래 걸림.

☑ Fill

　🌐 모델링의 안쪽을 얼마만큼 채울 것인가를 결정하며 빈 공간일수록 내구성이 약해짐.

　🌐 상·하부 두께를 지정하여 막음.

☑ Speed and Temperature

　🌐 출력속도와 품질은 반비례함.

　🌐 보통 속도는 40~60㎜/s, 노즐온도는 ABS(230도), PLA(210도)

　🌐 베드온도는 필요 시 ABS(90도), PLA(60도)

☑ Support

　🌐 모델링의 돌출부문이 인쇄가 잘되도록 서포트(지지대)를 부착하여 안전하게
　　제품출력토록 함. [서포트가 없는 것이 가장 이상적임.]

☑ Fillament

　🌐 제조사의 Filament 규격을 보고 입력함.

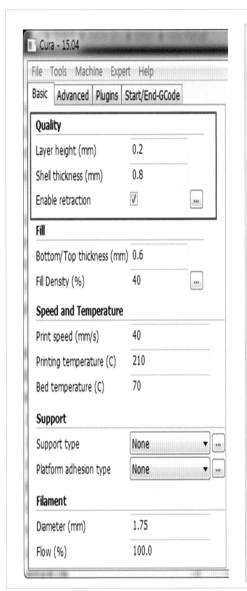

Quality

▶ <u>Layer height(㎜)</u>

- ◆ 인쇄품질과 인쇄 시간에 가장 중요한 영향을 준다.
- ◆ 레이어의 높이가 낮을수록 정밀한 제품을 출력하지만 레이어 층이 많이 생겨 프린트 출력시간이 늘어난다.
- ◆ 보편적인 품질은 0.1㎜로 한다.

▶ <u>Shell thickness(㎜)</u>

- ◆ 외벽의 두께를 설정
- ◆ 0.4㎜ 노즐로 셸 두께를 0.8㎜ 설정하면 노즐이 2번 왔다 갔다 하면서 벽을 만든다.
- ◆ 셸 두께를 높이면 강도는 높아진다.
  → 보통 0.8㎜

▶ <u>Enable retraction</u>

- ◆ 노즐이 프린팅하지 않고 헤드가 이동 중에는 필라멘트 재료를 후퇴시켜 거미줄 같은 찌꺼기가 발생하지 않도록 반대로 흡입시킨다.
- ◆ 빠른 인쇄를 요구가 않은 경우는 대부분은 체크하여 사용한다.

제3장

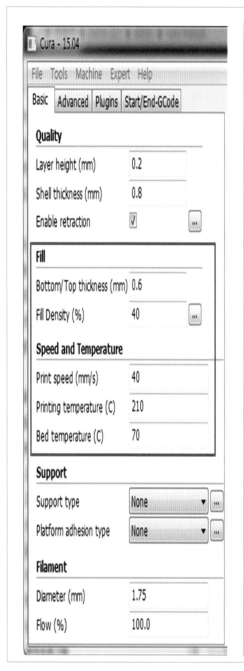

Fill
▶ <u>Bottom/Top thickness(㎜)</u>
  ◆ 상단과 하단의 가장 바깥쪽 면의 두
    께를 지정한다.
  ◆ 두께를 증가시킬수록 견고하게 만
    들 수 있다.
▶ <u>Fill Density(%)</u>
  ◆ 프린트할 내부의 밀도를 설정
  ◆ 출력물의 내부 속을 얼마큼 채울 것
    인가 결정
  ◆ 밀도를 증가시키면 견고해지나 채
    우는 만큼 시간이 지연된다.
  ◆ 권장 채움 → 20% 정도

Speed and Temperature
▶ <u>Print speed(㎜/s)</u>
  ◆ 출력하는 속도 지정
  ◆ 출력을 높이면 모델출력 시간은 단
    축되나 빠르게 적층하면 필라멘트
    의 적층 균일성이 떨어져 품질 저하
    가 발생된다.
▶ <u>Print temperature©</u>
  ◆ 출력되는 노즐의 온도를 설정 [ABS=230,
    PLA=210]
  ◆ 출력 시 거미줄이 생긴 경우는 온도
    를 조금 낮춘다. 또한, 빠른 인쇄 시
    는 온도 높인다.
▶ <u>Bed temperature©</u>
  ◆ Hot Bed 온도 설정 [ABS=90, PLA=60]
  ◆ 출력물 온도 차에 의해 변형이 생길
    경우 핫베드에 온도를 가해준다.

Support type

▶ Touching buildplate

◆ 바닥면에서 평평한 지지대를 올리는 경우에 사용한다.

▶ Everywhere

◆ 바닥면에서 평평한 지지대 형성 + 출력모델 사이에서도 지지대가 필요한 곳에 모두 서포트 형성

◆ 지지대를 많이 해주면 후가공이 많이 생겨 작업이 어려워진다.

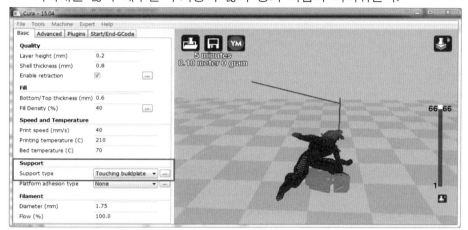

Filament

▶ Diameter(직경)

◆ 사용하고 있는 필라멘트 직경을 입력 → 보통 1.75㎜ 사용한다.

▶ Flow(%)

◆ 필라멘트 흐름의 압출을 보정해주는 보정 계수 → 필라멘트 제조사에 따라 압출량을 조절해준다.

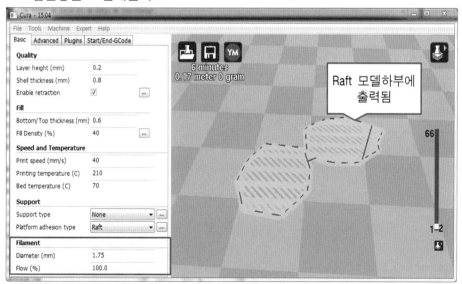

■ 탭 메뉴 [Advanced]

☑ Machine

⊕ Nozzle Size(㎜) → 노즐 사이즈는 보통 0.4㎜

☑ Retraction

⊕ 리트랙션은 나왔던 필라멘트를 다시 흡입하는 기능

⊕ 보우덴(델타) 방식에서는 반드시 설정해야 한다.

☑ Quality

⊕ Speed(㎜/s) → 필라멘트의 후퇴속도 설정

⊕ Distance(㎜) → 필라멘트의 후퇴가 발생 될 경우에 길이를 설정한다.

☑ Speed

⊕ Initial layer thickness(㎜) → 첫 번째 레이어 두께설정, 〈기본 0.3㎜〉

⊕ Cut off object bottom(㎜) → 출력물이 베드(바닥)면과 닿는 부분이 적은 경우에 모델을 플랫폼 밑으로 가라앉혀서 출력한다.

☑ Cool

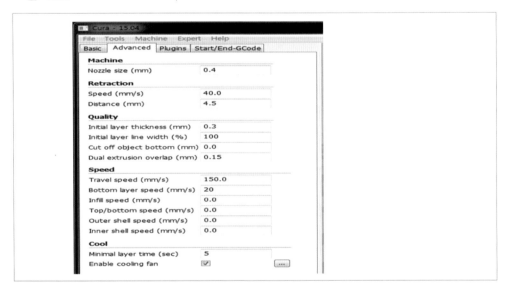

■ 탭 메뉴 [Plugin & Start/End_GCode]

☑ 시작 및 종료 G코드는

⊕ 프린팅을 시작하고 끝낼 때 3D 프린터에 전달되는 명령을 가리키며, 프린팅 물체와 직접 관련되지는 않으면서도 프린터의 작동에 영향을 미치는 모든 명령을 포함한다.

☑ 시작 시에는

⊕ 프린터헤드를 출발점에 놓고,

⊕ 경우에 따라 미리 가열한 후

⊕ 약간의 필라멘트를 압출해본다.

☑ 종료 시에는

⊕ 프린터헤드와 가열베드 등 모든 발열 장치를 끈다.

⊕ 추가적으로 필라멘트를 약간 되감거나 아직 식지 않은 프린터 헤드를 완성된 프린팅 물체로부터 분리하는 기능이 실행된다.

플러그인에서 큐라의 기능을 추가한다.

인쇄의 시작과 종료 절차를 지정해준다.

■ View Mode

다양한 방법으로 모델을 확인할 수 있다.

☑ Normal

⊕ 기본적인 표시

☑ Overhang

⊕ 돌출부를 확인할 수 있도록 빨간색으로 표시 [Support 가능 여부를 판단할 수 있다.]

☑ Transparent

⊕ 투명도를 적용시켜 표시

☑ X-ray

⊕ X-ray 효과를 이용하여 표시

☑ Layers

⊕ 쌓여가는 순서대로 표시

⊕ 한층 한층씩 쌓아가는 모습을 보면서 어떻게 출력되는지 확인 [Support/In Fill/시간 등]

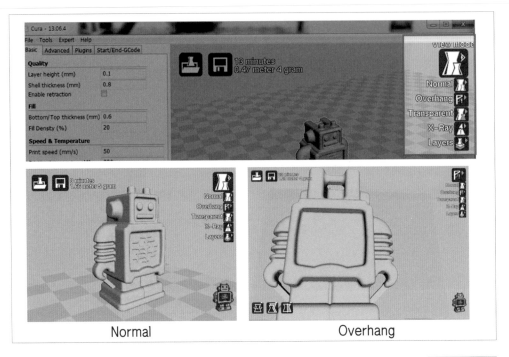

Normal	Overhang

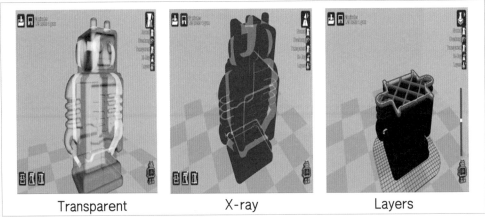

Transparent	X-ray	Layers

■ Rotation

모델을 각 축의 중심으로 회전할 수 있다. 출력모델 회전시키고자 할 경우에는 출력모델을 선택한 후 왼쪽 마우스 버튼을 클릭하면 Rotate Icon이 생긴다.

☑ Layer Plate

⊕ 모델 밑면을 베드에 수평으로 밀착시킨다.

☑ Reset

⊕ 모델의 원래 좌표로 되돌려 준다.

☑ Rotate

⊕ 회전시켜가며 출력물의 Support가 많이 발생되지 않는 쪽으로 출력물을 조정한다.

⊕ 마우스 왼쪽 버튼을 누른 상태로 빨간색 원을 회전시키면 X축 중심으로 회전한다.
→ x축으로 돌리기(빨강), y축으로 돌리기(검정), z축으로 돌리기(노랑)

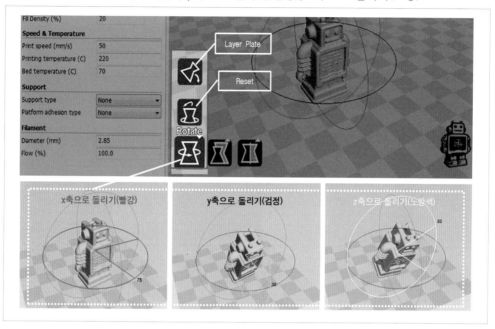

■ Scale

수치와 축을 이용하여 물체의 크기를 [비율]을 통해 조절한다.

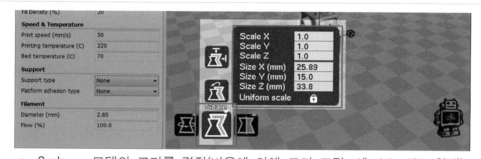

- ◆ Scale → 모델의 크기를 결정(비율에 의해 크기 조정, 예: 1.1→10% 확대)
- ◆ Uniform Scale → x축을 변경하면 자동적으로 Y, Z도 변한다.
- ◆ Non uniform Scale → 하나의 축 방향으로 크기를 축소, 확대할 시에 사용

ToMax

- ◆ 출력할 수 있는 최대 크기로 맞춰준다.

Reset

- ◆ 원본 크기로 되돌려 준다.

■ Mirror

모델을 각 축으로 반사시킬 수 있다.

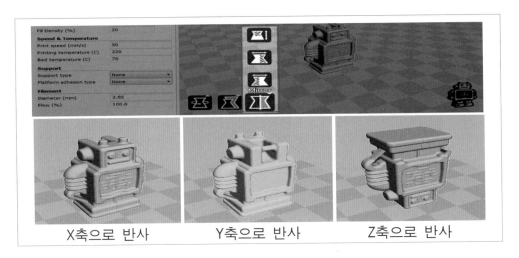

| X축으로 반사 | Y축으로 반사 | Z축으로 반사 |

■ Cura buildplate 상의 오른쪽 마우스 역할

⬡ Cura에서 모델링(stl) 파일을 load하고 난 뒤, 모델링을 선택한 후 오른쪽 마우스를 누르면 제어화면이 나온다.

⬡ 제어화면 설명

① Center on platform → 모델링을 정 중앙에 위치

② Delete objects → 모델링 삭제

③ Multiply objects → 모델링을 원하는 숫자만큼 복사

④ Split objects into parts → 그룹 해제

⑤ Delete all objects → 모델링 모두 삭제

⑥ Reload all objects → 모델링이 있는 상태에서의 재부팅

※ 참고: 삭제시킨 모델은 재부팅 안 됨.

⑦ Reset all objects positions → 떨어진 거리에 있는 모델링 모두 초기 loading한 상태로 돌아감.

⑧ Reset all objects transformations → 회전된 모델링 모두 초기 loading한 상태로 돌아감.

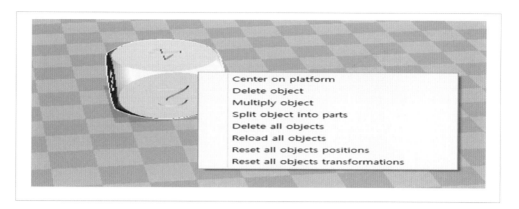

Center on platform
Delete object
Multiply object
Split object into parts
Delete all objects
Reload all objects
Reset all objects positions
Reset all objects transformations

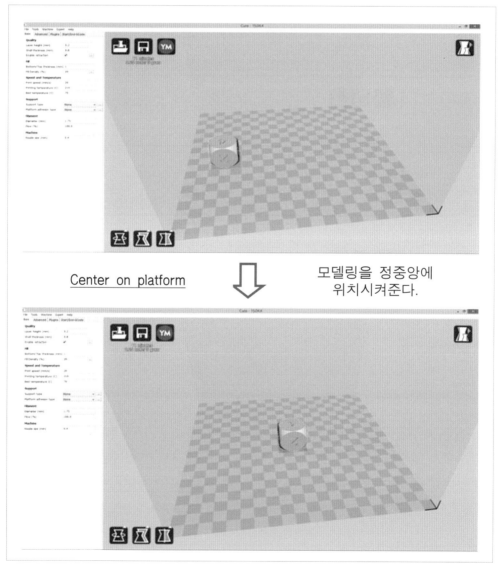

Center on platform

모델링을 정중앙에
위치시켜준다.

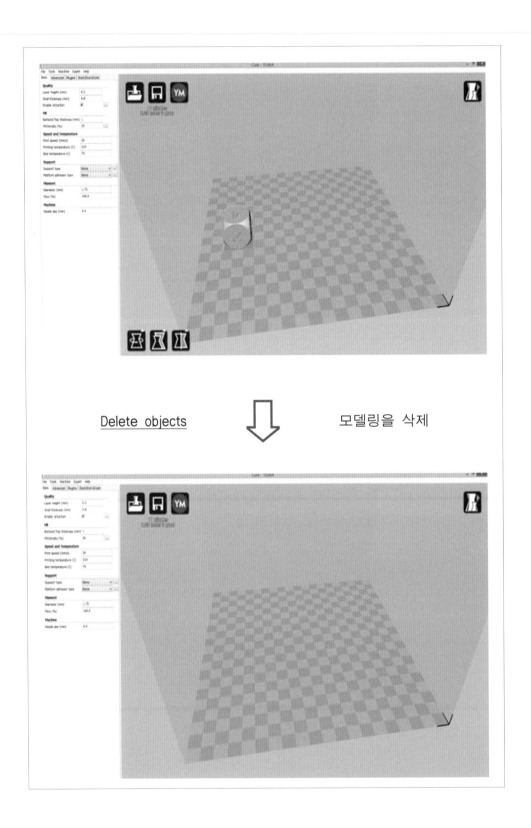

Delete objects　　⇩　　모델링을 삭제

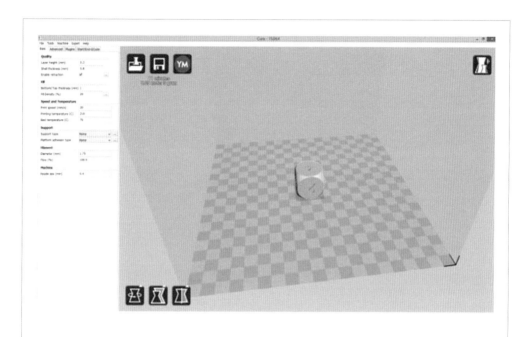

Multiply objects 모델링을 원하는 숫자만큼 복사

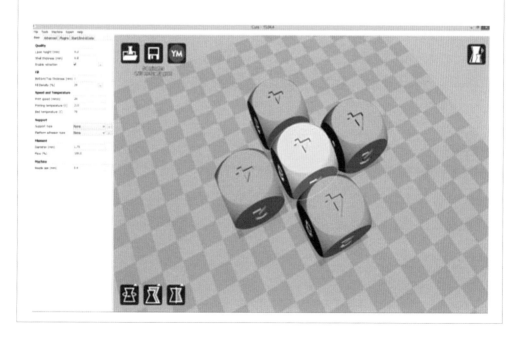

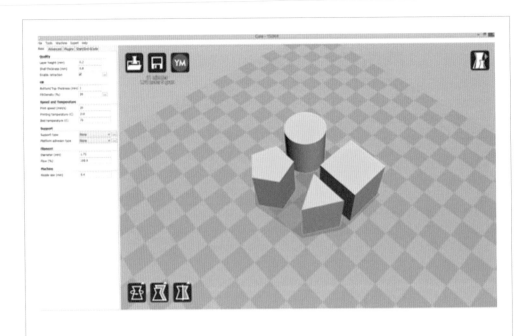

Split objects into parts 그룹으로 묶어진 것을
분리시킨다.

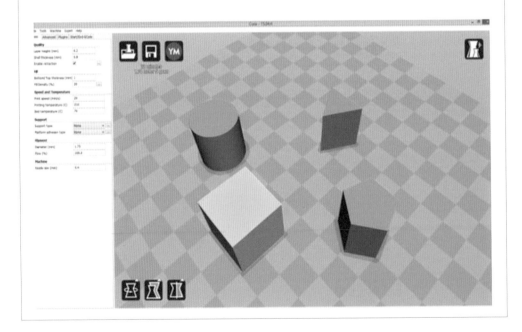

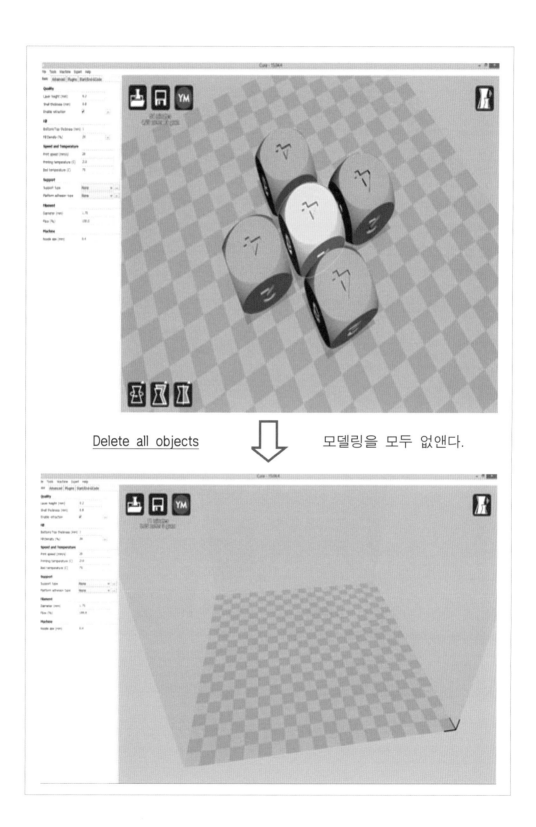

Delete all objects　　⬇　　모델링을 모두 없앤다.

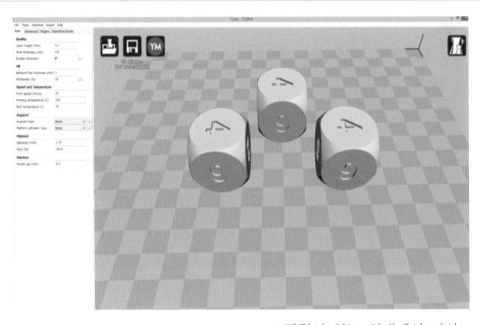

Reload all objects

모델링이 있는 상태에서 다시
재부팅된다.
(※ 삭제시킨 모델은 재부팅이 안
된다.)

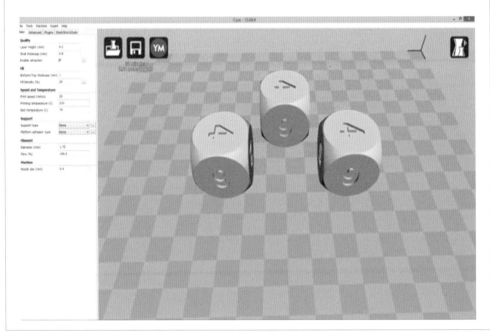

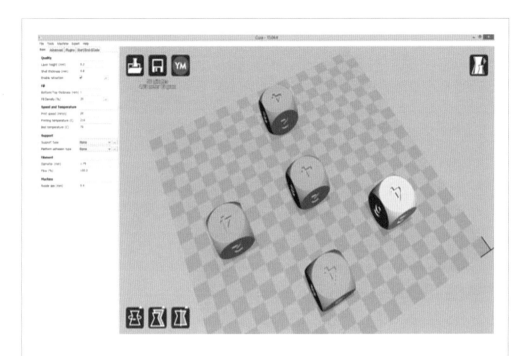

Reset all objects positions 떨어진 거리에 있는 모델링이
초기 상태로 돌아간다.

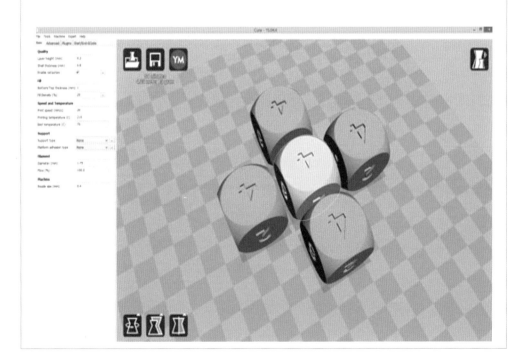

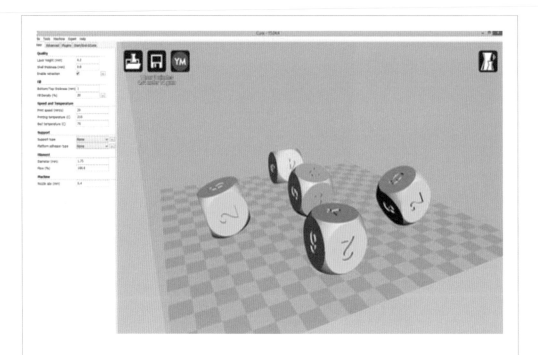

Reset all objects transformations 회전된 모델링을 초기 loading한
상태로 돌아간다.

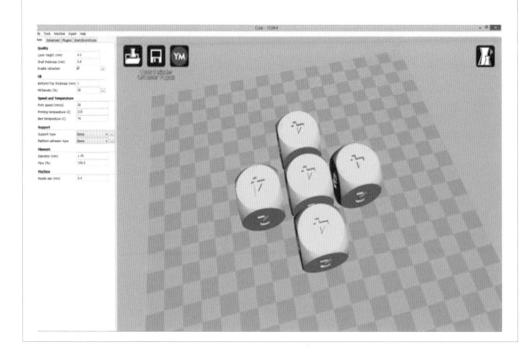

2-4 고품질 출력환경 고려사항

■ CURA 핵심기능

☑ Retraction(리트랙션) 설정

⊕ 속도 : 필라멘트 공급을 정·역회전시키는 속도

⊕ 거리 : 필라멘트 역회전하는데 움직인 거리

☑ 리트랙션 설정이 되지 않은 경우

⊕ 출력물 주위에 거미줄 같은 실이 발생됨.

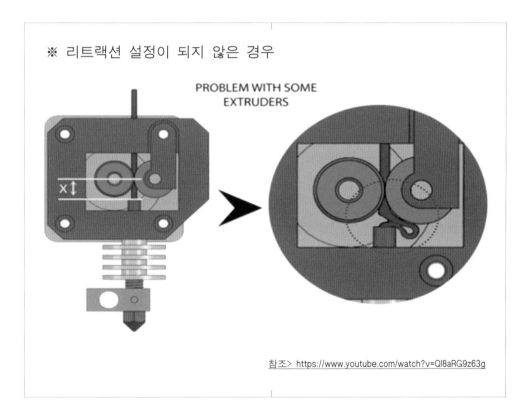

※ 리트랙션 설정이 되지 않은 경우

PROBLEM WITH SOME EXTRUDERS

참조> https://www.youtube.com/watch?v=Ql8aRG9z63g

☑ Support - support type 설명

⊕ touching buildplate 적용 → 바닥면에서 서포트를 설치할 때

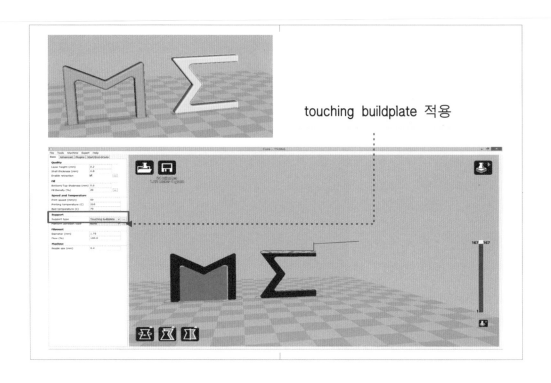

touching buildplate 적용

😵 everywhere 적용 → 바닥과 내부면 모두 서포트 설치할 때

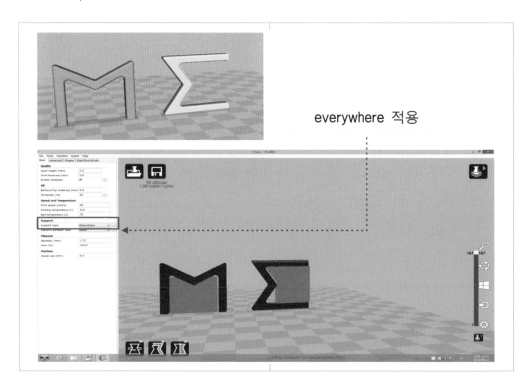

everywhere 적용

■ Cura에서 외벽만 출력하는 방법

- ⊕ Black magic → 외벽만 출력 시에 활용
- ⊕ shell thickness에만 영향을 준다.

1. 비틀림 모델링을 그린다.

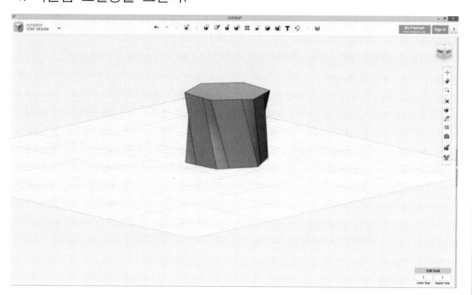

2. Menu > expert - open expert settings

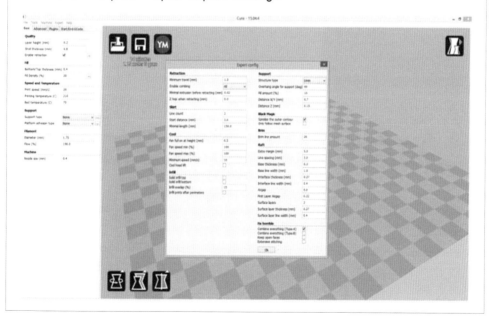

3. Black magic → Spiralize the outer contour에 체크
<아래 바닥면과 외벽만 출력>

4. Black magic → only follow mesh surface에 체크
<윗면, 아래 면은 출력되지 않고 오로지 외벽만 출력>

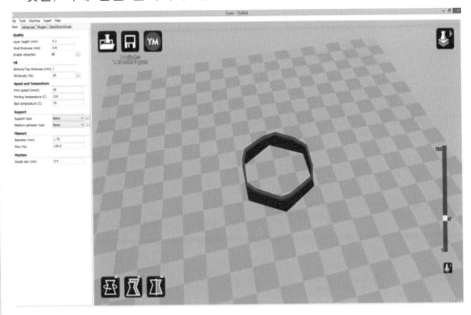

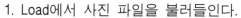

■ Cura에서 사진 출력하는 방법

1. Load에서 사진 파일을 불러들인다.

2. Convert Image 화면이 나타나면 사진 설정값을 조정한다.

Height(㎜)	→ 2 (사진두께)
Base(㎜)	→ 0.8 (사진 밑면 두께)
Width(㎜)	→ 100 (사진의 가로 크기)
Depth(㎜)	→ width에 따라 값을 가져옴.

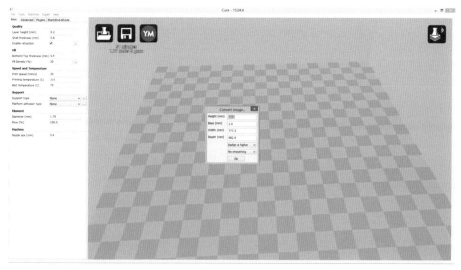

3. 2d → 3d로 변환하여 적용된 사진

Darker is higher → 어두운 부분을 더 돌출시키고자 할 때	Lighter is higher → 밝은 부분을 돌출시키고자 할 때

- ◆ No smoothing
- ◆ Light smoothing → 돌출 부분을 약하게 평탄작업
- ◆ Heavy smoothing → 돌출 부분을 강하게 평탄작업

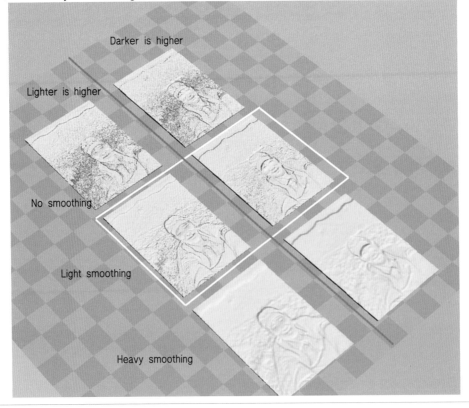

■ **출력을 결정하는 입력 요소**

프린터 헤드가 툴 패스에 따라 움직이는 동안 공급장치(입력)를 통해 재료(필라멘트)가 투입되어 프린터 헤드 쪽으로 공급되고, 녹여서 노즐을 통해 사출해야 하는지 프린터가 인식(출력)하는 데에는 크게 3가지 중요한 정보가 있다.

1. 필라멘트 직경: 시판되는 필라멘트의 직경은 대부분 3㎜ 혹은 1.75㎜이며, 필라멘트의 직경을 정확히 알아야만 Feeding Rate양 조정이 가능하다.

2. 노즐 직경: Nozzle Size은 재료를 압출할 때 노즐 직경에 따라 기본적인 압출 폭이 정해지며, 노즐직경은 대부분 0.2~0.8㎜ 사이에 사용한다. 그런데 주로 교육용으로 사용되는 것은 0.4㎜이다. [압출 폭은 프린팅 속도 및 공급재료의 양에 의해 결정된다.]

3. 공급인자(Flow Factor): 실제 공급되는 재료의 양이 미리 지정된 재료의 양과 다른 경우 그 차이는 공급인자에 의해 결정된다. 예를 들면, ABS합성수지를 사용하는 경우에 여러 가지 원인에 의해 노즐에서 필요한 만큼의 재료가 나오지 않는다고 했을 때 공급인자를 통해 조정한다. [예를 들면 Filament Flow 110% 초과해주면 100% 재료에 대해 정확한 값을 가질 수 있다.]

☑ 필라멘트 직경

Filament Diameter은 중요한 입력장치의 값이다. 보통 시중에서 판매되고 있는 필라멘트의 직경은 1.75~3㎜가 대부분이나, 필라멘트의 가격은 무게를 기준으로하기 때문에 규격을 지켜가면서 생산되는 제품은 별로 없다.

그런데 슬라이싱 프로그램의 벽두께는 0.1㎜로 개인용 FDM방식으로 출력하기 위한 세팅값으로 사용하기 때문에 정확한 필라멘트의 직경을 알아야한다. 그렇지 않으면 스텝모터의 제어가 특정 양의 필라멘트를 익스트루더에 공급할 때 제대로 조정할 수 없어 제품의 질이 저하되는 현상을 초래하게 된다.

◆ 개선방법

⊕ Filament Diameter(필라멘트 직경)을 정확히 측정해야 한다.

⊕ 버어니어 캘리퍼스(디지털)로 이용하여 재료에 직각으로 측정하여 측정값 소수점 2자리까지 기록한다.

⊕ 필라멘트 측정구간은 3회 측정하되 1회당 2~3m를 측정한다.

⊕ 측정된 값의 평균값을 활용한다.

⊕ 슬라이싱프로그램에 측정값을 입력한다.

⊕ 슬라이싱프로그램 〉〉 Menu - Basic(Tab Menu) - Filament

⊕ 입력필드: Diameter (㎜) = 측정값

Flow(%) = 입력속도 % [필라멘트를 공급하는 스텝모터의 회전수를 조정하는 것이다.]

※ **필라멘트 직경 평균값 〉 1.75㎜인 경우 ☞ flow 100 이하로 세팅**

　　　　　　　〈 1.75㎜인 경우 ☞ flow 100 이상으로 세팅

■ 공급인자(Flow Factor)

실제 공급되는 재료의 양이 미리 지정된 재료의 양과 다른 경우 그 차이를 공급인자에 의해 조정된다. 현실적으로 입력=출력이라는 공식은 성립되지 않는 경우가 대부분인데 예를 들면, '재료의 일부증발' 또는 '재료의 밀도에 따른 스텝모터의 기어드라이브 회전수 차이로 일정하게 공급되지 않는다.' 등이 있다. 이때 우리는 공급인자를 통해 얻고자 하는 3D 모델링 출력물을 좋은 품질의 제품으로 가질 수가 있다.

우리가 ABS 합성수지를 사용한다고 했을 경우 여러 가지 요인에 의해 노즐에서 필요한 만큼의 재료가 나오지 않는다고 가정할 경우 공급인자를 통해 조정해야 한다. 즉, 공급 인자를 110으로 정하면 10% 증가된 양이 나와야 하는데 100이라는 값만 나오게 된다.

◆ 개선방법

🌐 Extruder steps per unit(단위당 익스트루더 스텝)을 정확하게 계산한다.

> **Step Per Unit (모터의 단위 길이 스텝 수) 고려사항: 1)스텝모터 의 기본 스텝 수, 2)풀리의 톱니 수, 3)벨트의 피치**

1mm의 재료를 공급하기 위해서는 스텝모터가 얼마만큼 돌아가야 하는지 를 나타낸다. 이는 프린터의 구조와 드라이브 볼트의 규모 및 모터의 유형 에 따라 달라지기 때문에 3D 프린팅 기계마다 이 값을 세팅해야만 한다.

🌐 익스트루더 모터스텝 캘리브레이션(calibration) 방법
[참조> http://blog.naver.com/sonsco/220635155755 작성자 소나기]

M302 <미가열 상태에서도 익스트루더 모터를 움직임>
M92 E100.0 <익스트루더 모터의 1mm 스텝 수 설정>
G92 E0 <현재 익스트루더 위치를 초기화 값으로 설정>
G1 E100 <100mm 밀어낸다.>
이 명령어를 통해 모터가 밀어낸 실제 길이를 체크해서 보정해준다. [e-스텝 수를 펌웨어에 넣어주면 된다.]

뽑은 길이 100
뽑혀 나온 길이 x ⎯⎯⎯⎯ e-스텝 수는 100×100/x의 값

■ Steps_Per_units 설정방법

> #define default_axis_steps_per_unit{ 80, 80, 2000, 1178 }

{ }안은 (X, Y, Z, 익스트루더)의 순서로 1 Unit 당 스텝 수를 설정

※ Unit이란? 1㎜ 이동하기 위해서 몇 스텝 움직여야 하는가를 표시.
즉, 1㎜를 움직이기 위해 필요한 펄스의 스텝 수를 의미한다.

☑ 공식
- S = 360/(L×MS×SA)
- S: 1㎜ 움직이기 위해 필요한 펄스 스텝 수(steps/㎜)
- 한 바퀴는 360도
- L: 리드스크류의 리드 길이(한 바퀴 ㎜)
- MS: 마이크로스텝(예를 들어 1/16 step 구동인 경우 1/16)
- SA: 스텝모터 1 스텝당 회전각도(1.8deg)

☑ X/Y축의 Pulley 이동
- Sp = 200/Lp
- 한 바퀴는 360도 모터의 회전각은 1.8도이므로 360/1.8= 200 펄스를 모터에게 주어야 한다.
- Lp = 나사산의 골 × 피치 거리
※ 풀리의 피치=2㎜, 이빨=20개를 사용하는 경우
  - 한 바퀴 도는데 걸리는 거리 = 2㎜×20개=40㎜ 이동
  - Sp = 200/Lp = 200/40으로 5 steps/㎜가 나오게 된다.

☑ Z축의 이동
- Sz = 200/Lz
- Lz: 전산볼트 피치 규격
※ Z축의 전산볼트 한 바퀴=1.25㎜ 이동할 경우 [z축의 5㎜ 전산볼트의 피치 규격은 0.8㎜로 되어 있다.]
  - Sz = 200/Lz = 200/1.25로 160 steps/㎜

☑ Extruder의 Feeder 이동
- Se = 200/Le
- Le: 익스트루더 피딩기어가 8파이(지름) 사용함으로 한 바퀴는 원주를 구해야 한다.
- 원둘레=반지름 × 2 × 3.14 (π) = 2×4×3.14 = 25.1327

- ◆ Se = 200/Le = 200/25.1327로 7.9577 steps/㎜
- ☑ Steps_Per_units
  - ◆ 우리가 사용하는 A4988 드라이버는 마이크로 스테핑 제어를 사용합니다.
  - ◆ 16 펄스를 주어야 1.8도 움직이기 때문에 모든 값에 16을 곱하여 주어야 한다.
    #define DEFAULT_AXIS_STEPS_PER_UNIT { 5*16, 5*16, 160*16, 7.9577*16 }

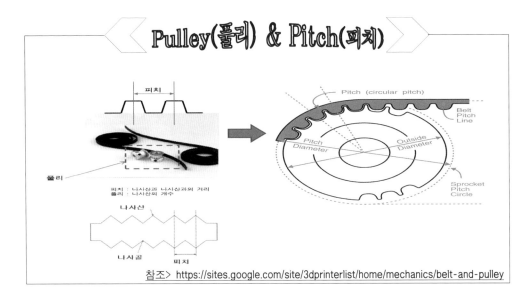

참조> https://sites.google.com/site/3dprinterlist/home/mechanics/belt-and-pulley

■ 1층 레이어의 효과적인 부착방법

FDM 방식으로 프린팅할 경우에 가장 중요한 부분이 첫 레이어를 안정적으로 빌드 플레이트
(build plate)에 안착시키는 것이다. 프린팅 베드와 1층 레이어의 결합이 완벽하지 않으면 프린
팅을 망칠 수가 있기 때문이다. 부착방법으로는 스커트(skirt), 래프트(raft), 브림(brim) 등 세
가지 방법이 있다.

- ☑ 스커트(skirt)
  - ◆ 프린팅을 시작하기 전에 프린팅 물체와 일정한 간격을 두고 주위를 빙 둘러 한 개 또는
    여러 개의 테두리를 프린팅한다.
  - ◆ 프린팅 베드에 배치된 모델의 위치가 적합한지 그리고 모델 크기를 짐작할 수 있다.
  - ◆ 노즐과 프린팅 베드와의 간격이 적합하게 설정되었는지 알 수 있다.
  - ◆ 프린터 헤드에 남아 있던 재료 찌꺼기가 제거되므로 깨끗한 재료로 프린팅할 수 있다.
- ☑ 래프트(raft)
  - ◆ 원래 프린팅하고자 하는 물체 아래 두꺼운 뗏목처럼 깔아준다.
  - ◆ 프린팅 베드의 표면이 평평하지 않을 때 발생하는 문제가 제거된다.
  - ◆ 매우 작은 물체를 프린팅할 경우에도 물체가 평면에 닿는 부분이 넉넉해져서 출력물이
    베드에 더욱더 밀착된다.

- 열 응축에 의해 변형이 많이 생길 경우에 온도에 의한 수축을 방지하기 위해 사용한다.
- 단점으로는 래프트가 프린팅 물체와 밑면이 직접 닿으므로 물체의 밑면 품질이 저하된다.
  [※ 즉, 후처리 처리 과정이 힘들어지기 때문에 가능한 사용하지 않도록 한다.]

☑ 브림(brim)
- 원래 프린팅 하고자 하는 **물체 옆에 모자의 띠처럼 나란히** 테두리를 출력시킨다.
- 전문 셋업을 통하여 브림 수를 지정한다.
- 프린팅 재료의 뒤틀림(warping)으로 모델이 프린팅 베드와 분리되는 현상을 방지한다.

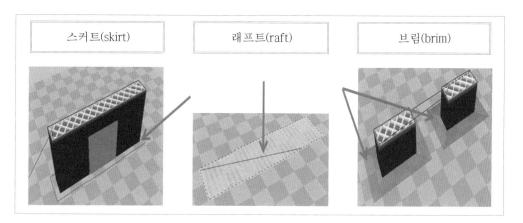

■ **돌출부처리 ← 서포트**

3D 프린팅은 한 층씩 쌓아가는 방식으로 제품을 완성하기 때문에 공중에 떠 있는 물체를 쌓을 경우에는 반드시 지지대(Support)가 필요하다. 지지대 쌓는 방식은 어느 위치에 쌓느냐에 따라 적층판(Build plate) 터치 방식과 필요 모든 부분(Everywhere) 방식이 있다.

☑ 적층판(Build plate) 터치
- 서포트 재료가 프린팅 베드에 직접 닿는 지점에서 서포트를 형성시키도록 설정한다.
- 이는 돌출부 하단에서 비교적 손쉽게 제거되어 브레이크 어웨이 서포트(break away support)라고도 한다.

☑ Everywhere
- 필요한 모든 부분에 서포트가 생성된다.
- 따라서 2차 돌출부를 지지하기 위해 프린팅 중인 물체 위에 생성될 수도 있다.
- 단점은 결과물의 표면이 엉망이 될 수 있고, 위치에 따라 서포트를 제거하는 작업에 많은 시간이 필요하거나 아예 제거가 불가능하다.

Buildplate support	Everywhere support
참조> http://www.geeky-gadgets.com/form-1-3d-printer-update-adds-speed-and-new-structure-support-feature-07-01-2015/	참조> http://3dprintingindustry.com/2014/10/28/purdue-researchers-algorithms/

■ **좋은 품질의 제품 제작을 위한 고려사항**

☑ 벽(Perimeter) 두께

◆ 벽은 최소 한 개 이상의 여러 개의 선(loop)으로 구성돼 있다.

◆ 선의 굵기는 보통 노즐 직경과 같다.(예: 노즐직경이 0.4㎜인데 벽 두께가 2㎜라면 5개의 선이 만들어지는 것이다. → 0.4㎜×5선=2㎜)

◆ 대부분의 슬라이스 프로그램에서 벽두께는 노즐직경의 곱으로 정하고 있다. (예: 0.4㎜(노즐직경) × 2 = 0.8㎜)

　　※ 만약에 벽 두께를 노즐직경의 두 배가 아닌 0.7㎜로 정하면 한번은 0.4㎜ 두께로 출력되고 심지어 두 번째도 0.4㎜ 두께로 출력될 수 있다.

◆ 세부적인 사항은 슬라이스 프로그램마다 조금씩 다르다.

☑ 레이어(Layer) 두께

◆ 레이어 두께는 프린팅 품질을 좌우하는 핵심적인 치수이다.

◆ 레이어 두께에 따라 슬라이싱 프로그램에서 얼마나 얇게 분할할지 정해진다.

◆ 일반적으로 사용되는 레이어 두께는 0.02~0.5㎜ 사이다. [0.1㎜ 미만의 두께로 출력하면 고품질의 결과물을 획득]

◆ 레이어 두께를 절반으로 줄이면 프린팅 시간은 2배로 늘어난다.(예: 레이어 두께=0.2에서 0.1로 변환하면 시간은 2배가 된다.)

◆ FDM 방식에서는 0.05㎜ 미만은 품질의 차이가 거의 없다.

◆ 레이어가 얇으면 측면 표면의 품질뿐만 아니라 특히 사선의 평면이나 둥근 부분의 품질도 좋다. [즉, 레이어가 얇으면 돌출부가 매끄럽게 처리된다.]

☑ 바닥 두께/천장 두께

◆ 윗면과 맨 밑면의 두께를 말한다.

◆ 벽의 두께와 마찬가지로 선의 굵기는 보통 노즐 직경과 같고, 바닥과 천장 두께로 외벽의

두께가 정해진다.

◆ 일반적으로 안정적 지탱을 위해 노즐직경의 세 배로 정하고 있다.

[예: 0.4㎜(노즐직경) × 3 = 1.2㎜]

◆ 모델의 위와 아래를 열어두고 싶다면 바닥과 천장을 각각 비활성화시킨다.

〈바닥과 천장 비활성 방법(check 표시)〉

※ Cura 메뉴 〉〉 expert - open expert settings 화면 - in fill

solid in fill top ☐

solid in fill bottom ☐

Cura - open expert setting 화면	윗면 덮어지지 않는 모습
Infill Solid infill top ☐ Solid infill bottom ☑ Infill overlap (%) 15 Infill prints after perimeters ☐	

☑ 충전밀도(infill)

◆ 충전밀도는 3D 프린터의 큰 장점 가운데 하나이며, 레이어 적층을 거쳐 물체의 충전을 결정할 수가 있다.

◆ 솔리드 내부에 채우는 충전 양을 %로 표시한 것이다.

◆ 내부를 비우면 물체가 가벼워지고, 벽을 충분히 두껍게 하면 가벼우면서도 견고한 물체를 프린팅할 수 있다.

◆ 모델을 완전히 충전하지 않고 일부만 채워 프린팅하면 재료와 시간을 절약할 수가 있다.

◆ 충전밀도를 낮추면 프린팅 시간을 크게 절약할 수 있다.

◆ 일반적으로 내부 채움의 정도는 5~20%를 사용한다.

[슬라이스 프로그램에 따라 충전 모양이 다름, 예: 벌집 모양 - Slic3r]

충전밀도=10%	충전밀도=20%	충전밀도=30%	충전밀도=50%
시간=41분	시간=54분	시간=1시간 8분	시간=1시간 35분

☑ 속도

대부분의 프린터 속도는 20~40㎜/s의 낮은 속도로 프린팅할 때 좋은 품질의 결과물을 얻을 수 있다. [속도를 설정할 때는 신중을 가해야 하며 중간속도는 40~60㎜/s다.]

◆ 재료 압출 과정에서 움직이는 프린터 헤드 속도는 프린팅 속도(print speed)에 의해 정해진다.

◆ **프린팅 속도는 프린팅 물체의 외부 표면에만 적용되고, 충전 속도(fill speed)는 내부공간에만 적용**된다.

[프린팅 속도와 충전 속도를 동일하게 설정해야 재료가 균등하게 압출된다.]

◆ 건너뜀 구간(travel path) 속도

◆ 모델에서 빈 공간을 건너뛰기 위해 프린터 헤드에서 재료가 나오지 않는 구간, 이를 트래블 점프(travel jump)라고도 한다.

◆ 이 구간에서는 안전한 범위 내에서 가장 빠른 속도로 설정하는 편이 좋다.

◆ 일반적으로 100㎜/s 이상부터 좋은 품질의 결과물을 얻을 수 있다.

◆ Z-속도는 Z 방향의 속도를 말한다. 즉 다음 레이어로 옮기는 과정의 속도를 말한다.

◆ 대부분의 속도는 10㎜/s 미만으로 정한다.

◆ 제조사가 제시한 값을 기준으로 정하며, 별로 고칠 사항은 없다.

표준속도(외곽선)

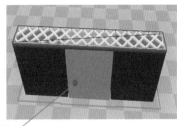

충전속도

건너뜀 구간

☑ 역회전(retraction)

◆ 역회전은 트래블 점프에 의해 한 개의 평면에서 다른 평면으로의 전환이 일어날 때 필라멘트를 뒤로 감는 기능을 말한다.

◆ 스트링(string, 실) 발생을 방지하기 위하여 필라멘트를 빠르게 역회전시킨다.
[※ 프린팅 작업 중 한 개의 레이어 내에서 프린팅을 건너뛰어야 할 부분이 생겼을 경우 **프린터 헤드에서 재료가 제어되지 않은 채 계속 나오는 것을 막기 위해 필라멘트를 빠르게 잡아당기면서 스트링이 발생하는 사태를 방지**한다.]

◆ 필라멘트를 역회전시킨 후 프린터가 빈 공간을 건너뛴 뒤 다시 앞으로 보내야 하는 간격은 4.5㎜다.

◆ Coordinate 프린팅 방식은 필라멘트의 공급모터가 노즐 위에 있기 때문에 약 1㎜ 회전시켜도 무방하다.

◆ retraction speed
  - 필라멘트를 되돌리는 속도를 지정한다.
  - 프린터의 익스트루더 시스템의 환경에 따라 달라지기 때문에 제조사의 실험값을 참조로 설정한다.

◆ retraction distance
  - 역회전한 후 건너뛰어야 할 빈 공간의 최소간격을 정한다.
  - 건너뛰어야 할 빈 공간이 이 값보다 적으면 역회전이 실행되지 않는다.

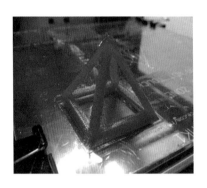

역회전 설정이 잘못된 경우
거미줄 같은 실 모양

참조> http://www.thingiverse.com   참조> http://www.jonshobbies.com

직결 방식 & 보우덴 방식

보우덴 방식에서 역회전이 발생하는 이유

▶공급장치와 프린터 헤드 사이의 간격이 보통 약 2~100㎝로 멀어 프린팅 작업 도중 필라멘트의 흐름을 제어하기가 어렵다.

▶보우덴 튜브 내에서는 언제나 약간의 기술적 변화가 일어난다.
 [필라멘트 공급되는 길이가 길어서 약간의 후진함으로써 튕기는 현상]

▶이를테면, 필라멘트가 용출(spring effect)됐다가 공급이 중단된 후에야 비로소 끊겨 나올 수 있는데. 이로 인해 재료가 공급되어 프린터 헤드까지 나오기까지의 시간이 지연되어 그 결과 프린팅 결과물에 실(string)이 발생한다.

▶직결 방식과 보우덴 방식 비교

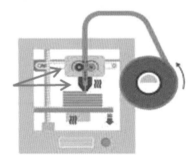 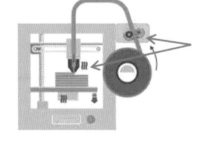

필라멘트 공급모터가 익스트루더와 함께 설치   필라멘트 공급모터가 익스트루더와 별도 설치

참조> http://www.veltz3d.com/goods/catalog?code=00090005

☑ 기타 권장사항

◆ 속도 감축

⊕ 프린팅 속도는 10~30㎜/s 이내로 작업한다.

⊕ 설정항목 〉 바닥 레이어 속도(bottom layer speed or first layer speed) 설정

◆ 1층 레이어 두껍게

⊕ 1층 레이어를 다른 레이어보다 두껍게 설정

⊕ 설정항목 〉 첫 레이어 두께(initial layer thickness) 설정

◆ 프린팅 온도 상향 조정

⊕ 1층 레이어를 프린팅할 때 프린팅 온도를 몇 도만 더 올려준다.

◆ 냉각 생략

⊕ 1층 레이어를 프린팅할 때 프린터 헤드에 부착된 냉각팬을 작동시키지 않는다.

◆ 베드와 노즐의 간격

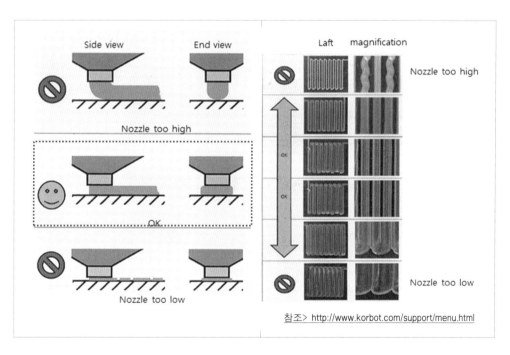

참조> http://www.korbot.com/support/menu.html

☑ 유의사항

⊕ 면적이 좁아질수록 강한 냉각팬 또는 냉각 시간이 필요하다.

⊕ 면적이 넓을수록 자연냉각이 잘 되어 빠른 속도로 출력이 가능하다.

⊕ 작은 면적의 출력물일 경우 여러 개를 한 번에 만드는 것이 빠른 출력을 할 수 있다.

⊕ 높이가 높아질수록 수축의 영향으로 인해 갈라지거나 휨이 발생할 가능성이 커진다.

입출력 시스템은 장비의 특성과 성질에 의해 대상물의 품질 차이가 생기므로 3D 프린터 장비의 원활한 동작 여부는 사전에 확인하여야 한다. 즉, 3D 프린터에 대한 최적의 환경설정을 하는 과정이 캘리브레이션(Calibration)이다. 여기에서는 캘리브레이션 관련 프로그램 중 하나인 3D 프린터를 제어할 수 있도록 해주는 오픈소스 프로그램인 Pronterface에 대해 언급하고, 여러 가지 캘리브레이션 내용 중 핵심사항을 다시 한 번 강조하고자 한다.

■ Pronterface
- ☑ 3D 프린터를 제어할 수 있도록 해주는 프로그램(오픈소스)
- ☑ 최적의 제품을 출력하기 위해 3D 프린터의 캘리브레이션(Calibration) 용도로 사용
- ☑ 3D프린터 동작, 온도조절 및 슬라이싱 프로그램(CURA 등)으로 변환한 G-Code 파일을 불러와서 출력을 담당

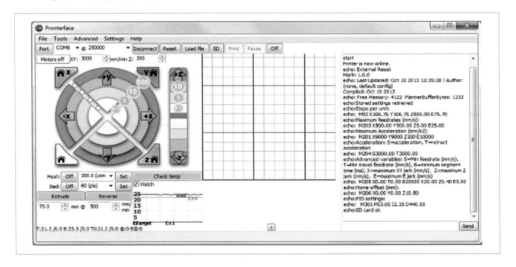

※ 3D 프린터와 관련된 S/W
1) Pronterface(프린터 동작제어): 프린터의 동작 상태를 실시간으로 제어 [G-Code]
2) Arduino S/W: Skech 사용
3) Slicing S/W: CURA 등 사용
☑ Pronterface 핵심 설정 기능
🔧 Port: 통신 연결 → COM7 ①
🔧 Baudrate: 통신 속도 → 256000(델타방식) ②

- Connect: PC와 3D프린터 연결 ③
- Stepper Motor 속도 ④
- Home Position: UI 화면으로 제공 ⑤
- Heater: Extruder의 Hot End 온도 → PLA 200도 ⑥
- Bed: Heated Bed 온도 → PLA 60도 ⑦
- PID 온도제어 그래프: UI 화면으로 온도제어(PID) 제공 ⑧
- G-Code와 M-Code 명령어 직접입력 ⑨

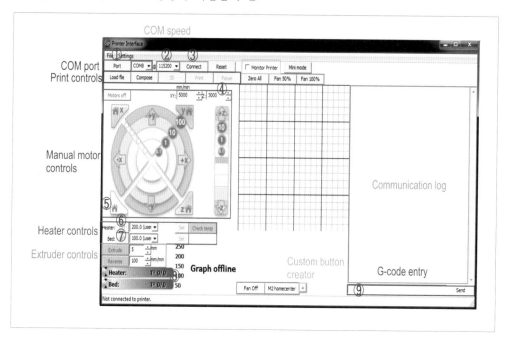

■ Calibration

- Calibration의 목적: 최적의 품질
- Firmware(펌웨어): G-Code의 프로그램 data를 받아 프린터 제어
- EEPROM [Electrically Erasable Programable Read Only Memory]: 4k
- Slicing: Z축 방향으로 두께를 자르는 일
- Pronterfase S/W: CURA와 인터페이스 연결됨/G-Code Interpreter 프로그램/프린터의 상태파악을 실시간으로 확인
- 온도세팅: Extruder와 Hot bed
- Hot Bed 온도: PLA=60±10도/ABS=100±10도
- Extruder 온도: PLA=200±10도/ABS=230±10도
- Jerk: 가속도를 주지 않는 초당 속도의 한계 [급격한 가속도 변화]
- Fan 사용 목적: Hot End의 열이 재료를 공급하는 PEEK로 전달되지 못하도록 함.

- Fine Tunning: 출력물을 가지고 이론값을 조정
- PID의 P(비례법): 이론값과 실제 값의 비교
- X/Y/Z축 노즐의 움직임: End stop에 의해 결정
- Default Home Position: Z축
- Cartesian: 직교의 원칙(90도) → X/Y/Z축의 원점은 -1로 표시
- Z축 Offset: Extruder Hot end 높이 [Offset 의미: end stop 위치와 실제 Extruder 중심 위치와의 차이]
- Z축 Offset 맞지 않은 경우: z축이 올라갔을 때 → 프린팅 재료가 베드에 닿지 않음. ※ z축이 내려왔을 때 → 노즐이 베드를 파고 들어감.
- Bed Leveling: Bed 와 Extruder가 수평을 맞춤
- 🏵 자동 레벨링 방법: FSR(압력센서) /적외선 /기계적 접촉방식[Probe]
- Bed와 출력물이 잘 붙게: Brim /Skirt /Raft
- PLA는 일반 플라스틱 대비 80% 정도의 강도를 가짐.
- FDM 방식으로 출력할 때 필라멘트가 공급되지 않을 경우: Extruder의 Feeder 부분의 장력확인/핫엔드의 온도 체크 /Extruder 모터의 전압값 체크
- Feeding rate: Feeder에서 재료의 토출속도 제어 [E로 표시]
- Feeder:
- 🏵 역할: 재료를 밀어줌.
- 🏵 문제점: 스프링장력으로 밀어주기 때문에 정확한 동작이 어려움. [스프링장력 밀어주는 힘]
- 🏵 Feeding Rate : 재료의 입력속도

제4차 산업혁명, 프로슈머를 위한 **3D 프린팅**

제4장

후처리 가공

후처리 공정이란 3D 프린터를 이용한 작품 제작 3단계 중 마지막 단계로, 서포트(Support) 제거에서 마감까지 거쳐 작품을 완성하는 단계이다. 즉, 먼저 출력물의 서포트를 제거하고 표면을 연마, 도색한 후 광택 등 마감 처리를 거친다. 3D 프린팅 방식이 적층 성형방식으로 레이어 결이 존재하여 표면의 결 정리와 불필요한 서포트 제거를 위하여 이 단계가 필요하다. 이 장에서는 후처리에 사용되는 도구 사용법에 대해 알아보고자 한다.

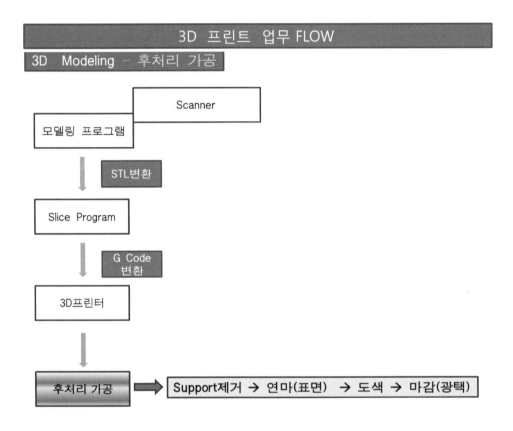

Support 제거

■ Support 제거 도구

☑ 니퍼(플라스틱 니퍼)/커터 칼(30도 날카로운 칼)/커팅매트(바닥 흠집 방지용 고무)/조각도(깎기, 긁어내기)/아트 나이프(중·소사용)

☑ 니퍼

◆ 공업용의 경우 짓눌려서 끊어내는 형태가 되므로 지저분하여 손질이 많이 필요 → 플라스틱 니퍼 사용

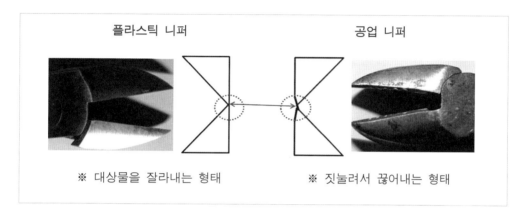

플라스틱 니퍼	공업 니퍼
※ 대상물을 잘라내는 형태	※ 짓눌려서 끊어내는 형태

☑ 커팅매트

◆ 바닥 및 칼날 보호용

☑ 커터 칼

◆ 니퍼로 제거하지 못한 서포트 잔재 처리

◆ 직선 자르기 용이

◆ 칼날을 잡고 흔들어 잘 흔들리지 않는 것이 안전하고 사용에 편리

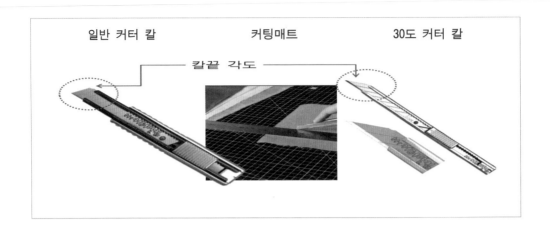

일반 커터 칼　　　　커팅매트　　　　30도 커터 칼

칼끝 각도

☑ 조각도
  ◆ 니퍼로 제거하지 못한 서포트 잔재 처리
  ◆ 커터 사용이 쉽지 않은 깎기 및 긁어내기 작업
  ◆ 용도에 맞게 각종 모양의 홈파기 작업
  ◆ 날을 날카롭게 관리하는 게 안전하고 사용에 편리
☑ 아트 나이프
  ◆ 디자인 나이프
  ◆ 커터 칼보다 사용용도 다양 [※ 직선엔 커터 칼 사용]
  ◆ 대/중/소 크기의 날에서 중과 소 크기가 널리 사용
  ◆ 날의 방향과 사용에 유의

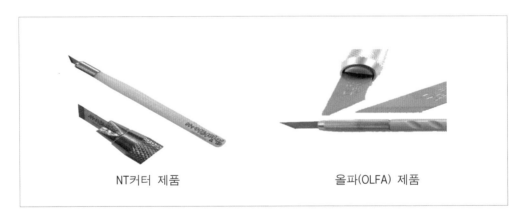

NT커터 제품　　　　　　올파(OLFA) 제품

■ Support 제거 방법
  1) 니퍼의 평평한 면이 본체 쪽을 향하도록 잡고 서포트를 제거해 낸다.
  2) 니퍼로 최대한 제거해 내고, 나머지는 커터 칼이나 아트 나이프 등으로 깎아서 마무리한다.

■ 표면(연마) 처리 도구

☑ 사포/줄(밀어낼 때만 간다)/퍼티(1액형 퍼티, 폴리에스터 퍼티, 에폭시 퍼티, 시바툴(우레탄)퍼티)/전동핸드피스(빠른 작업, 거칠고 많은 양의 작업)/아세톤훈증법(매끈한 표면)

☑ 사포

- ◆ 번호가 높을수록 입자가 곱다. [플라스틱에 사용 ※ 거친 입자는 금속 또는 목재에 사용 → 220, 400, 600, 1000번이 가장 많이 활용]
- ◆ 사포의 종류
- ⊕ 천사포: 종이에 비해 질기고 오래 사용
- ⊕ 스펀지사포: 종이 사포에 비해 비싸지만 부드러운 곡면 다듬기에 유리
- ⊕ 종이사포: 구겨지고 접히는 특성을 활용해서 깊숙한 곳을 칼처럼 다듬을 때 봉처럼 말아서 둥근 면 안쪽을 줄처럼 갈아내면서 사용

| 천사포 | 스폰지사포 | 종이사포 |

- ◆ 사포 사용
- ⊕ 종류별, 번호별로 가늘게 잘라서 클립으로 묶어 관리
- ⊕ 평면을 납작하고 균일하게 갈아 낼 때는 사포를 샌딩블록으로 만들어 작업하고 사포가 다 닳았으면 플라스틱 판째로 잘라 버림.
- ⊕ 둥근 곡면을 갈아 낼 때는 사포를 그냥 손으로 잡고 문지름.(곡면 샌딩블록)
- ⊕ 크기가 작은 출력물을 갈아 낼 때는 사포를 유리판이나 커팅매트에 고정해놓고 출력물을 잡고 문지름.
- ⊕ 세밀한 모형용 줄 혹은 다이아몬드 줄처럼 사용 시에는 플라스틱판의 모서리에 사포를 감아서 날카로운 부분을 문지름.
- ⊕ 손에 잡고 하기 어려운 세밀한 부분이나 복잡한 부분을 갈아 낼 때는 핀셋으로 사포를 잡아 문지름.
- ⊕ 사포를 양면테이프로 맞붙인 양면사포로 사용 용이(탄력성 생김.)

샌딩이란?

▶흠집 제거 및 도장 표면을 매끄럽게 하여 페인트 코트의 점착을 좋게 하려고 연마재를 사용하여 문지르는 일
▶서포트 제거 → 연마의 기본 작업 [무턱대고 서포트 제거 후 샌딩만 하는 건 비효율적]

☑ 줄
◆ 줄잡는 법
　⊛ 검지는 줄의 앞부분, 나머지 손가락은 줄을 잡는다. [줄의 손잡이 부분을 쥐고 줄을 잡으면 안정감이 없어 줄이 쉽게 엇나간다.]
◆ 줄 작업방법
　⊛ 출력물의 갈아야 할 면에 줄의 끝부분을 갖다 대고 제대로 닿았는지 확인한다.
　⊛ 일정한 방향으로 힘을 빼고 곧 바르게 밀어낸다.
　⊛ 밀어낼 때만 간다.
　⊛ 다 갈고 나면 미끄러뜨리지 말고 그 자리에서 정지시켜 떼어낸다.
　⊛ 손끝으로 간 정도를 꼼꼼히 체크하면서 작업을 반복한다.
　⊛ 칫솔로 줄에 낀 줄밥을 털어낸다.
☑ 퍼티
◆ 퍼티 사용 목적
　⊛ 더 나은 표면정리와 작업의 효율성을 높이기 위해
　⊛ 출력물에 단차가 생긴 부분을 해결할 때
　⊛ 구멍 난 부분을 메꿀 때
　⊛ 오목한 수축 자국을 없애고 싶을 때

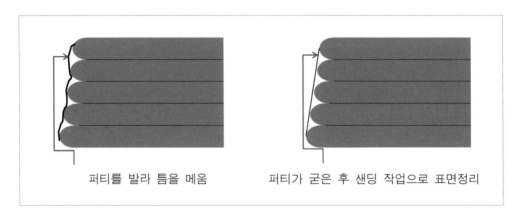

퍼티를 발라 틈을 메움　　　　　퍼티가 굳은 후 샌딩 작업으로 표면정리

◆ 퍼티의 종류

① 1액형 퍼티

  ⬢ 경화제가 필요 없다.

  ⬢ 자동차용 퍼티로 사용

  ⬢ 경화(건조속도)가 느려 작고 미세한 메움 작업에 용이

  ⬢ 주로 가성비가 좋은 레드 퍼티를 많이 사용(타미야 퍼티, 자동차형 퍼티, 3M레드 퍼티)

  ※ **기포방지를 위해 시너와 혼합**, 시너의 양이 많을수록 수축이 더 많이 되고 경화 속도가 빨라진다. → 시너 없이는 거칠고, 내부 기포가 생기므로 홈집 및 작은 틈새를 메울 때는 가급적 시너를 혼합하여 사용

② 폴리에스터 퍼티

  ⬢ 폴리에스테르수지 원료

  ⬢ 주제와 경화제 나눔(10:1 혼합 ← 유독하므로 마스크 착용과 환기 필요)

  ⬢ 유독한 냄새

  ⬢ 건조속도가 빨라 신속한 작업 및 큰 범위의 메움 작업에 많이 사용

  ⬢ 수축이 거의 없고 가공성이 뛰어나 살을 덧입혀 깎거나 사포질 용도에 적합

③ 에폭시 퍼티

  ⬢ 폴리에폭시수지 원료

  ⬢ 찰흙 같은 형태

  ⬢ 주제와 경화제가 나누어져 1:1 반죽하여 사용

  ⬢ 강도가 강하고 밀도가 높아 중량감이 있다.

  ⬢ 메꿈 작업과 조형작업에 유리

  ⬢ 훈증이나 퍼티 작업 후 디테일이나 패널 라인이 불분명해졌을 때 또는 프린팅 되지 않은 부분이나 모델링으로 만들지 못한 부분에 디테일하게 만들어 추가할 때 적합하다.

④ 시바툴(우레탄) 퍼티

  ⬢ 일명 레진이라 한다.

  ⬢ 폴리우레탄수지 원료

  ⬢ 찰흙 같은 형태

  ⬢ 주제와 경화제가 나누어져 1:1 반죽하여 사용

  ⬢ 강도가 약하고 밀도가 낮아 가볍다.

  ⬢ 메꿈 작업과 조형작업에 유리

1액형 퍼티	에폭시 퍼티	시바툴(우레탄) 퍼티
		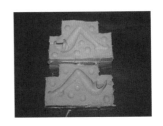

◆ 퍼티 사용법

⬡ 1액형 퍼티

① 퍼티를 시너로 녹여 농도를 조절한다.

② 붓으로 녹인 퍼티를 바른다.

③ 말리고 발라주고를 여러 번 한다. [건조 시에 수축이 많이 되므로]

④ 다 말린 후 물을 칠해가며 사포질을 한다. ← 손톱자국이 남지 않을 때가 다 말린 상태

⑤ 점차 고운 사포로 변경해가며 사포질을 한다.

⬡ 에폭시 퍼티 사용법

① 주제와 경화제 1:1 비율로 적당량 떼어낸다.

② 마블링이 안 보일 때까지 물을 조금씩 묻혀가며 잘 반죽한다.

③ 수정할 부분에 붙여 펴주고 경화 후에 사포질한다.

☑ 전동 핸드피스

◆ 모터 장착 공구로 자동화 제품이다.

◆ 빠른 작업 또는 거칠고 많은 양을 다듬을 때 적합

◆ 용도에 따라 각종 연삭 팁을 교체 사용

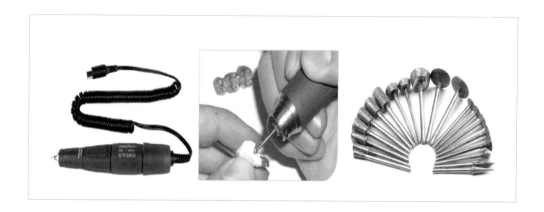

☑ 아세톤 훈증법

◆ 표면을 녹여 후처리

◆ 냄새가 많이 나고 훈증 후 디테일이나 각이 뭉개지는 경향이 있다.

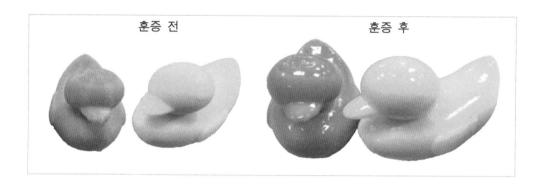

훈증 전   훈증 후

1-3 도색 처리

■ 도색 도구

　☑ 서페이서(프라이머)/스프레이건/에어브러시/캔 스프레이/래커(lacquer)/도료(아크릴, 에나멜)/붓

　☑ 서페이서

　　◆ [용도] 흠집 메우기/밑칠 효과/색칠 효과

　　❸ 도색 전 도료나 물감이 잘 안착되도록 도와준다.

　　❸ 표면을 안정화시켜준다.

　　❸ 샌딩 작업으로 생긴 미세한 스크래치를 잡는다.

- 입자가 크면(수치가 작음) 홈을 메꾸는 효과가 크다.
- 입자가 고우면(수치가 큼) 홈을 메꾸는 능력은 떨어지지만 고운 표면 효과가 크다.
- 서페이서 사용법
- 도색 막은 얇으면 얇을수록 좋다.
- 붓은 힘 조절에 따른 표면 처리에 어려움이 있으므로 에어브러시를 사용하는 게 용이하다.
- 매끄러운 약간의 광택 표면 처리를 위해서는 근거리에서 약한 압력으로 분사
- 다소 거친 느낌의 무광택 처리를 위해서는 원거리에서 높은 압력으로 분사
- 첫 분사 시에는 찌꺼기가 분출되므로 테스트로 다른 곳에 분사한다.
- 분사는 물체 밖에서 시작해서 물체 밖에서 종료하도록 한다.
- 스냅을 이용하여 같은 위치를 여러 번 반복해서 왔다 갔다 분사하며, 테두리 분사 건조 후 면을 분사한다.
- 서페이서 작업 전 해야할 작업
① 칫솔로 출력물 찌꺼기인 줄밥을 털어낸다.
② 먼지, 기름기, 땀 등에 대해서는 식기 세척용 중성세제를 칫솔에 묻혀 미지근한 물로 제거한다. [※ 중성세제를 충분히 제거해야 함]
③ 물기를 잘 털어 말린다.
- 서페이서 작업방법
① 에어브러시를 잘 흔들어 테스트하여 도료 분사상태 확인
② 출력물과 10~15㎝ 거리를 유지하며 스냅을 이용하여 재빠르고 정확하게 분사한다.
③ 말리고 체크하고, 수정하는 서페이서 작업을 반복한다.

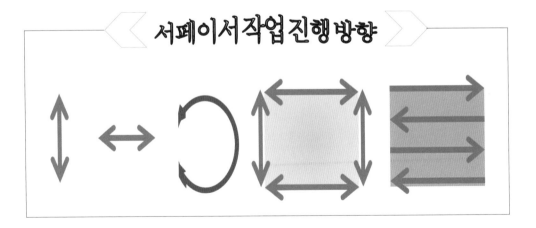

☑ 스프레이건

◆ 후끼라고도 한다.

◆ 종류 : 중력식 스프레이건, 흡상식 스프레이건

◆ 중력식 스프레이건

🌐 도료 컵이 노즐 위쪽에 장치

🌐 적은양의 도료도 사용 후 처리가 용이하고 가볍다. [세척용이]

🌐 컵 용량이 작아 넓은 면적의 도장에는 부적합하다.

◆ 흡상식 스프레이건

🌐 도료 컵이 노즐 아래쪽에 장치

🌐 압력 차에 의해 도료를 끌어 올릴 때 분사

🌐 중력식에 비해 무겁고 도료용기 바닥의 도료는 사용할 수가 없다.

🌐 도료용량이 커서 넓은 면적의 작업에 용이하다.

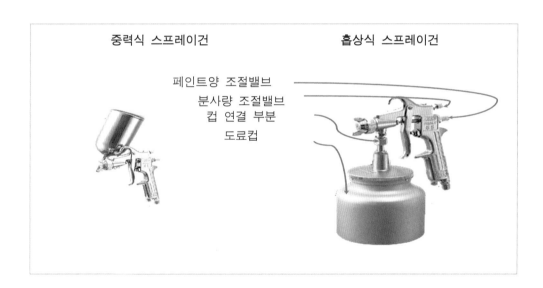

중력식 스프레이건　　　　　　흡상식 스프레이건

페인트양 조절밸브
분사량 조절밸브
컵 연결 부분
도료컵

☑ 에어브러시

◆ 정밀하고 다양한 표현 [그라데이션 표현 가능]

◆ 컴프레서와 함께 사용 [※ 도장용 스프레이건 또는 다른 공압 공구에 공급하는 공기를 압축, 저장하는 기계]

◆ 색상을 달리할 때 다른 색이 섞여 나오지 않게 시너와 휴지를 이용한 청결관리 등 관리가 까다로움

◆ 도료 절약, 편의성과 속도에 효과적

※ 붓칠은 에어브러시로 표현 못 하는 치핑, 먹선, 웨더링 할 때 사용

에어컴프레서 / 에어브러시

☑ 캔 스프레이

◆ 밑 도색이나 넓은 범위의 도색에 사용

◆ 정밀한 도색은 불가능

◆ 첫 회는 찌꺼기 분출을 위하여 일단 다른 곳에 분사

◆ 전체적으로 얇게 분사하고 마르면 또 분사한다.

◆ 유광을 원할 경우 일반 사거리인 30㎝보다 앞에서 분사

※ **무광택: 대상물과의 거리 30㎝, 유광택: 대상물과의 거리 15㎝가 적당**

◆ 30㎝ 거리의 면적은 반경 12㎝ 정도(12~15㎝ 거리는 6~7㎝ 반경의 면적)로 대상물과의 거리가 멀수록 칠할 부분이 작아진다.

◆ 캔 스프레이 4가지 사용 수칙

⊕ 용제와 안료의 분리되어 있으므로 사용 시 혼합을 위해 먼저 반드시 흔들어 사용

⊕ 3D 프린팅 스커트처럼 찌꺼기 분사되므로 사용 시엔 먼저 일단 다른 곳에 분사

⊕ 튜브와 노즐 속에 남은 도료가 깨끗이 빠져나오도록 거꾸로 들고 분사

⊕ 노즐이 막혔을 때 노즐 구멍에 붓으로 래커 시너로 녹인 후 분사 시도

◆ 캔 스프레이 작업조건

⊕ 습기 없는 맑은 날로 먼지 최대한 방지

⊕ 바람 좋은 야외 또는 골판지 상자 등으로 부스를 만들어 도료 날리는 것과 먼지 차단

◆ 캔 스프레이 뿌리기 각도

◆ 보통 기울여시 사용하지만, 이상적 각도는 90도가 좋으며, 도료가 거의 남지 않았을 때는 거꾸로 기울여서 사용

캔스프레이뿌리기각도

보통 사용 각도

이상적 각도

도료 끝 각도

☑ 래커
- ◆ 넓은 면적을 빨리 색칠할 때 유용
- ◆ 유성이며 건조가 빠르고 피막과 점착성 우수
- ◆ 래커는 침전으로 인해 색이 달라지거나 농도 차가 나지 않도록 흔들어 사용
- ◆ 냄새가 심하므로 환기 필요
- ◆ **래커(유성) 〉 에나멜(유성)/아크릴(수성)** [같은 유성끼리 칠하면 녹는다. 유성 위에 강한 유성을 칠해도 녹는다.]

☑ 아크릴 도료
- ◆ 아크릴 수지 원료[수성]
- ◆ 비닐 물감에 비해 부착력이 강하다.
- ◆ 모든 바탕 재료에 착색 가능
- ◆ 건조가 빨라 벽화, 공예 등에 유용하다.
  ※ 리타더(Retarder) → 아크릴 물감의 건조속도를 느리게 하는 건조완화제
- ◆ **아크릴**[수성] 위에 에나멜과 래커 사용 가능

☑ 에나멜 도료
- ◆ 유성이며 건조가 느리다.
- ◆ 피막과 점착성은 조금 떨어지나 붓질이 잘되고 색감이 우수하다.
- ◆ 건조 시간은 다소 걸리나 건조 후 피막은 튼튼하다.
- ◆ 에나멜[유성] 위에 아크릴[수성]은 사용이 가능하나 에나멜 위에 래커 사용은 불가능하다.

☑ 붓

◆ 붓의 선택

⚙ 털이 길고 가지런해야 한다.

⚙ 천연모인 경우 다소 붓털이 빠지는 경우가 있다.

⚙ 붓끝만큼은 가지런해야 한다.

◆ 붓의 호수

⚙ 붓은 호수의 **숫자가 클수록 붓의 크기가 커진다.**

⚙ 전체적인 면을 칠할 때 → 10호 이상 붓 사용

⚙ 적은 면적이나 세밀한 부분을 칠할 때 → 1~2호 사용

⚙ 둥근 붓, 평붓 → 나일론 재질의 붓이 적당하다.

⚙ 본드를 칠할 때 → 돼지털 재질의 붓이 적당하다.

◆ 인형의 눈같이 아주 **세밀하고 디테일한 곳**을 칠할 때 → 백규, 세필, 면상규

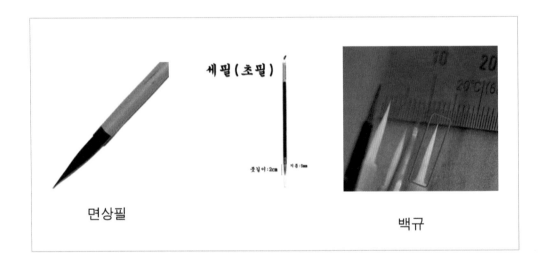

면상필   세필 (초필)   백규

🖉 **1-4** 마감 처리

■ 마감

◆ 도색이 벗겨지는 걸 보호하고 데칼 등의 부착을 보호하기 위해 하는 과정이다.

참고문헌

1. 3D 프린팅 바이블/인텔리코리아/제이앤씨커뮤니티/2015.06

2. 3D 프린팅 누구나 즐길 수 있는, 3D 프린팅 취미부터 창업을 위한 마스터까지/플로리안 호르쉬/메카피아/2014.10

3. 신속조형기술 RP활용가이드 상상 그 이상의 모든 것을 만들 수 있는 신속조형기술의 세계/최성권/혜지원/2010.11

4. Autodesk 123D Design + 3D 모델링 & 3D 프린팅 6단계로 배우는 3D 모델링/김차희, 노수황, 조성일, 이예진/메카피아/2016.02

5. 3D 프린팅의 신세계 미래를 바꿀 100년 만의 산업혁명/호드 립슨, 멜바 컬만/한스미디어/2013.06

6. 3D 프린터 초보자를 위한 3D 프린터 활용 가이드/안창현/코드미디어/2014.03

7. 3D 프린팅을 위한 구글 스케치업 SketchUp으로 모델링하고 3D 프린터로 출력하기/마커스 리틀랜드/에이콘출판/2014.11

8. 3D 프린터 실용가이드/마사히코 아다치, 마사히코 이나다, 료 오구치, PALABOLA, 다쿠로 와다/인포더북스/2015.04

9. 3D 프린팅 넥스트 레볼루션 3D 프린터가 가져올 미래/크리스토퍼 바넷/한빛비즈/2014.09

10. 3D 프린터의 모든 것 한 권으로 끝내는 실전 활용과 성공 창업/허제, 고산/동아시아/2013.07

11. 3D 프린팅 전문자격증 문제집/(사)3D프린팅산업협회/2015.03

제4차 산업혁명, 프로슈머를 위한 3D 프린팅

발 행 일   2017년 3월 8일

지 은 이   이지영, 김용칠
펴 낸 이   손 형 국
펴 낸 곳   ㈜ 북랩
편 집 인   선일영   편 집   이종무, 권유선, 송재병, 최예은
디 자 인   이현수, 이정아, 김민하, 한수희   제 작   박기성, 황동현, 구성우
마 케 팅   김회란, 박진관
출판등록   2004. 12. 1(제2012-000051호)
주   소   서울시 금천구 가산디지털 1로 168, 우림라이온스밸리 B동 B113, 114호
홈페이지   www.book.co.kr
전화번호   (02)2026-5777   팩 스   (02)2026-5747

ISBN   979-11-5987-415-4 93000(종이책)   979-11-5987-416-1 95000(전자책)

이 도서의 국립중앙도서관 출판예정도서목록(CIP)은 서지정보유통지원시스템 홈페이지(http://seoji.nl.go.kr)와
국가자료공동목록시스템(http://www.nl.go.kr/kolisnet)에서 이용하실 수 있습니다.
(CIP제어번호 : CIP2017003581)

㈜북랩 성공출판의 파트너

북랩 홈페이지와 패밀리 사이트에서 다양한 출판 솔루션을 만나 보세요!
홈페이지 book.co.kr   1인출판 플랫폼 해피소드 happisode.com
블로그 blog.naver.com/essaybook   원고모집 book@book.co.kr